MY VOCA COACH

중학 실력

KB211674

📄 정답과 해설은 EBS 중학사이트(mid.ebs.co.kr)에서 다운로드 받으실 수 있습니다.

| 교재
내용
문의 | 교재 내용 문의는 EBS 중학사이트
(mid.ebs.co.kr)의 교재 Q&A
서비스를 활용하시기 바랍니다. | 교 재
정오표
공 지 | 발행 이후 발견된 정오 사항을 EBS
중학사이트 정오표 코너에서 알려 드립니다.
교재학습자료 → 교재 → 교재 정오표 | 교재
정정
신청 | 공지된 정오 내용 외에 발견된 정오 사항이 있다면
EBS 중학사이트를 통해 알려 주세요.
교재학습자료 → 교재 → 교재 선택 → 교재 Q&A |

중학 내신 영어 해결사
MY COACH 시리즈

MY GRAMMAR COACH	기초편, 표준편
MY GRAMMAR COACH 내신기출 N제	중1, 중2, 중3
MY READING COACH	LEVEL 1, LEVEL 2, LEVEL 3
MY WRITING COACH 내신서술형	중1, 중2, 중3
MY VOCA COACH	중학 입문, 중학 기본, 중학 실력

MY
VOCA
COACH
중학 실력

품사와 기호 표시

- 품사란 단어가 문장에서 어떤 역할을 하는지를 말하는 것으로, 우리말 약자로 표시하였습니다.

| 명 명사 | 동 동사 | 형 형용사 | 부 부사 | 전 전치사 | 대 대명사 | 접 접속사 | 감 감탄사 |

- 반의어, 유의어, 복수형 등은 보기 쉽게 기호로 표시하였습니다.

| ↔ 반의어 | ≒ 유의어 | pl. 복수형 | V 동사 | (과거형) 동사의 과거형-과거분사형 |

끊어 쓰기를 통한 암기

- 단어를 쉽게 암기하도록 '긴 단어, 철자가 헷갈리는 단어, 파생어' 등은 음절이나 편리한 덩어리로 끊어서 쓸 수 있는 장치를 제시하였습니다. 빈 공간에 들어갈 철자를 쓰면서 외우면 암기 효과가 더 높아집니다.

구분	표제어 예시	구분 방법	학습 방법
긴 단어	underground	under / ground	under
철자가 헷갈리는 단어	receive	re / ceive	re
파생어	useful	use / ful	use

Voca Coach의 활용

- 표제어 암기에 도움이 되도록 맨 우측 단에 Voca Coach를 제시하였습니다. 표제어의 다른 쓰임(품사)이나 파생어, 어원, 뉘앙스, 어법, 유용한 표현 등을 가볍게 읽는 것만으로 마치 선생님이 옆에서 학습을 코치해 주는 것 같은 효과를 느낄 수 있습니다.

표제어	뜻 / 예문	Voca Coach
0005 **childhood** [tʃáildhùd] child	명 어린 시절, 유년 시절 I sometimes miss my **childhood**. 나는 가끔 내 어린 시절이 그립다.	명 child(아이) + -hood (연령층 등을 나타내는 명사 어미)

체크박스의 활용

- 표제어 왼쪽에 제시되는 3개의 체크박스는 학습자의 필요에 따라 활용될 수 있습니다. 학습 횟수 체크, 완벽 암기는 3개, 안 외워진 것은 1개 체크 등 주도적인 학습 관리에 다양하게 활용할 수 있습니다.

암기 훈련용 3가지 MP3의 활용 (QR 코드 & 파일 다운로드)

- 매 DAY의 첫 페이지에 제공되는 3가지 버전의 암기 훈련용 MP3를 활용하여, 단어의 발음, 단어 뜻, 예문까지 귀로 들으며 암기 효과를 극대화할 수 있습니다.

단어 2회 듣기 → 단어 + 의미 듣기 → 단어 + 의미 + 예문 듣기

3단계의 총 3,400개 어휘 학습 시리즈

- 총 3단계의 어휘 학습 시리즈로, 난이도별로 중복되는 단어가 수록되지 않아 단연코 중학 어휘 학습 교재 중 가장 많은 어휘인 3,400개를 담은 가성비 만점의 어휘 학습 교재입니다.

입문	초등 고학년~중학 1학년 수준의 필수 어휘 1,000개 수록
기본	중학 1~2학년 수준의 필수 어휘 1,200개 수록
실력	중학 2학년 실력~중학 3학년(예비 고등) 수준의 필수 어휘 1,200개 수록

중학 실력 30 단어 · 40일 1200 단어

☐ 학습한 부분을 DAY별로 확인하며 학습 관리하세요. 총 3회 반복 학습에 도전해 보세요.

❶ 카테고리와 주제별 분류

새 교육과정 영어 교과서를 완벽 분석하여, 영어 교과서 단원에 등장하는 순서와 난이도 순으로 최다 빈출 주제별 필수 어휘를 40일에 암기할 수 있습니다.

❷ SELF CHECK

DAY별 학습 진도를 체크하며, 최종 3회 반복 학습을 목표로 하도록 하였습니다. 스스로 관리를 하며 꾸준히 학습하는 데 도움이 될 것입니다.

❸ Picture Dictionary

각 DAY의 주제와 관련된 이미지를 보며, 어휘 학습 시작 전 자연스럽게 주제에 대해 흥미를 갖고 생각하게끔 유도하였습니다.

❹ PREVIEW

아는 단어와 모르는 단어를 분리하여 체크하면서 스스로의 상황을 점검합니다. 바로 의미를 말할 수 있는 것, 아는 것 같지만 의미를 말할 수 없는 것, 모르는 것을 스스로 확인하는 과정은 어휘 학습의 중요한 첫 단계입니다.

❺ 듣기 파일용 3가지 버전 QR 코드 제공

'단어, 단어 + 의미, 단어 + 의미 + 예문'의 3가지 버전으로 표제어 학습의 필요에 따라 단어를 들으며 학습할 수 있도록 하였습니다.

❻ 수준별 표제어 제시

각 주제에 해당하는 단어들을 Basic, Intermediate, Advanced의 수준별로 제시하였습니다.

❼ 끊어 쓰기

단어와 함께 그 발음을 보고, 음절, 철자, 접두사, 접미사 등 암기에 용이하도록 덩어리로 끊어서 외울 수 있도록 하였습니다.

❽ 암기 체크박스

완벽하게 암기한 것과 아닌 것을 체크하는 등 용도에 맞게 학습 확인을 하도록 3개의 체크박스를 제공하였습니다.

Basic

Voca Coach

0001	**single** [síŋgl]	혱 혼자인; 단 하나의; 1인용의 I am **single**, not married. 나는 독신이고, 결혼하지 않았다.	
0002	**contact** [kɑ́ntækt]	통 ~와 연락하다 몡 연락, 접촉 Feel free to **contact** us if you need anything. 필요한 게 있으면 부담 갖지 말고 연락하세요.	몡 [kɑ́ntækt]
0003	**manner** [mǽnər]	몡 예의, 관습; 태도, 방식 The man has no **manners** at all. 그 남자는 예의가 전혀 없다.	'예의, 관습'의 뜻일 때는 항상 복수(manners)로 쓰고, '태도, 방식'의 뜻일 때는 단수(manner)로 써요. I don't like his manner. 나는 그의 태도가 마음에 들지 않는다.
0004	**niece** [niːs]	몡 (여자) 조카 My newborn **niece** is so cute. 갓 태어난 내 조카는 정말 귀엽다.	남자 조카는 nephew라고 해요.
0005	**childhood** [tʃáildhùd]	몡 어린 시절, 유년 시절 I sometimes miss my **childhood**. 나는 가끔 내 어린 시절이 그립다.	몡 child(아이)+-hood (연령층 등을 나타내는 명사 어미)
0006	**homesick** [hóumsìk]	혱 향수병에 걸린, 고향을 그리워하는 She felt **homesick** after she immigrated. 그녀는 이민 온 후 향수병을 느꼈다.	home(고향)+sick(아픈)
0007	**lifetime** [láiftàim]	몡 일생, 평생, 생애 He never met his sister during his **lifetime**. 그는 평생 동안 여동생을 만나지 못했다.	
0008	**day care**	탁아(보육) 서비스, 주간 보호 The company provides employees with **day care**. 그 회사는 직원들에게 보육 서비스를 제공한다.	day(날, 주간)+care(보살핌, 돌봄)

DAY별로 암기 확인용 Daily Check를 제공하며, 누적 테스트를 통해 반복해서 단어를 암기할 수 있도록 하였습니다.

+ Daily Check **+** 5일 치 누적 테스트

0009	**infant** [ínfənt]	몡 유아, 젖먹이 아기 혱 유아용의 She is choosing milk powder for her **infant**. 그녀는 아기를 위한 분유를 고르고 있다.

> 걸음마를 하는 아기(유아)는 toddler라고 해요.

0010	**adopt** [ədápt]	통 입양하다; 채택하다 The family decided to **adopt** an orphan. 그 가족은 고아를 입양하기로 결정했다.

> It's time to adopt a different method.
다른 방법을 채택할 때이다.

0011	**engage** [ingéidʒ]	통 약혼시키다; 종사하다, 참여하다 She is already **engaged** to someone else. 그녀는 이미 다른 사람과 약혼했다.

> She continued to engage in volunteer work.
그녀는 자원봉사 활동에 계속 참여했다.
몡 engagement 약혼; 약속

0012	**spouse** [spaus]	몡 배우자, 남편, 아내 You can bring your **spouse** to the party. 당신은 파티에 배우자를 데려와도 됩니다.

0013	**funeral** [fjúːnərəl]	몡 장례식 We usually go to **funerals** in black. 우리는 보통 검은 옷을 입고 장례식에 간다.

0014	**resemble** [rizémbl]	통 닮다, 비슷하다 My sister and I don't **resemble** each other at all. 나의 언니와 나는 서로 전혀 닮지 않았다.

> ≒ take after ~을 닮다

0015	**pregnant** [prégnənt]	혱 임신한 My aunt is six months **pregnant**. 나의 이모는 임신 6개월이다.

> 몡 pregnancy 임신

⑨ 예문

표제어를 포함하는 유용한 예문을 제시하여, 문장 안에서 실제 표제어의 쓰임을 보고 단어 암기에 도움이 되도록 하였습니다.

⑩ 반복 학습

앞서 학습한 단어가 뒤에 학습하는 단어의 예문에 제시되어 반복 학습할 수 있도록 하였습니다.

⑪ Voca Coach

파생어, 뉘앙스, 어원, 어법 등 단어 암기에 도움이 되는 팁들을 제공하였습니다.

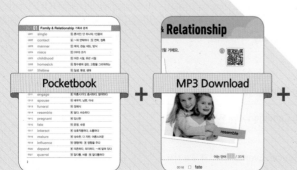

본 책과 별도로 주머니에 쏙 들어가는 휴대용 포켓 단어장과 MP3를 제공하여 언제, 어디서나 단어 학습을 할 수 있도록 하였습니다.

중학 실력 30 단어 * 40일 1200 단어

☐ 학습한 부분을 DAY별로 확인하며 학습 관리하세요. 총 3회 반복 학습에 도전해 보세요.

효과적인 어휘 학습 방법

1. MP3를 활용하여 듣고 따라 말하기

우선 단어의 발음을 듣고 2번씩 따라 말하며 기억합니다. 그리고 본 책의 예문과 팁을 통해 단어를 학습한 후, 단어만 듣고 의미를 말해 보는 방법으로 암기하면 보다 쉽게 외울 수 있을 뿐 아니라, 아주 오래 기억할 수 있습니다.

2. 음절, 접두사, 접미사, 아는 부분은 덩어리로 끊어서 암기하기

단어 안에 아는 단어가 숨어 있는지, 접두사나 접미사가 붙어 있는지 등을 파악하여 덩어리로 기억하는 것이 좋습니다. 이 방법으로 꾸준히 단어를 학습하다 보면 단어들 속에 숨어 있는 규칙을 발견하게 되며, 더욱 똑똑한 학습이 가능해져 보다 많은 단어를 더욱 쉽게 암기할 수 있습니다.

3. 누적 암기 확인하기

단어는 한 번 암기하는 것으로 자신의 것이 되지 않습니다. 암기하고 잊어버리고 또 암기하는 과정을 여러 번 반복해야 하므로 단어 학습은 쉽지 않습니다. 그래서 완전히 잊기 전에 누적하여 암기 확인을 해야만 합니다. 새로운 DAY를 시작하기 전에 이전에 암기했던 것들을 다시 훑어보는 등의 방법도 추천합니다. 그리고 암기한 단어가 머릿속에서 희미해지기 전에 Daily Check나 누적 테스트를 통해 머리에 각인시키는 것 또한 중요합니다. 포켓 단어장과 MP3 파일을 통해 누적 복습하는 것도 아주 효율적인 암기 방법입니다.

4. 예문을 적극적으로 활용하기

단어 학습을 하면서 예문을 읽지 않는 학습자들이 많습니다. 바쁘고 외워야 할 것들이 많기 때문이죠. 하지만, 예문을 반드시 읽어야 하는 이유는 단어의 용례를 파악한다는 장점은 물론, 그 단어를 확실하게 기억할 수 있는 가장 좋은 방법이기 때문입니다. 빠르게 외우고 빠르게 잊는 것보다는 한 번 외울 때 시간을 조금만 더 투자해 보세요. 예문과 함께 표제어를 학습하면 더 오래 기억할 수 있으므로 결과적으로는 더 빠른 효율적인 암기법이라고 자신 있게 추천합니다.

5. Voca Coach의 도움 받기

대부분 선생님의 도움 없이 혼자 해야 하는 부분이기 때문에 지루해지고, 따라서 꾸준히 지속하기 어려운 경우가 많습니다. Voca Coach가 알려 주는 팁을 통해 어휘력이 확장되는 것은 물론, 추가 지식을 얻으며 표제어를 더욱 잘 기억할 수 있도록 합니다. Voca Coach가 지치지 않고 예정한 학습 계획에 따라가도록 도움을 줄 것입니다.

Family & Relationship

☑ 오늘은 가족과 관계 관련 단어를 집중해서 암기할 거예요.

infant

resemble

아는 단어에 체크해 보세요.　　　　아는 단어 ▨▨▨ / 30개

0001	☐ single		0016	☐ fate	
0002	☐ contact		0017	☐ interact	
0003	☐ manner		0018	☐ mature	
0004	☐ niece		0019	☐ influence	
0005	☐ childhood		0020	☐ depend	
0006	☐ homesick		0021	☐ quarrel	
0007	☐ lifetime		0022	☐ look after	
0008	☐ day care		0023	☐ make up	
0009	☐ infant		0024	☐ go out with	
0010	☐ adopt		0025	☐ sibling	
0011	☐ engage		0026	☐ accompany	
0012	☐ spouse		0027	☐ companion	
0013	☐ funeral		0028	☐ anniversary	
0014	☐ resemble		0029	☐ ancestor	
0015	☐ pregnant		0030	☐ nurture	

0001 single
[síŋgl]
sin

형 혼자인; 단 하나의; 1인용의
I am **single**, not married.
나는 독신이고, 결혼하지 않았다.

0002 contact
[kɑntǽkt]
con

동 ~와 연락하다 명 연락, 접촉
Feel free to **contact** us if you need anything.
필요한 게 있으면 부담 갖지 말고 연락하세요.

명 [kɑ́ntækt]

0003 manner
[mǽnər]
ma

명 예의, 관습; 태도, 방식
The man has no **manners** at all.
그 남자는 예의가 전혀 없다.

'예의, 관습'의 뜻일 때는 항상 복수(manners)로 쓰고, '태도, 방식'의 뜻일 때는 단수(manner)로 써요.
I don't like his manner.
나는 그의 태도가 마음에 들지 않는다.

0004 niece
[niːs]
ce

명 (여자) 조카
My newborn **niece** is so cute.
갓 태어난 내 조카는 정말 귀엽다.

남자 조카는 nephew라고 해요.

0005 childhood
[tʃáildhùd]
child

명 어린 시절, 유년 시절
I sometimes miss my **childhood**.
나는 가끔 내 어린 시절이 그립다.

명 child(아이)+-hood (연령층 등을 나타내는 명사 어미)

0006 homesick
[hóumsìk]
home

형 향수병에 걸린, 고향을 그리워하는
She felt **homesick** after she immigrated.
그녀는 이민 온 후 향수병을 느꼈다.

home(고향)+sick(아픈)

0007 lifetime
[láiftàim]
time

명 일생, 평생, 생애
He never met his sister during his **lifetime**.
그는 평생 동안 여동생을 만나지 못했다.

0008 day care

탁아(보육) 서비스, 주간 보호
The company provides employees with **day care**.
그 회사는 직원들에게 보육 서비스를 제공한다.

day(낮, 주간)+care(보살핌, 돌봄)

◼ Intermediate

0009 infant
[ínfənt]
in

몡 유아, 젖먹이 아기 몡 유아용의
She is choosing milk powder for her **infant**.
그녀는 아기를 위한 분유를 고르고 있다.

걸음마를 하는 아기(유아)는 toddler라고 해요.

0010 adopt
[ədápt]
a ___ t

통 입양하다; 채택하다
The family decided to **adopt** an orphan.
그 가족은 고아를 입양하기로 결정했다.

It's time to adopt a different method.
다른 방법을 채택할 때이다.

0011 engage
[ingéidʒ]
gage

통 약혼시키다; 종사하다, 참여하다
She is already **engaged** to someone else.
그녀는 이미 다른 사람과 약혼했다.

She continued to engage in volunteer work.
그녀는 자원봉사 활동에 계속 참여했다.
몡 engagement 약혼; 약속

0012 spouse
[spaus]
se

몡 배우자, 남편, 아내
You can bring your **spouse** to the party.
당신은 파티에 배우자를 데려와도 됩니다.

0013 funeral
[fjúːnərəl]
ral

몡 장례식
We usually go to **funerals** in black.
우리는 보통 검은 옷을 입고 장례식에 간다.

0014 resemble
[rizémbl]
ble

통 닮다, 비슷하다
My sister and I don't **resemble** each other at all.
나의 언니와 나는 서로 전혀 닮지 않았다.

≒ take after ~을 닮다

0015 pregnant
[prégnənt]
nant

혱 임신한
My aunt is six months **pregnant**.
나의 이모는 임신 6개월이다.

몡 pregnancy 임신

0016 fate
[feit]

fa

閔 운명, 숙명

The **fate** of his family is up to him.

그의 가족의 운명은 그에게 달려 있다.

≒ destiny 운명
fate는 '정해져 있는 숙명'의 뉘앙스가 강하고, destiny는 '개척 가능한 운명'의 뉘앙스가 강해요.

0017 interact
[ìntərǽkt]

act

통 상호작용하다, 소통하다

We live by **interacting** with each other.

우리는 서로 상호작용을 하며 살아간다.

명 interaction 상호작용

0018 mature
[mətʃúər]

ma

형 성숙한, 다 자란, 어른스러운

Judy is very **mature** for her age.

Judy는 그녀의 나이에 비해 굉장히 성숙하다.

↔ immature 미숙한, 어리, 덜 성장한

0019 influence
[ínfluəns]

in   ce

명 영향(력) 통 영향을 주다

The media has a powerful **influence**.

매체는 강력한 영향력을 가지고 있다.

What influenced you to choose your job?
무엇이 네 직업을 선택하는 데 영향을 주었니?
명 influencer 영향력 있는 사람

0020 depend
[dipénd]

de

통 의존하다, 의지하다, ~에 달려 있다

Don't **depend** too much on your parents.

부모님께 너무 많이 의존하지 마라.

It depends.
그때그때 다르다., 상황에 따라 다르다.

0021 quarrel
[kwɔ́(ː)rəl]

qua

명 말다툼, 싸움 통 말다툼하다

They had a **quarrel** about money.

그들은 돈 문제로 말다툼을 했다.

0022 look after

~을 보살펴 주다; 배웅하다

Who **looks after** your baby when you go to work?

당신이 일하러 갈 때 누가 당신의 아기를 보살펴 주나요?

≒ take care of ~을 돌보다

0023 make up

이루다, 구성하다; 화장을 하다

Women **make up** 70% of my family.

여성이 나의 가족의 70퍼센트를 이룬다.

0024 go out with

~와 데이트를 하다(사귀다)

Will you **go out with** me today?

오늘 나와 데이트할래?

◤Advanced

0025 sibling

[síbliŋ]

ling

몡 형제자매

Do you get along well with your **siblings**?

너는 너의 형제자매와 잘 지내니?

꼭 같은 성별만 의미하진 않고, 남자 형제, 여자 형제를 통틀어서 하는 말이에요.

0026 accompany

[əkʌ́mpəni]

accom

통 동행하다, 동반하다; (악기로) 반주하다

I want to **accompany** you on the trip.

나는 그 여행에 너와 동행하고 싶다.

0027 companion

[kəmpǽnjən]

nion

몡 동반자, 동행, (마음 맞는) 친구

I think I found my **companion** here.

나는 여기서 내 동반자를 찾은 것 같다.

몡 companionship 동료애, 우정

0028 anniversary

[æ̀nəvə́ːrsəri]

versary

몡 기념일

I celebrated my parents' 15th wedding **anniversary**.

나는 부모님의 결혼 15주년 기념일을 축하해 드렸다.

0029 ancestor

[ǽnsestər]

stor

몡 조상, 선조

We have a culture of **ancestor** worship.

우리는 조상숭배 문화를 가지고 있다.

↔ descendant 자손

0030 nurture

[nə́ːrtʃər]

nur

통 양육하다, 키우다, 육성하다

It is never easy to **nurture** a child.

아이를 양육하는 것은 결코 쉽지 않다.

≒ rear 기르다, 양육하다

A 영어는 우리말로, 우리말은 영어로 쓰시오.

01	fate		16	양육하다, 키우다
02	contact		17	예의, 관습; 태도
03	anniversary		18	성숙한, 다 자란
04	interact		19	배우자, 남편, 아내
05	influence		20	의존하다, 의지하다
06	homesick		21	말다툼; 말다툼하다
07	accompany		22	장례식
08	day care		23	이루다, 구성하다
09	infant		24	어린 시절, 유년 시절
10	pregnant		25	형제자매
11	engage		26	입양하다; 채택하다
12	single		27	동반자, 동행
13	lifetime		28	(여자) 조카
14	go out with		29	조상, 선조
15	look after		30	닮다, 비슷하다

B 다음 표현을 우리말로 쓰시오.

01 your spouse

02 adopt an orphan

03 during his lifetime

04 a powerful influence

05 wedding anniversary

C 빈칸에 알맞은 단어를 쓰시오.

01 ＿＿＿＿＿＿＿＿＿＿ ↔ nephew   =   여자 조카 ↔ 남자 조카

02 child : ＿＿＿＿＿＿＿＿＿＿   =   아이 : 어린 시절

03 ＿＿＿＿＿＿＿＿＿＿ : interaction   =   상호작용하다 : 상호작용

04 ＿＿＿＿＿＿＿＿＿＿ ↔ immature   =   성숙한 ↔ 미숙한

05 pregnancy : ＿＿＿＿＿＿＿＿＿＿   =   임신 : 임신한

06 destiny ≒ f＿＿＿＿＿＿＿＿＿＿   =   운명

D 암기한 단어를 이용하여 다음 문장을 완성하시오.

01 나는 그 여행에 너와 동행하고 싶다.

→ I want to ＿＿＿＿＿＿ you on the trip.

02 우리는 보통 검은 옷을 입고 장례식에 간다.

→ We usually go to ＿＿＿＿＿＿s in black.

03 그녀는 이민 온 후 향수병을 느꼈다.

→ She felt ＿＿＿＿＿＿ after she immigrated.

04 부모님께 너무 많이 의존하지 마라.

→ Don't ＿＿＿＿＿＿ too much on your parents.

05 나의 언니와 나는 서로 전혀 닮지 않았다.

→ My sister and I don't ＿＿＿＿＿＿ each other at all.

비슷한 표현으로 take after가 있어요.

06 그 회사는 직원들에게 보육 서비스를 제공한다.

→ The company provides employees with ＿＿＿＿＿＿ ＿＿＿＿＿＿.

Appearance & Character I

☑ 오늘은 외모와 특성 I 관련 단어를 집중해서 암기할 거예요.

messy

wrinkle

0031	☐ facial		0046	☐ wrinkle	
0032	☐ ideal		0047	☐ loyal	
0033	☐ healthy		0048	☐ identity	
0034	☐ messy		0049	☐ confidence	
0035	☐ tidy		0050	☐ intense	
0036	☐ height		0051	☐ massive	
0037	☐ centimeter		0052	☐ elegant	
0038	☐ wavy		0053	☐ fit into	
0039	☐ quite		0054	☐ stay away	
0040	☐ gender		0055	☐ be likely to V	
0041	☐ respectful		0056	☐ oval	
0042	☐ jewelry		0057	☐ exhausted	
0043	☐ vivid		0058	☐ intonation	
0044	☐ impression		0059	☐ show off	
0045	☐ successful		0060	☐ stand out	

0031 facial

[féiʃəl]

fa

형 얼굴의, 안면의

He made funny **facial** expressions.

그가 재미있는 얼굴 표정을 지었다.

명 face(얼굴)+-al(~의)

0032 ideal

[aidí(:)əl]

i   l

형 이상적인, 가장 알맞은 명 이상

What is my **ideal** weight for my height?

제 키에 이상적인 몸무게는 얼마인가요?

부 ideally 이상적으로

0033 healthy

[hélθi]

thy

형 건강한; 건강에 좋은

She looks very **healthy**.

그녀는 매우 건강해 보인다.

↔ unhealthy 건강하지 않은; 해로운

0034 messy

[mési]

me

형 지저분한, 엉망인

Why does my hair look **messy**?

왜 내 머리카락이 지저분해 보이지?

명 mess 엉망인 상황

0035 tidy

[táidi]

ti

형 정돈된, 깔끔한, 단정한 동 정돈하다

She wants everything to be **tidy**.

그녀는 모든 것이 정돈되어 있기를 원한다.

Tidy up!
깔끔하게 정리해!

0036 height

[hait]

hei

명 키; 높이, 고도; 최고조

I am the same **height** as my mother.

나는 나의 어머니와 키가 같다.

형 high 높은

0037 centimeter

[séntəmì:tər]

meter

명 센티미터

My brother is finally 180 **centimeters** tall.

내 남동생이 드디어 키가 180센티미터가 되었다.

0038 wavy

[wéivi]

wa

형 물결치는; 물결 모양의

That girl has **wavy** blond hair and blue eyes.

저 소녀는 찰랑거리는 금발에 파란 눈을 가졌다.

명 wave(파도, 물결)
+-y(~의 특질을 가진)

▌Intermediate

0039 quite
[kwait]
te

부 아주, 꽤

She is **quite** tall for her age.
그녀는 그녀의 나이치고는 꽤 키가 크다.

≒ pretty 꽤

0040 gender
[dʒéndər]
der

명 성별

Gender roles for men and women are different from country to country.
남성과 여성에 대한 성 역할은 나라마다 다르다.

0041 respectful
[rispéktfəl]
ful

형 공손한, 경의를 표하는, 존중하는

Be polite and **respectful** to your teacher.
선생님께 예의 바르고 공손해라.

동 respect(존중하다)
+ -ful(~의 성격을 지닌)

0042 jewelry
[dʒúːəlri]
ry

명 보석, 보석류; 장신구

The **jewelry** looked good on you.
그 보석은 네게 잘 어울렸다.

0043 vivid
[vívid]
d

형 선명한, 강렬한; 생생한

I can never forget her **vivid** blue eyes.
나는 그녀의 선명한 파란 눈을 절대 잊을 수가 없다.

0044 impression
[impréʃən]
ion

명 인상; 감명

He tried to make a good **impression** on her.
그는 그녀에게 좋은 인상을 주려고 노력했다.

형 impressive 인상적인

0045 successful
[səksésfəl]
ful

형 성공한, 성공적인

He seemed to be a **successful** businessman.
그는 성공한 사업가처럼 보였다.

명 success(성공)
+ -ful(~의 성격을 지닌)

0046	**wrinkle** [ríŋkl] kle	명 주름 동 주름이 지다 The UV light in sunlight causes **wrinkles**. 햇빛의 자외선이 주름을 생기게 한다.	
0047	**loyal** [lɔ́iəl] lo	형 충실한, 충성스러운 He is very **loyal** to his family. 그는 그의 가족에게 매우 충실하다.	명 loyalty 충실, 충성
0048	**identity** [aidéntəti] tity	명 신원, 신분, 정체성; 독자성 Do you have any proof of **identity**? 당신은 신원을 증명할 만한 것을 갖고 있습니까?	동 identify (신원을) 확인하다
0049	**confidence** [kánfidəns] dence	명 자신감; 신뢰; 확신 All the models had **confidence** in their appearance. 모든 모델은 그들의 외모에 자신감이 있었다.	형 confident 자신감 있는, 자신만만한
0050	**intense** [inténs] se	형 강렬한, 극심한; 치열한 He had an **intense** look on his face. 그는 얼굴에 강렬한 표정을 지었다.	
0051	**massive** [mǽsiv] ive	형 거대한, 엄청나게 큰 He is proud of his **massive** chest. 그는 그의 우람한 가슴을 자랑스러워한다.	명 mass(다량(양이 많음)) +-ive(~하는 경향(성질)이 있는)
0052	**elegant** [éləgənt] ele	형 우아한, 품위 있는, 품격 있는 She is always so chic and **elegant**. 그녀는 언제나 무척 세련되고 우아하다.	명 elegance 우아함
0053	**fit into**	~에 꼭 들어맞다, ~에 적합하다 I can't **fit into** my clothes because I have gained weight. 나는 체중이 늘어서 내 옷이 맞지 않는다.	

0054 stay away

가까이하지 않다, 거리를 두다

She tries to **stay away** from people who talk too much.

그녀는 말을 너무 많이 하는 사람들을 가까이하지 않으려고 노력한다.

0055 be likely to V

~할 것 같다, ~할 가능성이 크다

She **is likely to** gain more weight over the summer.

그녀는 여름 동안 체중이 더 증가할 것 같다.

혱 likely ~할 것 같은

Advanced

0056 oval

[óuvəl]

o ▮▮▮▮▮▮▮▮

혱 달걀 모양의, 타원형의 명 타원형

An **oval** face is regarded as the ideal face shape.

달걀형 얼굴이 이상적인 얼굴형이라고 여겨진다.

0057 exhausted

[igzɔ́:stid]

ex ▮▮▮▮▮▮ ed

혱 지쳐 버린, 기진맥진한

I'm physically and mentally **exhausted**.

나는 육체적으로나 정신적으로 지쳤다.

통 exhaust 지치게 하다

0058 intonation

[ìntənéiʃən]

▮▮▮▮▮▮▮ nation

명 억양, 어조

They speak with a foreign **intonation**.

그들은 외국어의 억양으로 말한다.

0059 show off

과시하다, 자랑하다

I posted a photo to **show off** my new shoes.

나는 새 신발을 자랑하려고 사진을 올렸다.

≒ boast 뽐내다, 자랑하다, 자만하다

0060 stand out

눈에 띄다, 두드러지다

This dress is so unique that it **stands out** everywhere.

이 드레스는 너무 독특해서 어디서나 눈에 띈다.

≒ stick out 눈에 띄다, 잘 보이다

A 영어는 우리말로, 우리말은 영어로 쓰시오.

01	intonation		16	지저분한, 엉망인
02	impression		17	충실한, 충성스러운
03	intense		18	성공한, 성공적인
04	fit into		19	자신감; 신뢰; 확신
05	tidy		20	이상적인; 이상
06	facial		21	거대한, 엄청나게 큰
07	exhausted		22	우아한, 품위 있는
08	wavy		23	주름; 주름이 지다
09	oval		24	아주, 꽤
10	centimeter		25	키; 높이, 고도
11	respectful		26	신원, 신분, 정체성
12	jewelry		27	선명한, 강렬한
13	stay away		28	성별
14	be likely to V		29	건강한; 건강에 좋은
15	show off		30	눈에 띄다

B 다음 표현을 우리말로 쓰시오.

01 wavy blond hair

02 the same height

03 loyal to his family

04 a good impression

05 her vivid blue eyes

C 빈칸에 알맞은 단어를 쓰시오.

01 identify : _____ = (신원을) 확인하다 : 신원, 신분

02 _____ ↔ unhealthy = 건강한 ↔ 건강하지 않은

03 _____ : ideally = 이상적인 : 이상적으로

04 respect : _____ = 존중하다 : 존중하는

05 face : _____ = 얼굴 : 얼굴의, 안면의

06 q_____ ≒ pretty = 꽤

D 암기한 단어를 이용하여 다음 문장을 완성하시오.

01 그 보석은 네게 잘 어울렸다.

→ The _____ looked good on you.

02 나는 육체적으로나 정신적으로 지쳤다.

→ I'm physically and mentally _____.

03 그는 성공한 사업가처럼 보였다.

→ He seemed to be a _____ businessman.

success(성공)의 형용사형이에요.

04 모든 모델은 그들의 외모에 자신감이 있었다.

→ All the models had _____ in their appearance.

05 나는 새 신발을 자랑하려고 사진을 올렸다.

→ I posted a photo to _____ _____ my new shoes.

06 그녀는 말을 너무 많이 하는 사람들을 가까이하지 않으려고 노력한다.

→ She tries to _____ _____ from people who talk too much.

Appearance & Character II

☑️ 오늘은 외모와 특성 II 관련 단어를 집중해서 암기할 거예요.

diligent

energetic

PREVIEW 아는 단어에 체크해 보세요.　　　　　　　　　　아는 단어 ▨▨▨ / 30개

0061	☐ charm		0076	☐ humble	
0062	☐ sort		0077	☐ aggressive	
0063	☐ fake		0078	☐ odd	
0064	☐ silly		0079	☐ ignorant	
0065	☐ ease		0080	☐ arrogant	
0066	☐ diligent		0081	☐ greedy	
0067	☐ careless		0082	☐ tender	
0068	☐ hardly		0083	☐ energetic	
0069	☐ rather		0084	☐ care about	
0070	☐ twisted		0085	☐ most of all	
0071	☐ typical		0086	☐ competitive	
0072	☐ passive		0087	☐ impatient	
0073	☐ brilliant		0088	☐ fierce	
0074	☐ capable		0089	☐ ambitious	
0075	☐ meaningful		0090	☐ take ~ for granted	

0061 charm

[tʃɑːrm]

___rm

형 매력, 매력적인 요소 동 매혹하다

Everyone fell in love with her **charm**.

모든 사람이 그녀의 매력에 반했다.

형 charming 매력 있는, 멋진

0062 sort

[sɔːrt]

s___

형 종류, 유형, 부류 동 분류하다

What **sort** of hairstyle would suit me?

어떤 종류의 머리 모양이 제게 어울릴까요?

0063 fake

[feik]

fa___

형 가짜의, 위조의 명 가짜, 모조품

I can hardly tell whether his smile is real or **fake**.

나는 그의 미소가 진짜인지 가짜인지 거의 분간할 수 없다.

0064 silly

[síli]

si___

형 어리석은, 바보 같은

It was **silly** of you to follow him without any doubt.

의심도 없이 그를 따라가다니 네가 어리석었다.

0065 ease

[iːz]

ea___

명 편안함, 느긋함; 쉬움 동 편해지다

He delighted people with his charm and **ease** of manner.

그는 그의 매력과 편안한 태도로 사람들을 기쁘게 했다.

형 easy 쉬운

0066 diligent

[dílidʒənt]

___gent

형 부지런한, 근면 성실한

My mom is the most **diligent** person in our family.

엄마는 우리 가족 중에 가장 부지런한 사람이다.

↔ lazy 게으른
명 diligence 근면

0067 careless

[kέərlis]

care___

형 부주의한, 조심성 없는

It was **careless** of you to leave the door open.

그 문을 열어 두다니 네가 부주의했다.

↔ careful 조심하는, 주의 깊은

0068 hardly

[háːrdli]

___ly

부 거의 ~ 않다

She **hardly** ever puts on makeup on weekends.

그녀는 주말에 거의 화장을 하지 않는다.

≒ rarely 거의[좀처럼] ~ 않다

0069 rather
[ráðər]
ra _____

🔢 오히려, 차라리; 꽤, 약간, 좀
She was ashamed **rather** than shy.
그녀는 수줍었다기보다는 오히려 창피했다.

A rather than B
B라기보다는 차라리 A

0070 twisted
[twístid]
_____ ed

🔢 비뚤어진, 꼬인, 일그러진
The experiences at the company made him **twisted**.
그 회사에서의 경험이 그를 비뚤어지게 했다.

🔢 twist 비틀다

0071 typical
[típikəl]
___ . __ cal

🔢 전형적인, 대표적인; 일반적인
He is a **typical** example of an outgoing character who always meets his friends.
그는 항상 친구들을 만나는 외향적인 성격의 전형적인 사례이다.

🔢 typically 전형적으로; 일반적으로

0072 passive
[pǽsiv]
_____ ive

🔢 소극적인, 수동적인
My son is too **passive** about everything.
내 아들은 매사에 너무 소극적이다.

↔ active 적극적인, 활동적인

0073 brilliant
[bríljənt]
bri _____

🔢 (재능이) 뛰어난; 훌륭한; 눈부신
She is **brilliant** at persuading people.
그녀는 사람들을 설득하는 데 뛰어나다.

0074 capable
[kéipəbl]
cap _____

🔢 유능한; ~의 능력이 있는
He is the most **capable** of the employees.
그는 직원들 중 가장 유능하다.

🔢 capability 능력, 역량

0075 meaningful
[mí:niŋfəl]
_____ ful

🔢 의미 있는, 중요한
He tries to maintain **meaningful** relationships with others.
그는 다른 사람들과 의미 있는 관계를 유지하려고 노력한다.

🔢 meaning(의미)
+ -ful(~의 성격을 지닌)

0076	**humble** [hʌ́mbl] ble	혱 검소한, 겸손한; 초라한 She is rich but lives a **humble** life. 그녀는 부유하지만 검소한 삶을 산다.	
0077	**aggressive** [əgrésiv] ive	혱 공격적인; 매우 적극적인 The bear is showing **aggressive** behavior. 그 곰은 공격적인 행동을 보여 주고 있다.	툉 aggress(공격하다) + -ive(~하는 경향(성질)이 있는)
0078	**odd** [ɑd] o	혱 이상한, 기묘한; 홀수의 I think there is something a bit **odd** about him. 나는 그에게 조금 이상한 점이 있다고 생각한다.	1, 3, 5, 7, and 9 are odd numbers. 1, 3, 5, 7, 9는 홀수이다. 짝수는 even number 라고 해요.
0079	**ignorant** [ígnərənt] ant	혱 무지한, 무식한, (정보가 없어) 모르는 I am rather **ignorant** of politics. 나는 정치에 대해 좀 무지하다.	툉 ignore(무시하다) + -ant(~인, ~한)
0080	**arrogant** [ǽrəgənt] gant	혱 거만한, 오만한 I've never seen such an **arrogant** person. 나는 그렇게 거만한 사람을 본 적이 없다.	
0081	**greedy** [gríːdi] dy	혱 탐욕스러운, 욕심 많은 Scrooge is known as a very **greedy** person. 스크루지는 매우 탐욕스러운 사람으로 알려져 있다.	몡 greed(탐욕, 식탐) + -y(~이 가득한)
0082	**tender** [téndər] der	혱 다정한; 부드러운, 연한 She often expresses her **tender** emotions. 그녀는 종종 그녀의 다정한 감정들을 표현한다.	
0083	**energetic** [ènərdʒétik] getic	혱 활동적인, 격렬한, 에너지가 넘치는 She is confident and **energetic**. 그녀는 자신만만하고 활동적이다.	몡 energy 에너지, 활기

0084	care about	~에 마음을 쓰다, ~에 관심을 가지다	
		I don't **care about** that anymore.	
		나는 그것에 더 이상 신경 쓰지 않는다.	

0085	most of all	무엇보다도, 그중에서도	≒ above all 무엇보다도
		Most of all, she loves to talk about others.	
		무엇보다도, 그녀는 다른 사람들에 대해 이야기 하는 것을 무척 좋아한다.	

◤ Advanced

0086	competitive [kəmpétətiv] titive	휑 경쟁하는; 경쟁심이 강한	통 compete 경쟁하다
		His **competitive** spirit is an essential part of his success.	
		그의 경쟁심은 그의 성공의 필수적인 부분이다.	

0087	impatient [impéiʃənt] pa	휑 참을성 없는, 안달 난	↔ patient 참을성 있는, 인내심 있는
		The children were **impatient** to receive gifts.	
		아이들은 선물을 받고 싶어 안달이 났다.	

0088	fierce [fiərs] ce	휑 격렬한, 맹렬한; 사나운	
		He speaks in a **fierce** tone of voice when he is mad.	
		그는 화가 날 때 격렬한 어조의 목소리로 말을 한다.	

0089	ambitious [æmbíʃəs] tious	휑 야망이 있는, 야심 찬	뗑 ambition 야망, 야심
		I think the politician is very **ambitious**.	
		나는 그 정치인이 매우 야망이 있다고 생각한다.	

0090	take ~ for granted	~을 당연시하다, 대수롭지 않게 여기다	
		He tends to **take** his friends **for granted**.	
		그는 그의 친구들을 대수롭지 않게 여기는 경향 이 있다.	

ⓐ 영어는 우리말로, 우리말은 영어로 쓰시오.

01	brilliant		**16**	다정한; 부드러운
02	sort		**17**	가짜의, 위조의; 가짜
03	meaningful		**18**	이상한, 기묘한
04	ambitious		**19**	부지런한
05	ease		**20**	검소한, 겸손한
06	competitive		**21**	탐욕스러운
07	aggressive		**22**	부주의한
08	hardly		**23**	활동적인, 격렬한
09	rather		**24**	전형적인, 대표적인
10	twisted		**25**	무지한, 무식한
11	charm		**26**	~을 당연시하다
12	arrogant		**27**	참을성 없는
13	capable		**28**	격렬한, 맹렬한
14	care about		**29**	소극적인, 수동적인
15	most of all		**30**	어리석은, 바보 같은

ⓑ 다음 표현을 우리말로 쓰시오.

01 real or fake

02 the most capable

03 ignorant of politics

04 aggressive behavior

05 a very greedy person

⒞ 빈칸에 알맞은 단어를 쓰시오.

01 active ↔ _____   =   적극적인 ↔ 소극적인

02 _____ ↔ lazy   =   부지런한 ↔ 게으른

03 _____ : charming   =   매력 : 매력 있는

04 ambition : _____   =   야망 : 야망이 있는

05 careful ↔ _____   =   주의 깊은 ↔ 부주의한

06 h_____ ≒ rarely   =   거의 ~ 않다

DAY 03

⒟ 암기한 단어를 이용하여 다음 문장을 완성하시오.

01 그녀는 수줍었다기보다는 오히려 창피했다.

→ She was ashamed _____ than shy.

02 어떤 종류의 머리 모양이 제게 어울릴까요?

→ What _____ of hairstyle would suit me?

03 그의 경쟁심은 그의 성공의 필수적인 부분이다.

→ His _____ spirit is an essential part of his success.

04 그는 다른 사람들과 의미 있는 관계를 유지하려고 노력한다.

→ He tries to maintain _____ relationships with others.

05 그는 그의 친구들을 대수롭지 않게 여기는 경향이 있다.

→ He tends to _____ his friends _____ _____.

06 무엇보다도, 그녀는 다른 사람들에 대해 이야기하는 것을 무척 좋아한다.

→ _____ _____ _____, she loves to talk about others.

🗨️ 문장 맨 앞 글자는 대문자로 쓰고, 비슷한 표현으로 above all이 있어요.

Thoughts & Feelings

☑ 오늘은 생각과 감정 관련 단어를 집중해서 암기할 거예요.

scream

pleasant

PREVIEW 아는 단어에 체크해 보세요.   아는 단어 ▢▢▢ / 30개

0091	☐ pride	0106	☐ frighten
0092	☐ mood	0107	☐ weep
0093	☐ annoy	0108	☐ panic
0094	☐ amaze	0109	☐ depress
0095	☐ envy	0110	☐ recall
0096	☐ jealous	0111	☐ critical
0097	☐ scream	0112	☐ warmhearted
0098	☐ romance	0113	☐ owe
0099	☐ pleasant	0114	☐ sorrow
0100	☐ imagination	0115	☐ a variety of
0101	☐ relieve	0116	☐ disgust
0102	☐ enjoyable	0117	☐ empathize
0103	☐ tension	0118	☐ miserable
0104	☐ amuse	0119	☐ desperate
0105	☐ entertain	0120	☐ put up with

Voca Coach

0091 pride
[praid]
de

몡 자부심, 자랑스러움; 자존심
I always take **pride** in my work.
나는 항상 내 일에 자부심을 가지고 있다.

혱 proud 자랑스러운, 자부심을 갖게 하는

0092 mood
[mu:d]
d

몡 기분; 분위기
She is in a good **mood** today.
그녀는 오늘 기분이 좋다.

0093 annoy
[ənɔ́i]
a oy

동 짜증 나게 하다; 귀찮게 하다
The construction noise outside **annoys** us.
바깥의 공사 소음이 우리를 짜증 나게 한다.

혱 annoyed 짜증 난

0094 amaze
[əméiz]
ze

동 (대단히) 놀라게 하다
My students always **amaze** me.
내 학생들은 항상 나를 놀라게 한다.

혱 amazing 놀라운

0095 envy
[énvi]
en

동 부러워하다 몡 부러움
I **envy** people who can multitask.
나는 한꺼번에 여러 일을 할 수 있는 사람들이 부럽다.

0096 jealous
[dʒéləs]
lous

혱 질투하는, 시기(시샘)하는
Children are often **jealous** of newborn babies.
아이들은 종종 갓난아이들을 질투한다.

몡 jealousy 질투, 시기

0097 scream
[skri:m]
sc

몡 비명 동 비명을 지르다
I thought I heard a **scream** last night.
나는 어젯밤에 비명 소리를 들은 것 같았다.

0098 romance
[rouméns]
ce

몡 로맨스, 연애; 연애 소설
I hope their **romance** in the drama starts soon.
나는 드라마에서 그들의 로맨스가 빨리 시작되면 좋겠다.

DAY 04

0099	**pleasant** [plézənt] plea	형 즐거운, 기분이 좋은 We spent a **pleasant** day at the festival. 우리는 축제에서 즐거운 하루를 보냈다.	명 pleasure 즐거움, 기쁨
0100	**imagination** [imædʒənéiʃən] nation	명 상상(력) Reading develops the **imaginations** of children. 독서는 아이들의 상상력을 계발한다.	동 imagine 상상하다
0101	**relieve** [rilí:v] re ve	동 완화하다; 안도하게 하다 This might be a chance to **relieve** your guilty feelings. 이것이 너의 죄책감을 완화할 기회가 될지도 모른다.	명 relief 안도, 안심
0102	**enjoyable** [indʒɔ́iəbl] able	형 즐거운 Traveling will be an **enjoyable** experience. 여행하는 것은 즐거운 경험이 될 것이다.	동 enjoy(즐기다)+able (~할 수 있는)
0103	**tension** [ténʃən] ten	명 긴장, 긴장 상태 I can feel the **tension** in this area. 나는 이 지역에서 긴장감을 느낄 수 있다.	형 tense(긴장한)+-ion (~하는 행동, 상태)
0104	**amuse** [əmjú:z] se	동 즐겁게 하다, 웃기다 I'd like to **amuse** the audience during the show. 나는 공연 중에 관객을 즐겁게 해 주고 싶다.	명 amusement 재미, 놀이
0105	**entertain** [èntərtéin] tain	동 즐겁게 하다, 접대하다 She tried to **entertain** us with music. 그녀는 음악으로 우리를 즐겁게 해 주려고 노력했다.	명 entertainment 오락, 연예

| 0106 □□□ | **frighten** [fráitən] ▨▨ ten | 통 겁먹게(놀라게) 하다 Sorry. I didn't mean to **frighten** you. 미안해. 너를 놀라게 하려던 건 아니었어. | 형 frightening 섬뜩한, 무서운 |

| 0107 □□□ | **weep** [wi:p] ▨▨ p | 통 울다, 눈물을 흘리다 Some of the children began to **weep**. 몇몇 아이들은 울기 시작했다. | (과거형) –wept–wept |

| 0108 □□□ | **panic** [pǽnik] ▨▨ nic | 명 (극심한) 공포, 공황 통 겁에 질리다 People ran outside in a **panic** when the fire spread throughout the building. 불이 건물 전체로 번지자 사람들은 공포에 질려 밖으로 뛰쳐나갔다. | |

| 0109 □□□ | **depress** [diprés] ▨▨ de ▨▨ | 통 우울하게 하다, 부진하게 하다 Cloudy days **depress** people. 흐린 날은 사람들을 우울하게 한다. | 형 depressed (기분이) 우울한, 암울한 |

| 0110 □□□ | **recall** [rikɔ́:l] ▨▨ call | 통 기억해 내다, 상기하다 I could not **recall** the name of the restaurant. 나는 그 식당의 이름을 기억해 내지 못했다. | |

| 0111 □□□ | **critical** [krítikəl] ▨▨ tical | 형 비판적인; 중요한 People are very **critical** of the policy. 사람들은 그 정책에 대해 매우 비판적이다. | 통 criticize 비판하다, 비난하다 |

| 0112 □□□ | **warmhearted** [wɔ́:rmhá:rtid] warm ▨▨ | 형 마음이 따뜻한, 친절한 My grandmother is so **warmhearted**. 나의 할머니는 마음이 무척 따뜻하시다. | |

| 0113 □□□ | **owe** [ou] o ▨▨ | 통 빚지고(신세 지고) 있다 Here's the money I **owe** you. 여기 너에게 빚진 돈이야. | |

DAY 04

0114	**sorrow** [sárou] so ▢▢▢▢▢	명 (큰) 슬픔, 비애 The bad news filled him with **sorrow**. 그 나쁜 소식은 그를 슬픔으로 가득 채웠다.	형 sorrowful 슬퍼하는, 애도하는
0115	**a variety of**	다양한, 여러 가지의 People get in fights for **a variety of** reasons. 사람들은 다양한 이유로 싸움을 한다.	

Advanced

0116	**disgust** [disgʌ́st] dis ▢▢▢▢▢	통 역겨움을 유발하다 명 역겨움 His behavior after committing a crime **disgusted** me. 범죄를 저지르고 난 뒤의 그의 행동이 나를 역겹게 했다.	in disgust 싫어져서, 넌 더리가 나서 형 disgusting 역겨운, 혐오스러운
0117	**empathize** [émpəθàiz] empa ▢▢▢▢▢	통 공감하다, 감정을 이입하다 I totally **empathize** with you. 나는 너에게 완전히 공감한다.	명 empathy 공감, 감정 이입
0118	**miserable** [mízərəbl] ▢▢▢▢▢ rable	형 비참한, 불행한 The ending of the movie was **miserable**. 그 영화의 결말은 비참했다.	부 miserably 비참하게
0119	**desperate** [déspərit] ▢▢▢▢▢ rate	형 절망적인, 필사적인, 자포자기한 Stores are getting **desperate** after the financial crisis. 가게들은 금융 위기 이후 절망적이 되어 가고 있다.	
0120	**put up with**	~을 참다, ~을 참고 견디다 I can't **put up with** this anymore. 나는 이것을 더 이상 참을 수가 없다.	

Ⓐ 영어는 우리말로, 우리말은 영어로 쓰시오.

01	warmhearted		16	부러워하다; 부러움	
02	amuse		17	짜증 나게 하다	
03	frighten		18	공포; 겁에 질리다	
04	amaze		19	자부심, 자랑스러움	
05	pleasant		20	기억해 내다	
06	weep		21	비판적인; 중요한	
07	depress		22	긴장, 긴장 상태	
08	romance		23	빚지고 있다	
09	entertain		24	슬픔, 비애	
10	imagination		25	비명; 비명을 지르다	
11	desperate		26	역겨움을 유발하다	
12	enjoyable		27	질투하는, 시기하는	
13	empathize		28	비참한, 불행한	
14	put up with		29	기분; 분위기	
15	a variety of		30	완화하다	

DAY 04

Ⓑ 다음 표현을 우리말로 쓰시오.

01	feel the tension	
02	a variety of reasons	
03	entertain us with music	
04	an enjoyable experience	
05	jealous of newborn babies	

C 빈칸에 알맞은 단어를 쓰시오.

01 _____ : amazing = 놀라게 하다 : 놀라운

02 criticize : _____ = 비판하다 : 비판적인

03 _____ : proud = 자부심 : 자랑스러운

04 pleasure : _____ = 즐거움 : 즐거운

05 imagine : _____ = 상상하다 : 상상(력)

06 _____ : relief = 안도하게 하다 : 안도, 안심

D 암기한 단어를 이용하여 다음 문장을 완성하시오.

01 나는 어젯밤에 비명 소리를 들은 것 같았다.

→ I thought I heard a _____ last night.

02 그 나쁜 소식은 그를 슬픔으로 가득 채웠다.

→ The bad news filled him with _____.

03 그 영화의 결말은 비참했다.

→ The ending of the movie was _____.

04 몇몇 아이들은 울기 시작했다.

→ Some of the children began to _____.

05 바깥의 공사 소음이 우리를 짜증 나게 한다.

→ The construction noise outside _____ us.

  주어가 3인칭 단수이므로 -s를 붙여 써요.

06 나는 이것을 더 이상 참을 수가 없다.

→ I can't _____ _____ _____ this anymore.

  put으로 시작하는 표현이에요.

Communication

☑️ 오늘은 의사소통 관련 단어를 집중해서 암기할 거예요.

conversation

blame

0121	☐	conversation	0136	☐	debate
0122	☐	prefer	0137	☐	specific
0123	☐	blame	0138	☐	neutral
0124	☐	profile	0139	☐	combine
0125	☐	signal	0140	☐	impress
0126	☐	visual	0141	☐	deal with
0127	☐	frankly	0142	☐	keep in touch
0128	☐	nod	0143	☐	call on
0129	☐	comment	0144	☐	distinguish
0130	☐	require	0145	☐	interrupt
0131	☐	response	0146	☐	emphasize
0132	☐	willing	0147	☐	determine
0133	☐	pause	0148	☐	hesitate
0134	☐	suppose	0149	☐	activate
0135	☐	mention	0150	☐	dismiss

0121	**conversation**	명 대화, 회화
	[kànvərséiʃən]	I had a long **conversation** with him today.
	sation	나는 오늘 그와 긴 대화를 나눴다.

0122	**prefer**	동 선호하다, 더 좋아하다
	[prifɔ́ːr]	She **preferred** to chat rather than call or email.
	fer	그녀는 전화나 이메일보다 채팅하는 것을 선호했다.

prefer A to B B보다 A를 더 좋아하다

0123	**blame**	동 ~을 탓하다, ~의 책임으로 보다
	[bleim]	It's not your fault. Don't **blame** yourself.
	me	그것은 네 잘못이 아니야. 자책하지 마.

0124	**profile**	명 프로필, 개요
	[próufail]	Before you call, you can look up his **profile**.
	file	전화하기 전에, 너는 그의 프로필을 찾아볼 수 있다.

0125	**signal**	명 신호 동 신호를 보내다
	[sígnəl]	That response is a positive **signal**.
	nal	저 반응은 긍정적인 신호이다.

sign 명 징후, 조짐
동 서명하다

0126	**visual**	형 시각의, 시각적인
	[víʒuəl]	You should provide a variety of **visual** information.
	vi	당신은 다양한 시각 정보를 제공해야 한다.

형 visible 눈에 보이는, 가시적인

0127	**frankly**	부 솔직하게, 노골적으로
	[frǽŋkli]	**Frankly**, I did not expect to win the game.
	fra	솔직히, 나는 그 경기에서 이길 것이라 예상하지 못했다.

frankly speaking 솔직히 말하자면
형 frank 솔직한

0128	**nod**	동 (고개를) 끄덕이다 명 끄덕임
	[nɑd]	He **nodded** to show that he agreed with us.
	n	그는 우리에게 동의한다는 것을 보여 주기 위해 고개를 끄덕였다.

■ Intermediate

0129 comment
[kάment]
co___t
명 의견, 언급 동 의견을 말하다
Do you have any **comment** on this?
당신은 이에 대해 의견이 있으신가요?

0130 require
[rikwáiər]
re___
동 요구하다, 필요하다, 필요로 하다
Persuading others **requires** effective communication skills and creativity.
다른 사람들을 설득하는 것은 효과적인 의사소통 기술과 창의력을 요구한다.

명 requirement 필요한 것, 요구되는 것

0131 response
[rispάns]
res___
명 응답, 회신; 반응
Thank you for your prompt **response**.
귀하의 빠른 회신에 대해 감사드립니다.

동 respond 대답하다; 반응을 보이다

DAY 05

0132 willing
[wíliŋ]
___ling
형 기꺼이 하는, ~하기를 꺼리지 않는
I'm **willing** to help you with anything.
저는 뭐든지 당신을 기꺼이 도와 드리겠습니다.

be willing to V 기꺼이 ~하다

0133 pause
[pɔːz]
___se
동 잠시 멈추다 명 멈춤
He doesn't **pause** once he starts to speak.
그는 일단 말하기 시작하면 멈추지 않는다.

0134 suppose
[səpóuz]
su___
동 추측하다, 생각하다; 가정하다
She **supposed** he would understand her.
그녀는 그가 자신을 이해할 것이라고 추측했다.

형 supposable 상상[가정]할 수 있는

0135 mention
[ménʃən]
men___
동 언급하다, 말하다 명 언급
Your name was **mentioned** a while ago.
너의 이름이 좀 전에 언급되었다.

| 0136 | **debate**
[dibéit]
de | 명 논쟁, 토론 동 토론하다
The **debate** is not likely to end.
그 논쟁은 끝날 것 같지 않다. | ≒ discuss 논의하다 |

| 0137 | **specific**
[spisífik]
spe | 형 구체적인; 특정한
Can you give me more **specific** information?
제게 좀 더 구체적인 정보를 주실 수 있나요? | ↔ general 일반적인, 보편적인 |

| 0138 | **neutral**
[njúːtrəl]
neu | 형 중립의, 중립적인
I tried to remain **neutral** on this matter.
나는 이 문제에 대해 중립을 지키려고 애썼다. | |

| 0139 | **combine**
[kəmbáin]
com | 동 결합하다, 결합시키다
This device **combines** a telephone and a fax machine.
이 기기는 전화와 팩스를 결합한다. | 명 combination 결합, 조합 |

| 0140 | **impress**
[imprés]
im | 동 감명을 주다, 깊은 인상을 주다
Her speech **impressed** everyone in the hall.
그녀의 연설은 강당 안의 모든 사람에게 감명을 주었다. | 명 impression 인상; 감명, 감동 |

| 0141 | **deal with** | ~을 처리하다, ~을 다루다
We need to find a way to **deal with** the problem.
우리는 그 문제를 처리할 방법을 찾아야 한다. | |

| 0142 | **keep in touch** | 연락하고 지내다
You will be missed. **Keep in touch**!
네가 그리울 거야. 연락해! | |

| 0143 | **call on** | 찾아가다; 요청하다
I'll **call on** you at the cathedral next weekend.
다음 주말에 성당에서 찾아뵙겠습니다. | |

◼ Advanced

Voca Coach

0144 distinguish
[distíŋgwiʃ]
dis

[동] 구별하다, 구별 짓다
They developed a machine that can **distinguish** between pictures and texts. 그들은 그림과 글자를 구별할 수 있는 기계를 개발했다.

0145 interrupt
[ìntərʌ́pt]
in ▓▓▓ t

[동] 방해하다, 중단시키다
Sorry to **interrupt**, but I think we should talk now.
방해해서 미안한데, 나는 우리가 지금 이야기해야 할 것 같아.

[명] interruption 중단, 가로막음

0146 emphasize
[émfəsàiz]
em

[동] 강조하다
He raises his voice whenever he **emphasizes** something.
그는 무언가를 강조할 때마다 목소리를 높인다.

[명] emphasis 강조

0147 determine
[ditə́ːrmin]
de ▓▓▓ ne

[동] 결정하다, 확정하다; 알아내다
Speaking skills **determine** how a message is delivered.
화술은 어떻게 메시지가 전달되는지를 결정한다.

[명] determination 결심, 결정

0148 hesitate
[hézətèit]
he

[동] 망설이다, 주저하다
I **hesitated** for a long time before I spoke.
나는 말하기 전에 오래 망설였다.

[형] hesitant 주저하는, 망설이는

0149 activate
[ǽktəvèit]
ac ▓▓▓ te

[동] 작동시키다, 활성화하다
To **activate** your account, use your password.
당신의 계정을 활성화하려면, 암호를 사용하십시오.

0150 dismiss
[dismís]
dis

[동] (의견을) 묵살하다; 해고하다
He **dismissed** her opinion as worthless.
그는 그녀의 의견을 가치 없다고 묵살했다.

DAY 05

Ⓐ 영어는 우리말로, 우리말은 영어로 쓰시오.

01	mention		16	솔직하게	
02	prefer		17	구체적인; 특정한	
03	distinguish		18	중립의, 중립적인	
04	profile		19	잠시 멈추다; 멈춤	
05	signal		20	감명을 주다	
06	visual		21	~을 처리하다	
07	activate		22	대화, 회화	
08	dismiss		23	결합하다	
09	comment		24	논쟁; 토론하다	
10	require		25	방해하다	
11	blame		26	추측하다, 생각하다	
12	willing		27	결정하다, 확정하다	
13	emphasize		28	망설이다, 주저하다	
14	call on		29	끄덕이다; 끄덕임	
15	keep in touch		30	응답, 회신; 반응	

Ⓑ 다음 표현을 우리말로 쓰시오.

01 a positive signal

02 sorry to interrupt

03 a long conversation

04 deal with the problem

05 more specific information

C 빈칸에 알맞은 단어를 쓰시오.

01 frank : _____ = 솔직한 : 솔직하게

02 _____ : requirement = 필요하다 : 필요한 것

03 respond : _____ = 대답하다 : 응답

04 _____ : impression = 깊은 인상을 주다 : 인상

05 _____ : hesitant = 주저하다 : 주저하는

06 _____ : combination = 결합하다 : 결합

DAY 05

D 암기한 단어를 이용하여 다음 문장을 완성하시오.

01 당신은 이에 대해 의견이 있으신가요?

→ Do you have any _____ on this?

02 저는 뭐든지 당신을 기꺼이 도와 드리겠습니다.

→ I'm _____ to help you with anything.

03 나는 이 문제에 대해 중립을 지키려고 애썼다.

→ I tried to remain _____ on this matter.

04 그는 일단 말하기 시작하면 멈추지 않는다.

→ He doesn't _____ once he starts to speak.

😊♂ 부정문 조동사 뒤에는 동사의 원형을 써요.

05 화술은 어떻게 메시지가 전달되는지를 결정한다.

→ Speaking skills _____ how a message is delivered.

06 그들은 그림과 글자를 구별할 수 있는 기계를 개발했다.

→ They developed a machine that can _____ between pictures
and texts.

A 영어를 우리말로 쓰시오.

01 childhood		11 spouse	
02 depress		12 amaze	
03 healthy		13 debate	
04 humble		14 sibling	
05 depend		15 competitive	
06 frankly		16 jewelry	
07 charm		17 response	
08 hesitate		18 tension	
09 critical		19 passive	
10 vivid		20 loyal	

B 우리말을 영어로 쓰시오.

01 자신감; 신뢰; 확신		11 주름; 주름이 지다	
02 비참한, 불행한		12 공격적인	
03 거만한, 오만한		13 임신한	
04 장례식		14 부주의한	
05 비뚤어진, 꼬인		15 입양하다; 채택하다	
06 선호하다		16 슬픔, 비애	
07 조상, 선조		17 대화, 회화	
08 질투하는, 시기하는		18 신원, 신분, 정체성	
09 중립의, 중립적인		19 결합하다, 결합시키다	
10 키; 높이, 고도		20 상상(력)	

ⓒ 다음 표현을 우리말로 쓰시오.

01 dismiss her opinion _____

02 a powerful influence _____

03 an enjoyable experience _____

04 make a good impression _____

05 maintain meaningful relationships _____

06 physically and mentally exhausted _____

ⓓ 암기한 단어를 이용하여 다음 문장을 완성하시오.

01 나는 그 정치인이 매우 야망이 있다고 생각한다.

→ I think the politician is very _____.

02 저는 뭐든지 당신을 기꺼이 도와 드리겠습니다.

→ I'm _____ to help you with anything.

03 부모님께 너무 많이 의존하지 마라.

→ Don't _____ too much on your parents.

04 제 키에 이상적인 몸무게는 얼마인가요?

→ What is my _____ weight for my height?

05 나는 이것을 더 이상 참을 수가 없다.

→ I can't _____ _____ _____ this anymore.

😮🗣 put으로 시작하는 표현이에요.

06 그녀는 말을 너무 많이 하는 사람들을 가까이하지 않으려고 노력한다.

→ She tries to _____ _____ from people who talk too

much.

Actions

☑ 오늘은 행동 관련 단어를 집중해서 암기할 거예요.

bend

whisper

PREVIEW 아는 단어에 체크해 보세요.   아는 단어 ▨▨▨ / 30개

0151 ☐ skip	0166 ☐ stare
0152 ☐ shut	0167 ☐ whisper
0153 ☐ drag	0168 ☐ cast
0154 ☐ lie	0169 ☐ browse
0155 ☐ lay	0170 ☐ snore
0156 ☐ spin	0171 ☐ make sure
0157 ☐ slip	0172 ☐ hold on (to)
0158 ☐ bend	0173 ☐ turn over
0159 ☐ refuse	0174 ☐ get rid of
0160 ☐ remove	0175 ☐ discourage
0161 ☐ shave	0176 ☐ detect
0162 ☐ movement	0177 ☐ pursue
0163 ☐ breathe	0178 ☐ wander
0164 ☐ bury	0179 ☐ glance
0165 ☐ lean	0180 ☐ encounter

Basic

0151 skip
[skip]

⑤ (깡충깡충) 뛰다; 거르다
The woman watched her son **skip** down the hill.
그 여자는 자신의 아들이 언덕 아래로 뛰어가는 것을 지켜보았다.

skip breakfast 아침을 거르다

0152 shut
[ʃʌt]

⑤ 잠그다, 닫다, 닫히다
He forgot to **shut** the door as he left the store.
그는 가게를 나갈 때 문을 잠그는 것을 잊어버렸다.

(과거형) -shut-shut

0153 drag
[dræg]

⑤ 끌다, 끌고 가다
He **dragged** the heavy suitcase.
그는 무거운 여행 가방을 끌고 갔다.

(과거형) -dragged -dragged

0154 lie
[lai]

⑤ 눕다; 거짓말하다 ⑲ 거짓말
I want to **lie** down for a while.
나는 잠깐 누워 있고 싶다.

lie가 '거짓말하다'일 때는 과거형이 lied-lied로 규칙 변화하지만, '눕다'일 때는 lay-lain으로 불규칙 변화해요.

0155 lay
[lei]

⑤ 눕히다, 놓다; 알을 낳다
I'll **lay** the baby on the bed.
내가 아기를 침대에 눕힐게.

(과거형) -laid-laid lie(눕다)의 과거형도 lay인 것에 유의하세요.

0156 spin
[spin]

⑤ 돌다, 회전하다 ⑲ 회전
The player is going to **spin** twice in the air.
그 선수는 공중에서 두 번 회전할 것이다.

(과거형) -spun-spun

0157 slip
[slip]

⑤ 미끄러지다 ⑲ (작은) 실수
He **slipped** on the wet floor and hurt his back.
그는 젖은 바닥에서 미끄러져 허리를 다쳤다.

(과거형) -slipped -slipped
⑱ slippery 미끄러운

0158 bend
[bend]

⑤ 굽히다, 구부리다
She's **bending** over to pick up the paper.
그녀는 종이를 주우려 몸을 굽히고 있다.

(과거형) -bent-bent

Intermediate

Voca Coach

0159 refuse
[rifjúːz]
re ㅣㅣㅣㅣ se

동 거절하다, 거부하다
She **refused** our offer after much thought.
그녀는 곰곰이 생각한 후에 우리의 제안을 거절했다.

≒ reject 거절하다, 거부하다
reject는 refuse보다 더 단호한 뉘앙스예요.

0160 remove
[rimúːv]
re ㅣㅣㅣㅣ

동 제거하다, 치우다; 벗다
I tried to **remove** the stain on my blouse.
나는 내 블라우스에 있는 얼룩을 제거하려고 노력했다.

0161 shave
[ʃeiv]
sh ㅣㅣㅣㅣ

동 면도하다, (수염 등을) 깎다
The man took a bath and **shaved** before going out.
그 남자는 외출 전에 목욕을 하고 면도를 했다.

0162 movement
[múːvmənt]
ㅣㅣㅣㅣ ment

명 움직임, 이동; (정치적·사회적) 운동
Their **movements** were very impressive.
그들의 움직임은 매우 인상적이었다.

동 move 움직이다

0163 breathe
[briːð]
brea ㅣㅣㅣㅣ

동 호흡하다, 숨을 쉬다
Breathe in and out deeply once again.
다시 한 번 숨을 깊이 들이마시고 내쉬세요.

명 breath 입김, 숨

0164 bury
[béri]
ㅣㅣㅣ ry

동 묻다, 매장하다
I **buried** a time capsule in our backyard.
나는 타임캡슐을 우리 집 뒤뜰에 묻었다.

(과거형) -buried
-buried

0165 lean
[liːn]
l ㅣㅣㅣㅣ

동 기울(이)다; 기대다
Don't **lean** against the subway door.
지하철 문에 기대지 마시오.

3

0166 stare

[stɛər]

s ▨▨▨ re

동 응시하다, 빤히 쳐다보다 명 응시

The couple **stared** at each other with love.

그 커플은 사랑을 담아 서로를 응시했다.

↔ glance 흘낏 보다

0167 whisper

[hwíspər]

▨▨▨▨▨ per

동 속삭이다, 소곤거리다 명 속삭임

The man leaned over and **whispered** something in her ear. 그 남자는 몸을 기울여 그녀의 귀에 무언가를 속삭였다.

I lowered my voice to a whisper.
나는 목소리를 낮추어 속삭였다.

0168 cast

[kæst]

c ▨▨▨▨▨

동 던지다; 주조하다; 배역을 맡기다

They **cast** the treasures into the river.

그들은 그 보물들을 강물 속으로 던졌다.

(과거형) –cast-cast

0169 browse

[brauz]

▨▨▨▨▨ se

동 훑어보다; 인터넷을 돌아다니다

I **browsed** the book's table of contents.

나는 그 책의 목차를 훑어보았다.

0170 snore

[snɔːr]

s ▨▨▨▨▨

동 코를 골다 명 코 고는 소리

My dad began to **snore** noisily.

아빠가 요란하게 코를 골기 시작하셨다.

0171 make sure

반드시 ~하도록 하다, 확인하다

Make sure you read the contract before signing it.

서명하기 전에 반드시 계약서를 읽어 봐라.

0172 hold on (to)

(~을) 꼭 잡다

It's dangerous here, so **hold on to** my hand.

여기는 위험하니, 내 손을 꼭 잡아.

(과거형) –held-held

0173 turn over

뒤집다, 뒤집히다; 채널을 돌리다

Turn over the steak before it burns.

스테이크가 타기 전에 뒤집어라.

DAY 06

0174	**get rid of**	~을 처리하다(없애다)	(과거형) –got–gotten [got]
		She tried almost everything to **get rid of** the smell.	图 rid 없애다, 제거하다
		그녀는 그 냄새를 없애려고 거의 모든 것을 시도해 봤다.	

◤ Advanced

0175	**discourage** [diskə́:ridʒ]	图 낙담(실망)시키다; 막다, 말리다	↔ encourage 북돋아 주다, 격려하다
	cou	The failure didn't **discourage** me.	
		그 실패는 나를 낙담시키지 못했다.	

0176	**detect** [ditékt]	图 발견하다, 감지하다	图 detective 탐정, 형사
	tect	He **detected** a strange smell in the room.	
		그는 방에서 이상한 냄새를 감지했다.	

0177	**pursue** [pərsjú:]	图 추구하다, 밀고 나가다; 뒤쫓다	图 pursuit 추구; 추적
	pur	They plan to **pursue** the policy for the time being.	
		그들은 당분간 그 정책을 추진할 계획이다.	

0178	**wander** [wándər]	图 거닐다, 돌아다니다, 헤매다	
	wan	He **wandered** all over the world.	
		그는 전 세계를 방랑했다.	

0179	**glance** [glæns]	图 힐끗 보다; 훑어보다 图 힐끗 봄	at a glance 한눈에
	gl	She **glanced** back in curiosity.	
		그녀는 궁금해서 뒤를 힐끗 보았다.	

0180	**encounter** [inkáuntər]	图 (우연히) 맞닥뜨리다, 접하다	
	en ter	He **encountered** his boss on the street.	
		그는 길에서 그의 상사와 마주쳤다.	

A 영어는 우리말로, 우리말은 영어로 쓰시오.

01	stare		16	돌다; 회전	
02	shut		17	속삭이다; 속삭임	
03	drag		18	제거하다, 치우다	
04	lie		19	훑어보다	
05	lay		20	추구하다	
06	discourage		21	반드시 ~하도록 하다	
07	cast		22	힐끗 보다; 힐끗 봄	
08	snore		23	묻다, 매장하다	
09	refuse		24	기울(이)다; 기대다	
10	encounter		25	호흡하다, 숨을 쉬다	
11	shave		26	발견하다, 감지하다	
12	movement		27	굽히다, 구부리다	
13	turn over		28	거닐다, 돌아다니다	
14	hold on (to)		29	미끄러지다; 실수	
15	get rid of		30	뛰다; 거르다	

DAY 06

B 다음 표현을 우리말로 쓰시오.

01 lay the baby

02 snore noisily

03 refuse our offer

04 cast the treasures

05 stare at each other

ⓒ 빈칸에 알맞은 단어를 쓰시오.

01 move : _____ = 움직이다 : 움직임

02 encourage ↔ _____ = 북돋아 주다 ↔ 낙담시키다

03 _____ : detective = 발견하다 : 탐정

04 breath : _____ = 숨 : 호흡하다, 숨을 쉬다

05 _____ : pursuit = 추구하다 : 추구

06 _____ : slippery = 미끄러지다 : 미끄러운

ⓓ 암기한 단어를 이용하여 다음 문장을 완성하시오.

01 그는 길에서 그의 상사와 마주쳤다.

　→ He _____ his boss on the street.

　😮⅋ '마주쳤다'이므로 -ed를 붙여 동사의 과거형으로 써야 해요.

02 나는 잠깐 누워 있고 싶다.

　→ I want to _____ down for a while.

03 나는 내 블라우스에 있는 얼룩을 제거하려고 노력했다.

　→ I tried to _____ the stain on my blouse.

04 스테이크가 타기 전에 뒤집어라.

　→ _____ _____ the steak before it burns.

　😮⅋ 문장 맨 앞 글자는 대문자로 써요.

05 그는 가게를 나갈 때 문을 잠그는 것을 잊어버렸다.

　→ He forgot to _____ the door as he left the store.

06 그 여자는 자신의 아들이 언덕 아래로 뛰어가는 것을 지켜보았다.

　→ The woman watched her son _____ down the hill.

Food & Cooking

☑ 오늘은 음식과 요리 관련 단어를 집중해서 암기할 거예요.

buffet

seasoning

PREVIEW 아는 단어에 체크해 보세요.   아는 단어 ▨▨▨ / 30개

0181 ☐ chop	0196 ☐ paste
0182 ☐ roast	0197 ☐ stir
0183 ☐ stove	0198 ☐ plenty
0184 ☐ buffet	0199 ☐ grind
0185 ☐ calorie	0200 ☐ cuisine
0186 ☐ caffeine	0201 ☐ rotten
0187 ☐ wheat	0202 ☐ fiber
0188 ☐ flavor	0203 ☐ vegetarian
0189 ☐ instant	0204 ☐ seasoning
0190 ☐ beverage	0205 ☐ cut ~ into pieces
0191 ☐ crush	0206 ☐ appetite
0192 ☐ grab	0207 ☐ portion
0193 ☐ split	0208 ☐ capacity
0194 ☐ suck	0209 ☐ edible
0195 ☐ squeeze	0210 ☐ nutrition

0181	**chop**	통 (음식 재료를 토막으로) 썰다, 다지다	(과거형) -chopped
	[tʃɑp]	**Chop** the onions finely and stir-fry them.	-chopped
	op	양파를 잘게 다져 볶아라.	

0182 **roast**
[roust]
st

통 (오븐에) 굽다 명 구운 요리
We **roast** turkey on Thanksgiving Day.
우리는 추수감사절에 칠면조를 굽는다.

석쇠에 굽는 건 grill이라고 하고, 일반적인 음식을 굽는다고 말할 때는 bake를 많이 써요.

0183 **stove**
[stouv]
ve

명 스토브, 난로, (요리용) 화로
She put a pot on the **stove**.
그녀는 화로 위에 냄비를 놓았다.

'가스레인지'는 gas stove라고 해요.

0184 **buffet**
[bəféi]
bu

명 뷔페, 뷔페식당
Let's go to the hotel for the lunch **buffet**.
호텔에 점심 뷔페 먹으러 가자.

0185 **calorie**
[kǽləri]
rie

명 열량, 칼로리
I recommend it because it is low in **calories**.
나는 그것이 칼로리가 낮아서 추천한다.

0186 **caffeine**
[kæfíːn]
ine

명 카페인
Coffee is a typical beverage that contains **caffeine**.
커피는 카페인을 함유한 대표적인 음료이다.

0187 **wheat**
[hwiːt]
eat

명 밀
The price of **wheat** has increased.
밀 가격이 상승했다.

0188 **flavor**
[fléivər]
vor

명 (재료 특유의) 맛, 향, 풍미, 양념
This ice cream has vanilla and chocolate **flavors**.
이 아이스크림은 바닐라 맛과 초콜릿 맛이 있다.

형 flavored (~의) 맛이 나는, 풍미가 ~한

Intermediate

0189 instant
[ínstənt]

~~tant~~

[형] 인스턴트의, 즉석의; 즉각적인
There are various **instant** foods these days.
요즘에는 다양한 즉석식품들이 있다.

[부] instantly 즉각, 즉시

0190 beverage
[bévəridʒ]

~~rage~~

[명] 음료
What kinds of **beverages** do you have?
어떤 종류의 음료수가 있나요?

≒ drink 음료

0191 crush
[krʌʃ]

~~sh~~

[동] 눌러 부수다, 빻다
Slice the mushrooms and **crush** the garlic.
버섯들을 썰고 마늘을 빻아라.

0192 grab
[græb]

~~g~~

[동] 붙잡다, 움켜잡다; 급히(잠깐) ~하다
Let's go out and **grab** a bite to eat.
나가서 간단하게 먹자.

grab a bite to eat 간단히 먹다, 요기하다

0193 split
[split]

~~lit~~

[동] 나누다; 쪼개다; 분열되다
Split the bread on one side to make a pocket.
주머니를 만들기 위해 빵의 한쪽 면을 나눠라.

(과거형) –split–split

0194 suck
[sʌk]

~~su~~

[동] 빨다, 빨아먹다, 빨아내다
She constantly **sucked** on mint candy.
그녀는 항상 박하사탕을 빨아먹었다.

0195 squeeze
[skwiːz]

~~ze~~

[동] 짜다, 짜내다, 압착하다
She **squeezed** the juice from a lemon.
그녀는 레몬에서 즙을 짜냈다.

DAY 07

0196	**paste**	몡 반죽; 풀 툉 붙이다	Can I copy and
	[peist]	She mixed the flour with the milk and made a **paste**.	paste it on my blog? 제가 그것을 제 블로그에 복 사해서 붙여 넣어도 될까요?
	te	그녀는 밀가루를 우유와 섞어 반죽을 만들었다.	

0197	**stir**	툉 젓다, 섞다	(과거형) -stirred
	[stəːr]	I added boiling water and **stirred**.	-stirred
	s	나는 끓는 물을 넣고 저었다.	

0198	**plenty**	몡 풍부한 양	보통 plenty of로 쓰여서
	[plénti]	It is good to eat **plenty** of fruit and vegetables.	'많은, 풍부한'이라는 의미를 나타내요.
	ty	과일과 채소를 많이 먹는 것이 좋다.	

0199	**grind**	툉 잘게 갈다, 빻다; (칼날 등을) 갈다	(과거형) -ground
	[graind]	**Grind** strawberries and a banana together.	-ground
	g d	딸기와 바나나를 함께 갈아라.	

0200	**cuisine**	몡 요리, 요리법	≒ cooking 요리
	[kwizíːn]	Today's dinner is a full course of French **cuisine**.	
	cui	오늘 저녁은 프랑스 요리의 풀코스입니다.	

0201	**rotten**	혱 썩은, 부패한; 형편없는	
	[rátən]	Don't eat it. I think it's **rotten**.	
	r n	그것을 먹지 마. 그것은 썩은 것 같아.	

0202	**fiber**	몡 섬유(질)	
	[fáibər]	You need to eat foods with a lot of **fiber**.	
	fi	섬유질이 많은 음식을 먹어야 한다.	

0203	**vegetarian**	혱 채식주의(자)의 몡 채식주의자	몡 vegetable 채소
	[vèdʒətɛ́əriən]	Are there any **vegetarian** restaurants?	
	ve	채식주의자를 위한 식당이 있나요?	

0204 seasoning
[síːzəniŋ]

sea

명 조미료, 양념
It's grilled beef with pepper **seasoning**.
그것은 후추 양념을 한 구운 쇠고기이다.

≒ spice 양념, 향신료

0205 cut ~ into pieces
~을 여러 조각으로 자르다
Please **cut** the pizza **into** 6 **pieces**.
피자를 여섯 조각으로 잘라 주세요.

(과거형) –cut–cut

◣ Advanced

0206 appetite
[ǽpətàit]

ap

명 식욕; 욕구
Strangely, I don't have an **appetite** these days.
이상하게, 나는 요즘 식욕이 없다.

명 appetizer 식욕을 돋우기 위한 것, 전채

0207 portion
[pɔ́ːrʃən]

por

명 일부분; 1인분
This is only a small **portion** of the entire thing.
이것은 전체의 작은 부분에 불과하다.

≒ part 일부, 부분

0208 capacity
[kəpǽsəti]

ca

명 용량; 수용력; 능력
He tried to test his eating **capacity**.
그는 자신의 식사량을 시험해 보려고 했다.

0209 edible
[édəbl]

edi

형 먹을 수 있는, 식용의
Surprisingly, there are many **edible** plants.
뜻밖에도, 먹을 수 있는 식물들이 많이 있다.

0210 nutrition
[njuːtríʃən]

nu

명 영양
Read the **nutrition** facts labels on foods.
식품에 붙은 영양 성분표를 읽어라.

형 nutritious 영양가가 많은

Ⓐ 영어는 우리말로, 우리말은 영어로 쓰시오.

01	vegetarian		16	굽다; 구운 요리
02	paste		17	젓다, 섞다
03	stove		18	썰다, 다지다
04	plenty		19	잘게 갈다, 빻다
05	calorie		20	밀
06	caffeine		21	썩은, 부패한
07	suck		22	섬유(질)
08	cuisine		23	맛, 향, 풍미, 양념
09	instant		24	조미료, 양념
10	appetite		25	붙잡다, 움켜잡다
11	crush		26	음료
12	edible		27	일부분; 1인분
13	split		28	용량; 수용력; 능력
14	buffet		29	짜다, 짜내다
15	cut ~ into pieces		30	영양

Ⓑ 다음 표현을 우리말로 쓰시오.

01 roast turkey

02 low in calories

03 contain caffeine

04 chocolate flavor

05 various instant foods

ⓒ 빈칸에 알맞은 단어를 쓰시오.

01 _____ : ground = 잘게 갈다 : 잘게 갈았다

02 cooking ≒ c_____ = 요리

03 _____ : appetizer = 식욕 : 식욕을 돋우기 위한 것

04 _____ : nutritious = 영양 : 영양가가 많은

05 vegetable : _____ = 채소 : 채식주의자

06 drink ≒ b_____ = 음료

ⓓ 암기한 단어를 이용하여 다음 문장을 완성하시오.

01 밀 가격이 상승했다.

→ The price of _____ has increased.

02 그녀는 레몬에서 즙을 짜냈다.

→ She _____ the juice from a lemon.

💬👤 '짜냈다'이므로 -(e)d를 붙여서 동사의 과거형으로 써야 해요.

03 그것은 후추 양념을 한 구운 쇠고기이다.

→ It's grilled beef with pepper _____.

04 뜻밖에도, 먹을 수 있는 식물들이 많이 있다.

→ Surprisingly, there are many _____ plants.

05 과일과 채소를 많이 먹는 것이 좋다.

→ It is good to eat _____ of fruit and vegetables.

06 주머니를 만들기 위해 빵의 한쪽 면을 나눠라.

→ _____ the bread on one side to make a pocket.

💬👤 문장 맨 앞 글자는 대문자로 써요.

Clothes

☑ 오늘은 의복 관련 단어를 집중해서 암기할 거예요.

thread

sew

PREVIEW 아는 단어에 체크해 보세요.　　아는 단어 ▢▢▢ / 30개

0211	☐ casual		0226	☐ sew
0212	☐ formal		0227	☐ mend
0213	☐ waist		0228	☐ leather
0214	☐ fashionable		0229	☐ cardigan
0215	☐ shorten		0230	☐ stitch
0216	☐ stripe		0231	☐ knot
0217	☐ fancy		0232	☐ trousers
0218	☐ cotton		0233	☐ along with
0219	☐ outfit		0234	☐ for oneself
0220	☐ sleeve		0235	☐ in balance
0221	☐ buckle		0236	☐ alter
0222	☐ string		0237	☐ premium
0223	☐ fade		0238	☐ coordinate
0224	☐ collar		0239	☐ detergent
0225	☐ thread		0240	☐ come up with

Basic

0211

casual

[kǽʒuəl]

ca

[형] 평상시의, 격식을 차리지 않은

My sister enjoys wearing **casual** clothes.

나의 언니는 평상복을 즐겨 입는다.

≒ informal 격식을 차리지 않은, 편안한
↔ formal 격식을 차린, 공식적인

0212

formal

[fɔ́ːrməl]

mal

[형] 격식을 차린; 공식적인

Please come in **formal** clothes tomorrow.

내일 정장 차림으로 와 주세요.

↔ informal / casual 격식을 차리지 않은

0213

waist

[weist]

st

[명] 허리, 허리 부분

These pants are too big at the **waist**.

이 바지는 허리가 너무 크다.

0214

fashionable

[fǽʃənəbl]

fashion

[형] 유행하는, 유행을 따른

Her clothes in the drama are **fashionable**.

드라마 속 그녀의 옷이 유행하고 있다.

[명] fashion 패션, 유행, 인기

0215

shorten

[ʃɔ́ːrtən]

ten

[동] 짧게 하다, 줄이다

Please **shorten** the length of the pants by five centimeters.

바지 길이를 5센티미터 줄여 주세요.

[형] short 짧은

0216

stripe

[straip]

st

[명] 줄무늬

I dressed my dog in rainbow **stripes**.

나는 내 개에게 무지개 줄무늬 옷을 입혔다.

0217

fancy

[fǽnsi]

cy

[형] 화려한, 장식적인; 값비싼

She prefers **fancy** clothes but mostly wears jeans.

그녀는 화려한 옷을 선호하지만 주로 청바지를 입는다.

↔ plain 평범한, 단조로운

0218

cotton

[kátən]

co

[명] 면직물; 목화; 솜

This shirt is made of 100% **cotton**.

이 셔츠는 100퍼센트 면으로 만들어졌다.

◤Intermediate

0219

outfit

[áutfit]

▨▨▨▨▨ fit

명 의상 (한 벌); 장비 (한 벌)

Do you think these shoes match my **outfit**?

너는 이 신발이 내 의상과 어울린다고 생각해?

≒ costume 복장, 의상

0220

sleeve

[sliːv]

▨▨▨▨▨ ve

명 소매

I like them all, but the **sleeves** are too long.

나는 그것들이 다 마음에 드는데, 소매가 너무 길다.

긴팔은 long sleeve, 반팔은 short sleeve라고 해요.

0221

buckle

[bʌkl]

▨▨▨▨▨ kle

동 버클을 채우다; 버클로 죄다 명 버클

Buckle your belt before you leave.

출발하기 전에 벨트를 채우세요.

0222

string

[striŋ]

st ▨▨▨▨▨

명 끈, 줄

She bought a T-shirt with **strings** at the bottom.

그녀는 아랫부분에 끈들이 달린 티셔츠를 샀다.

0223

fade

[feid]

▨▨▨▨ de

동 (색이) 바래다; 서서히 사라지다

The black jeans have **faded** after many washings.

그 검은색 청바지는 여러 번 세탁한 후에 색이 바랬다.

We faded out the music at the end.
우리는 마지막에 음악을 서서히 작아지게 했다.

0224

collar

[kálər]

co ▨▨▨▨▨

명 깃, 칼라

She wore a navy blouse with a **collar**.

그녀는 칼라가 달린 감청색 블라우스를 입었다.

0225

thread

[θred]

▨▨▨▨ read

동 실을 꿰다 명 실

I **threaded** a needle for the first time.

나는 처음으로 바늘에 실을 꿰었다.

a needle and thread
실을 꿴 바늘

0226 sew

[sou]

s▨▨▨▨

동 바느질하다

I learned how to **sew** from YouTube.

나는 유튜브에서 바느질하는 법을 배웠다.

명 sewing 바느질, 재봉

0227 mend

[mend]

m▨▨▨d

동 수선하다; 고치다, 수리하다

I have to **mend** my clothes to wear them.

나는 내 옷을 입으려면 수선해야 한다.

≒ fix / repair 고치다, 수리하다

0228 leather

[léðər]

lea▨▨▨▨

명 가죽; 가죽옷

My jacket is real **leather** made in Italy.

내 재킷은 이탈리아에서 만들어진 진짜 가죽이다.

0229 cardigan

[ká:rdəgən]

▨▨▨▨digan

명 카디건

I bought him a **cardigan** for his birthday.

나는 그에게 생일 선물로 카디건을 사 주었다.

0230 stitch

[stitʃ]

▨▨▨▨ch

명 바늘땀, 바느질 방식 동 꿰매다

Check if the **stitches** are small and straight.

바늘땀들이 작고 똑바른지 확인해라.

(속담) A stitch in time saves nine.
제때의 한 땀이 나중의 아홉 땀을 던다.; 오늘의 한 땀, 내일의 열 땀.

0231 knot

[nɑt]

▨▨▨ot

명 매듭

There are hundreds of ways to tie a **knot**.

매듭을 묶는 수백 가지 방법이 있다.

tie a knot 매듭을 묶다

0232 trousers

[tráuzərz]

▨▨▨▨sers

명 바지

These **trousers** are too tight for me.

이 바지는 나에게 너무 꽉 끼인다.

trousers는 영국에서 많이 쓰는 어휘이고, 미국에서는 주로 pants라고 말해요.

0233 along with

~과 함께, ~에 덧붙여

She washed her clothes **along with** mine.

그녀는 내 것과 함께 그녀의 옷을 세탁했다.

get along with(~와 잘 지내다)로 많이 써요.

| 0234 ☐☐ | **for oneself** | 혼자 힘으로, 자신을 위해서
She bought a dress **for herself** at the store.
그녀는 그 가게에서 자신을 위해 드레스를 샀다. | '혼자서, 다른 사람 도움 없이'의 뜻을 가진 by oneself도 같이 외워요. |

| 0235 ☐☐ | **in balance** | 균형이 잡혀, 조화하여
When choosing your clothes, make sure the colors are **in balance**.
옷을 고를 때, 색깔들이 조화로운지 확인해라. | 똉 balance 균형 |

◣ Advanced

| 0236 ☐☐ | **alter**
[ɔ́ːltər]
al | 图 고치다, 바꾸다, 변경하다; 변하다
Could you **alter** this jacket for me?
이 재킷을 제게 맞게 고쳐 주시겠습니까? | |

| 0237 ☐☐ | **premium**
[príːmiəm]
pre | 똉 할증료, 프리미엄 톙 고급의
I bought the shoes at a **premium**.
나는 프리미엄을 주고 그 신발을 샀다. | premium products 고급 상품 |

| 0238 ☐☐ | **coordinate**
[kouɔ́ːrdənèit]
co | 图 잘 어울리다; 꾸미다; 조정하다
The sweater **coordinates** with all kinds of jeans.
그 스웨터는 모든 종류의 청바지와 어울린다. | 똉 coordination 조정, 조화 |

| 0239 ☐☐ | **detergent**
[ditə́ːrdʒənt]
de ent | 똉 세탁 세제, 세정제
This **detergent** is good for getting rid of stains.
이 세제는 얼룩을 제거하는 데 좋다. | |

| 0240 ☐☐ | **come up with** | 생각해 내다; 제안하다; 생산하다
How did they **come up with** the name *jeans*?
그들은 어떻게 '청바지'라는 이름을 생각해 냈을까? | |

A 영어는 우리말로, 우리말은 영어로 쓰시오.

01	sew		16	면직물; 목화; 솜
02	collar		17	수선하다; 고치다
03	cardigan		18	가죽; 가죽옷
04	fashionable		19	끈, 줄
05	stitch		20	소매
06	casual		21	매듭
07	fancy		22	격식을 차린
08	outfit		23	실을 꿰다; 실
09	trousers		24	혼자 힘으로
10	waist		25	줄무늬
11	buckle		26	고치다, 바꾸다
12	along with		27	할증료; 고급의
13	fade		28	잘 어울리다; 꾸미다
14	in balance		29	세탁 세제, 세정제
15	come up with		30	짧게 하다, 줄이다

B 다음 표현을 우리말로 쓰시오.

01 with a collar

02 alter this jacket

03 rainbow stripes

04 thread a needle

05 a T-shirt with strings

DAY 08

C 빈칸에 알맞은 단어를 쓰시오.

01 short : _____ = 짧은 : 짧게 하다, 줄이다

02 _____ ↔ formal = 격식을 차리지 않은 ↔ 격식을 차린

03 _____ ↔ plain = 화려한 ↔ 평범한, 단조로운

04 _____ : sewing = 바느질하다 : 바느질

05 fashion : _____ = 패션, 유행 : 유행하는

06 fix ≒ m_____ = 고치다

D 암기한 단어를 이용하여 다음 문장을 완성하시오.

01 이 셔츠는 100퍼센트 면으로 만들어졌다.

→ This shirt is made of 100% _____.

02 출발하기 전에 벨트를 채우세요.

→ _____ your belt before you leave.

💬🧑 문장 맨 앞 글자는 대문자로 써요.

03 내일 정장 차림으로 와 주세요.

→ Please come in _____ clothes tomorrow.

04 이 세제는 얼룩을 제거하는 데 좋다.

→ This _____ is good for getting rid of stains.

05 그녀는 그 가게에서 자신을 위해 드레스를 샀다.

→ She bought a dress _____ _____ at the store.

06 그들은 어떻게 '청바지'라는 이름을 생각해 냈을까?

→ How did they _____ _____ _____ the name

jeans?

💬🧑 가운데 up이 들어가고, '생각해 내다, 제안하다'라는 뜻의 표현이에요.

In the House

☑ 오늘은 집 안 관련 단어를 집중해서 암기할 거예요.

bathtub

faucet

PREVIEW 아는 단어에 체크해 보세요.　　　　　　　　　　아는 단어 ▨▨▨ / 30개

0241 ☐ household	0256 ☐ rubbish
0242 ☐ hang	0257 ☐ flush
0243 ☐ alarm	0258 ☐ microwave
0244 ☐ dust	0259 ☐ balcony
0245 ☐ edge	0260 ☐ spacious
0246 ☐ bathtub	0261 ☐ saw
0247 ☐ furniture	0262 ☐ attic
0248 ☐ interior	0263 ☐ play a role in
0249 ☐ cleanse	0264 ☐ belong to
0250 ☐ spread	0265 ☐ faucet
0251 ☐ crack	0266 ☐ convert
0252 ☐ wire	0267 ☐ discard
0253 ☐ chore	0268 ☐ dispose
0254 ☐ outlet	0269 ☐ appliance
0255 ☐ dump	0270 ☐ put away

0241 household
[háushòuld]
house

명 가구, 가정
The number of single-person **households** is increasing.
1인 가구들의 수가 증가하고 있다.

0242 hang
[hæŋ]
ha

동 걸(리)다, 매달(리)다
You can **hang** your coat here.
당신은 여기에 외투를 걸 수 있습니다.

(과거형) –hung–hung

0243 alarm
[əláːrm]
a · · · m

명 경보(음), 알람; 불안
The **alarm** went off, but I didn't hear it.
알람이 울렸는데, 나는 그것을 못 들었다.

0244 dust
[dʌst]
d

명 먼지, 흙 동 먼지를 털다
The furniture was all covered with **dust**.
가구는 온통 먼지로 덮여 있었다.

'미세먼지'는 fine dust, '황사'는 yellow dust인 것도 알아 두세요.

0245 edge
[edʒ]
ge

명 가장자리, 모서리; 날
He stood on the **edge** of the balcony.
그는 발코니 가장자리에 서 있었다.

0246 bathtub
[bǽθtʌ̀b]
tub

명 목욕통, 욕조
I booked a room with a **bathtub**.
나는 욕조가 있는 방을 예약했다.

bath(목욕)+tub(통)

0247 furniture
[fə́ːrnitʃər]
ture

명 가구
We moved the **furniture** in the living room to my room.
우리는 거실에 있는 가구를 내 방으로 옮겼다.

0248 interior
[intíəriər]
rior

명 내부, 인테리어 형 내부의
One of the trends in **interior** design is wall art.
실내 장식의 유행들 중 하나는 벽면 예술이다.

≒ inside 안쪽, 내부
↔ exterior 외부의

0249	**cleanse** [klenz] se	동 정화하다; 세척하다, 청결하게 하다 Cleaning her room was like **cleansing** her mind. 자신의 방을 청소하는 것은 그녀의 마음을 정화하는 것과 같았다.	형 clean 깨끗한 명 cleanser 클렌저, 세척제
0250	**spread** [spred] sp	동 퍼지다; 펼치다 명 확산 Mold **spreads** in a bathroom in a few hours. 곰팡이는 몇 시간 안에 화장실에 퍼진다.	(과거형) –spread –spread
0251	**crack** [kræk] cr	명 (갈라진) 금, (좁은) 틈 동 금이 가다 I found some **cracks** in the wall. 나는 벽에서 몇 개의 갈라진 금을 발견했다.	
0252	**wire** [waiər] wi	명 전선, 선; 철사 Hide the **wires** of your home electrical devices. 가정용 전기 제품들의 전선들을 숨겨라.	
0253	**chore** [tʃɔːr] re	명 (가정의) 잡일, 하기 싫은 일 It's hard to do household **chores**. 집안일은 하기 힘들다.	household chores 집안일
0254	**outlet** [áutlet] let	명 콘센트; 배출구; 할인점 First, plug the cord into an **outlet**. 먼저, 코드를 콘센트에 꽂아라.	
0255	**dump** [dʌmp] p	동 버리다 명 쓰레기장, 쓰레기 더미 I think he **dumped** those old chairs in my yard. 그가 내 마당에 저 낡은 의자들을 버린 것 같다.	Every city refused to have a garbage dump. 모든 도시가 쓰레기 폐기장 갖기를 거부했다.

0256 rubbish
[rʌ́biʃ]

ru ▢▢▢▢▢▢▢▢

몡 쓰레기; 형편없는 것
Do not leave your **rubbish** behind.
쓰레기를 두고 가지 마라.

≒ garbage / trash 쓰레기

0257 flush
[flʌʃ]

▢▢▢▢ sh

동 쏟아내리다; 붉히다, 붉어지다
Don't forget to **flush** the toilet.
화장실 물 내리는 것을 잊지 마라.

0258 microwave
[máikrəwèiv]

▢▢▢▢ wave

몡 전자레인지; 마이크로파
A **microwave** is an essential appliance.
전자레인지는 필수 가전제품이다.

≒ microwave oven

0259 balcony
[bǽlkəni]

bal ▢▢▢▢

몡 발코니; (극장의) 발코니석
I made a small garden on my **balcony**.
나는 발코니에 작은 정원을 만들었다.

0260 spacious
[spéiʃəs]

spa ▢▢▢▢

혱 널찍한, 광대한
The house doesn't look big, but it is **spacious**.
그 집은 커 보이지 않지만, 그곳은 널찍하다.

몡 space 공간

0261 saw
[sɔː]

s ▢▢▢▢

동 톱질하다 몡 톱
We **sawed** dry branches to make stairs.
우리는 계단을 만들기 위해 마른 나뭇가지들을 톱질했다.

saw는 see(보다)의 과거형이기도 해요.

0262 attic
[ǽtik]

at ▢▢▢▢▢▢

몡 다락(방)
The **attic** was full of unused items.
다락은 안 쓰는 물건들로 가득했다.

0263 play a role in

~에서 역할을 하다
Kitchens **play an** important **role in** our lives.
부엌은 우리의 삶에서 중요한 역할을 한다.

몡 role 역할

0264	**belong to**	~에 속하다 Who does this phone **belong to**? 이 전화는 누구의 것이지?	

◤ Advanced

0265	**faucet** [fɔ́:sit] cet	몡 수도꼭지 Turn off the **faucet** after use. 사용 후에는 수도꼭지를 잠가라.	
0266	**convert** [kənvə́:rt] con	동 개조하다, 전환하다; 바꾸다 He **converted** his garage into a room. 그는 차고를 방으로 개조했다.	몡 conversion 전환, 변환; 개조
0267	**discard** [diská:rd] dis	동 (불필요한 것을) 버리다, 폐기하다 You should **discard** food waste separately. 음식물 쓰레기는 따로 버려야 한다.	≒ scrap 폐기(파기)하다, 버리다
0268	**dispose** [dispóuz] dis	동 처리하다, 처분하다; 배치하다 This machine **disposes** of food waste in your home. 이 기계는 집에서 음식물 쓰레기를 처리한다.	dispose of ~을 처리하다, 처분하다 몡 disposal 처리, 처분
0269	**appliance** [əpláiəns] app ce	몡 (가정용) 기기, 전자 제품 She has all the new **appliances**. 그녀는 모든 신형 가전제품을 가지고 있다.	
0270	**put away**	치우다; 넣다; 돈을 모으다 **Put away** the toys after playing with them. 장난감들을 가지고 논 후에는 그것들을 치워라.	(과거형) -put-put

Ⓐ 영어는 우리말로, 우리말은 영어로 쓰시오.

01	interior		16	가장자리, 모서리
02	dump		17	쏟아내리다; 붓다
03	alarm		18	전자레인지
04	chore		19	발코니; 발코니석
05	spacious		20	먼지; 먼지를 털다
06	rubbish		21	톱질하다; 톱
07	outlet		22	목욕통, 욕조
08	discard		23	다락(방)
09	cleanse		24	~에 속하다
10	dispose		25	수도꼭지
11	crack		26	개조하다, 전환하다
12	hang		27	가구, 가정
13	appliance		28	전선, 선; 철사
14	put away		29	퍼지다; 확산
15	play a role in		30	가구

Ⓑ 다음 표현을 우리말로 쓰시오.

01 covered with dust

02 discard food waste

03 the new appliances

04 do household chores

05 single-person households

C 빈칸에 알맞은 단어를 쓰시오.

01 bath : _____ = 목욕 : 목욕통, 욕조

02 _____ ↔ exterior = 내부의 ↔ 외부의

03 _____ : cleanser = 세척하다 : 세척제

04 garbage ≒ r_____ = 쓰레기

05 _____ : disposal = 처리하다 : 처리, 처분

06 space : _____ = 공간 : 널찍한

D 암기한 단어를 이용하여 다음 문장을 완성하시오.

01 당신은 여기에 외투를 걸 수 있습니다.

→ You can _____ your coat here.

02 전자레인지는 필수 가전제품이다.

→ A _____ is an essential appliance.

03 다락은 안 쓰는 물건들로 가득했다.

→ The _____ was full of unused items.

04 알람이 울렸는데, 나는 그것을 못 들었다.

→ The _____ went off, but I didn't hear it.

05 이 전화는 누구의 것이지?

→ Who does this phone _____ _____?

06 가정용 전기 제품들의 전선들을 숨겨라.

→ Hide the _____ of your home electrical devices.

'전선들'이므로 -s를 붙여 복수형으로 써요.

Around the House

☑ 오늘은 집 주변 관련 단어를 집중해서 암기할 거예요.

fence

path

PREVIEW 아는 단어에 체크해 보세요.　　　　　　　　　　　아는 단어 ▨▨▨ / 30개

0271	☐ fence		0286	☐ surrounding
0272	☐ aboard		0287	☐ slum
0273	☐ delivery		0288	☐ vacant
0274	☐ place		0289	☐ householder
0275	☐ path		0290	☐ transportation
0276	☐ distant		0291	☐ ownership
0277	☐ somewhere		0292	☐ suburban
0278	☐ leak		0293	☐ up close
0279	☐ structure		0294	☐ no longer
0280	☐ extend		0295	☐ district
0281	☐ fasten		0296	☐ residence
0282	☐ automobile		0297	☐ pedestrian
0283	☐ load		0298	☐ settlement
0284	☐ neighborhood		0299	☐ stand for
0285	☐ gardening		0300	☐ put effort (into)

Voca Coach

0271 fence

[fens]

□□□

ce

명 울타리, 담; 장애물

The horse jumped over the **fence**.

말이 울타리를 뛰어넘었다.

0272 aboard

[əbɔ́ːrd]

□□□

a

전 부 탑승한, 탄

They got **aboard** the rowboat in the lake.

그들은 호수에서 노 젓는 배에 탔다.

Welcome aboard!는 '환영합니다(반갑습니다)!' 라는 뜻으로, 승객들이나 단체에 새로 들어온 사람을 맞을 때 하는 말이에요.

0273 delivery

[dilívəri]

□□□

very

명 배송, 배달; 출산, 분만

Delivery is free of charge this month only.

이번 달에만 배송이 무료입니다.

동 deliver 배달하다

0274 place

[pleis]

□□□

ce

명 장소, 곳 동 놓다, 배치하다

We couldn't find a **place** to park here.

우리는 여기에서 주차할 곳을 찾지 못했다.

Where should I place my piano? 내 피아노를 어디에 놓아야 할까?

0275 path

[pæθ]

□□□

pa

명 (좁은) 길, 산책로; 방향

We followed a **path** through the trees.

우리는 나무들 사이로 난 길을 따라갔다.

≒ way 길

0276 distant

[dístənt]

□□□

dis

형 (거리가) 먼, 떨어져 있는

The garage is 50 meters **distant** from the house.

차고는 그 집에서 50미터 떨어져 있다.

명 distance (떨어진) 거리; 간격

DAY 10

0277 somewhere

[sʌ́mhwɛ̀ər]

□□□

some

부 어딘가에

I think it's **somewhere** over the hill.

그게 언덕 너머 어딘가인 것 같아.

부 anywhere 어디에서나; 어디든

| 0278 | **leak**
[liːk]
l▨▨▨k | 통 새다; (비밀이) 누설되다
Some of the pipes were **leaking**.
배관 몇 개가 새고 있었다. | 명 leakage 누출 |

| 0279 | **structure**
[strʌ́ktʃər]
▨▨▨▨▨ture | 명 구조; 구조물, 건축물; 체계
The **structure** of the playground was unique.
그 놀이터의 구조는 독특했다. | |

| 0280 | **extend**
[iksténd]
ex▨▨▨▨▨ | 통 확장하다, 연장하다
He plans to **extend** the fence around the house.
그는 집 주변에 울타리를 확장할 계획이다. | ≒ expand 확장하다, 확대하다, 팽창하다 |

| 0281 | **fasten**
[fǽsən]
fa▨▨▨▨ | 통 고정시키다; 매다
Fasten the gate tightly so that it won't blow open.
문이 바람에 열리지 않도록 단단히 고정시켜라. | |

| 0282 | **automobile**
[ɔ́ːtəməbíːl]
auto▨▨▨▨▨▨ | 명 자동차
There is an **automobile** repair shop in the building.
그 건물에 자동차 정비소가 있다. | |

| 0283 | **load**
[loud]
l▨▨▨d | 통 (짐을) 싣다, 적재하다 명 짐, 화물
We saw some people **loading** boxes into the truck.
우리는 몇몇 사람들이 트럭에 상자들을 싣고 있는 것을 봤다. | ↔ unload (짐을) 내리다 |

| 0284 | **neighborhood**
[néibərhùd]
▨▨▨▨▨▨hood | 명 동네, 근처, 이웃
I grew up in a quiet **neighborhood** in Chicago.
나는 시카고의 조용한 동네에서 자랐다. | 명 neighbor 이웃(사람) |

| 0285 | **gardening**
[gɑ́ːrdniŋ]
▨▨▨▨▨▨ing | 명 조경, 원예
My mom is interested in **gardening**.
엄마는 정원 가꾸기에 관심이 있으시다. | 명 garden 정원 |

0286	**surrounding** [səráundiŋ] ＿＿＿＿＿ ing	형 인근의, 주위의 The **surrounding** small towns are more beautiful. 주변의 작은 마을들이 더 아름답다.	-s를 붙여 surroundings 라고 하면 '환경'이라는 뜻 이에요. 동 surround 둘러싸다, 에워싸다
0287	**slum** [slʌm] s＿＿＿	명 빈민가, 슬럼 There is a **slum** in New York. 뉴욕에는 빈민가가 있다.	
0288	**vacant** [véikənt] ＿＿ cant	형 비어 있는, 사람이 없는 Some **vacant** houses were on the block. 몇 채의 빈집들이 이 블록에 있었다.	비행기 화장실 표시 문구를 본 적 있나요? 사람이 있으 면 occupied, 없으면 vacant라고 표시돼요. 명 vacancy 결원, 공석
0289	**householder** [háushòuldər] house＿＿＿	명 주택 소유자, 세대주, 가장 I bought a house and became a **householder**. 나는 집을 사서 세대주가 되었다.	
0290	**transportation** [trænspərtéiʃən] ＿＿＿＿ tation	명 수송 (수단), 운송, 교통 기관 No **transportation** to the village is available. 그 마을로 가는 교통수단이 없다.	동 transport 수송[운송] 하다
0291	**ownership** [óunərʃìp] ＿＿＿ ship	명 소유, 소유권 There were fights over land **ownership**. 토지 소유권에 관한 싸움들이 있었다.	명 owner 소유자
0292	**suburban** [səbə́ːrbən] sub＿＿	형 교외의, 도시 주변의 They live in a **suburban** area near Seattle. 그들은 시애틀 근처 교외 지역에 산다.	sub(~의 아래에) +urban(도시의)
0293	**up close**	바로 가까이에서 People can see animals **up close** at Mr. Jackson's farm. Jackson 씨 농장에서는 사람들이 바로 가까이 에서 동물들을 볼 수 있다.	형 close 가까운

DAY 10

0294 no longer

더 이상 ~ 아닌

The night market will **no longer** be held here.

야시장은 여기서 더 이상 열리지 않을 것이다.

◣ Advanced

0295 district

[dístrikt]

dis

명 구역, 지구, 지역

This street is a popular shopping **district**.

이 거리는 인기 있는 쇼핑 구역이다.

≒ zone 지역, 지구, 구역

0296 residence

[rézidəns]

dence

명 주택, 거주지; 거주

Are you sure this is Mr. Baker's **residence**?

이곳이 Baker 씨 댁이 확실해?

동 reside 살다, 거주하다
명 resident 거주자, 주민; 투숙객

0297 pedestrian

[pədéstriən]

strian

형 보행자의 명 보행자

You shouldn't ride your bike on a **pedestrian** walkway.

보행자 통로에서 자전거를 타서는 안 된다.

0298 settlement

[sétlmənt]

ment

명 정착(지); 해결; 합의, 정산

There used to be a foreign **settlement** here.

여기에 외국인 정착지가 있었다.

동 settle 정착하다; 해결하다; 정산하다

0299 stand for

~을 나타내다, ~을 의미하다

What does P.O. on the sign **stand for**?

저 표지판의 P.O.는 무엇을 나타내는 거지?

≒ represent 나타내다, 상징하다

0300 put effort (into)

(~에) 노력을 들이다, 공들이다

They **put** every **effort into** making the town a safer place.

그들은 그 마을을 더 안전한 곳으로 만드는 데 모든 노력을 들였다.

Ⓐ 영어는 우리말로, 우리말은 영어로 쓰시오.

01	settlement		16	먼, 떨어져 있는	
02	surrounding		17	빈민가, 슬럼	
03	residence		18	비어 있는	
04	householder		19	새다; 누설되다	
05	path		20	배송, 배달; 출산	
06	fence		21	소유, 소유권	
07	somewhere		22	교외의, 도시 주변의	
08	transportation		23	고정시키다; 매다	
09	neighborhood		24	싣다; 짐	
10	extend		25	구역, 지구, 지역	
11	pedestrian		26	탑승한, 탄	
12	automobile		27	구조; 구조물	
13	up close		28	조경, 원예	
14	put effort (into)		29	장소, 곳; 놓다	
15	no longer		30	~을 나타내다	

Ⓑ 다음 표현을 우리말로 쓰시오.

01	50 meters distant	
02	a foreign settlement	
03	somewhere over the hill	
04	a path through the trees	
05	the structure of the playground	

C 빈칸에 알맞은 단어를 쓰시오.

01 deliver : _____ = 배달하다 : 배달, 배송

02 _____ : leakage = 새다 : 누출

03 urban : _____ = 도시의 : 교외의, 도시 주변의

04 _____ ↔ unload = (짐을) 싣다 ↔ (짐을) 내리다

05 owner : _____ = 소유자 : 소유, 소유권

06 _____ : vacancy = 비어 있는 : 결원, 공석

D 암기한 단어를 이용하여 다음 문장을 완성하시오.

01 엄마는 정원 가꾸기에 관심이 있으시다.

→ My mom is interested in _____.

02 그 마을로 가는 교통수단이 없다.

→ No _____ to the village is available.

03 나는 시카고의 조용한 동네에서 자랐다.

→ I grew up in a quiet _____ in Chicago.

04 그들은 호수에서 노 젓는 배에 탔다.

→ They got _____ the rowboat in the lake.

05 문이 바람에 열리지 않도록 단단히 고정시켜라.

→ _____ the gate tightly so that it won't blow open.

  문장 맨 앞 글자는 대문자로 써요.

06 야시장은 여기서 더 이상 열리지 않을 것이다.

→ The night market will _____ _____ be held here.

Ⓐ 영어를 우리말로 쓰시오.

01	shut		11	wheat
02	dispose		12	cotton
03	calorie		13	remove
04	casual		14	rubbish
05	automobile		15	detect
06	beverage		16	aboard
07	mend		17	stir
08	structure		18	district
09	refuse		19	spacious
10	chore		20	leather

Ⓑ 우리말을 영어로 쓰시오.

01	식욕; 욕구		11	굽다; 구운 요리
02	격식을 차린		12	가구, 가정
03	다락(방)		13	줄무늬
04	호흡하다, 숨을 쉬다		14	돌다; 회전
05	목욕통, 욕조		15	고정시키다; 매다
06	눌러 부수다, 빻다		16	짜다, 짜내다
07	울타리, 담		17	수도꼭지
08	속삭이다; 속삭임		18	묻다, 매장하다
09	배송, 배달; 출산		19	소매
10	매듭		20	소유, 소유권

ⓒ 다음 표현을 우리말로 쓰시오.

01 alter this jacket

02 a quiet neighborhood

03 play an important role

04 dump those old chairs

05 plan to pursue the policy

06 eat plenty of fruit and vegetables

ⓓ 암기한 단어를 이용하여 다음 문장을 완성하시오.

01 그는 길에서 그의 상사와 마주쳤다.

→ He _____ his boss on the street.

Ⓡ '마주쳤다'이므로 -ed를 붙여서 동사의 과거형으로 써야 해요.

02 전자레인지는 필수 가전제품이다.

→ A _____ is an essential appliance.

03 여기에 외국인 정착지가 있었다.

→ There used to be a foreign _____ here.

04 요즘에는 다양한 즉석식품들이 있다.

→ There are various _____ foods these days.

05 그는 집 주변에 울타리를 확장할 계획이다.

→ He plans to _____ the fence around the house.

06 그 검은색 청바지는 여러 번 세탁한 후에 색이 바랬다.

→ The black jeans have _____ after many washings.

Ⓡ 〈have+과거분사형〉의 현재완료를 써야 해요.

Jobs & Work

☑ 오늘은 직업과 일 관련 단어를 집중해서 암기할 거예요.

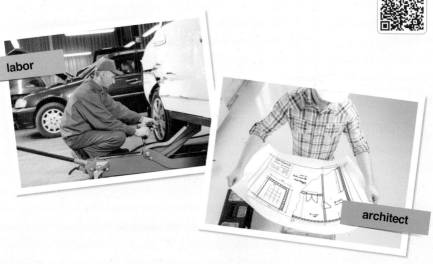

labor

architect

0301 ☐ labor	0316 ☐ requirement
0302 ☐ hire	0317 ☐ application
0303 ☐ expert	0318 ☐ prompt
0304 ☐ reward	0319 ☐ workaholic
0305 ☐ shift	0320 ☐ resign
0306 ☐ former	0321 ☐ chairperson
0307 ☐ perform	0322 ☐ unemployed
0308 ☐ retire	0323 ☐ carry out
0309 ☐ achieve	0324 ☐ make up for
0310 ☐ resume	0325 ☐ bring about
0311 ☐ superior	0326 ☐ recruit
0312 ☐ obtain	0327 ☐ profession
0313 ☐ promote	0328 ☐ complicate
0314 ☐ supervise	0329 ☐ accomplish
0315 ☐ experienced	0330 ☐ architect

0301	**labor** [léibər] la	명 노동, 근로; 일 **Labor** Day in the U.S. is the first Monday in September. 미국의 노동절은 9월 첫 번째 월요일이다.	영국식 영어에서는 labour 라고 써요.
0302	**hire** [haiər] re	동 고용하다; 빌리다 The school **hired** a foreign teacher for the English class. 그 학교는 영어 수업을 위해 외국인 교사를 고용했다.	↔ fire 해고하다 ≒ employ 고용하다
0303	**expert** [ékspə:rt] ex	명 전문가, 숙련가, 달인 Let's invite **experts** from the industry. 그 업계의 전문가들을 모셔 봅시다.	명 expertise 전문성, 전문 지식[기술]
0304	**reward** [riwɔ́:rd] re	명 보상(금), 사례금 If you do this well, the **rewards** will be great. 네가 이것을 잘 해내면, 그 보상은 클 것이다.	
0305	**shift** [ʃift] ft	명 교대(근무), 교체 동 바꾸다 They work eight-hour **shifts** for 24 hours. 그들은 24시간 동안 8시간 교대로 근무한다.	
0306	**former** [fɔ́:rmər] mer	형 이전의, 예전의 명 전자 The **former** boss was a really diligent man. 이전의 상사는 정말 부지런한 사람이었다.	
0307	**perform** [pərfɔ́:rm] per	동 수행하다; 공연하다, 연기(연주)하다 He **performs** an important role at our company. 그는 우리 회사에서 중요한 역할을 수행한다.	명 performance 실적, 성과; 공연, 연주
0308	**retire** [ritáiər] re	동 은퇴하다, 퇴직하다 I want to enjoy the rest of my life after I **retire**. 나는 은퇴 후 내 남은 인생을 즐기고 싶다.	명 retirement 은퇴

Intermediate

Voca Coach

DAY 11

0309 achieve
[ətʃíːv]
a ___ ve
[동] 달성하다, 이루다
Our team **achieved** the most sales this year.
우리 팀은 올해 최고 매출을 달성했다.
[명] achievement 성취, 업적

0310 resume
[rézumèi]
re ___
[명] 이력서; 요약
First, prepare your **resume** to apply for the company.
먼저, 그 회사에 지원하기 위해 당신의 이력서를 준비해라.
resume는 프랑스어로, 정확한 스펠링은 résumé지만, 영어에서는 주로 resume로 써요.

0311 superior
[səpíəriər]
___ rior
[형] 상급의; 우수한 [명] 상급자
I'll discuss the matter with my **superior** officer.
그 문제를 저의 상관과 상의해 보겠습니다.

0312 obtain
[əbtéin]
___ tain
[동] 얻다, 획득하다, 입수하다
I searched the Internet to **obtain** information.
나는 정보를 얻기 위해 인터넷을 검색했다.

0313 promote
[prəmóut]
pro ___
[동] 승진시키다; 홍보하다, 촉진하다
She worked hard and was finally **promoted** to president.
그녀는 열심히 일했고 마침내 사장으로 승진되었다.
[명] promotion 승진; 홍보

0314 supervise
[sjúːpərvàiz]
___ vise
[동] 감독하다, 관리하다, 지휘하다
He **supervised** the construction work in the field.
그는 현장에서 건설 작업을 감독했다.
[명] supervisor 감독관, 관리자

0315 experienced
[ikspíəriənst]
ex ___
[형] 경험이 있는, 경험이 풍부한
We need an **experienced** person for this project.
우리는 이 프로젝트를 위해 경험이 풍부한 사람이 필요하다.
[명] experience 경험

0316 requirement
[rikwáiərmənt]
`_____ ment`

명 필요(한 것), 필요조건, 요건
What are the **requirements** for this job?
이 직업의 필요조건은 무엇인가요?

동 require(필요[요구]하다)+-ment(동작·결과)

0317 application
[æpləkéiʃən]
`_____ cation`

명 지원(서), 신청(서); 적용, 응용
Please complete the **application** form by tomorrow.
내일까지 신청서를 작성해 주세요.

스마트폰의 App(앱)은 application의 줄임말이에요. '적용, 응용'이라는 뜻에서 파생되어 '응용 프로그램'이라는 의미가 되었어요.

0318 prompt
[prɑmpt]
`p _____ t`

형 즉각적인; 신속한, 시간을 엄수하는
We require your **prompt** action without delay.
저희는 지체 없이 귀하의 즉각적인 조치를 요구합니다.

부 promptly 신속하게

0319 workaholic
[wə̀ːrkəhɔ́ːlik]
`work _____`

명 일 중독자
I think he must be a real **workaholic**.
그는 진정한 일 중독자임에 틀림없는 것 같다.

단어 뒤에 -holic이 붙으면 '~ 중독자'의 뜻이 돼요. 예: alcoholic 알코올[술] 중독자

0320 resign
[rizáin]
`re _____`

동 사임하다, 사직하다, 그만두다
There is a rumor he will **resign** from the company soon.
그가 곧 회사에서 사임할 것이라는 소문이 있다.

0321 chairperson
[tʃέərpə̀ːrsən]
`_____ person`

명 의장, 회장
The **chairperson** is elected by a vote by the staff.
의장은 직원들의 투표에 의해 선출된다.

≒ chairman 의장, 회장

0322 unemployed
[ʌ̀nimplɔ́id]
`un _____`

형 실직한, 실업자의
The number of **unemployed** people has reached one million.
실업자의 수가 100만 명에 달했다.

un-(부정, 반대의)+employ(고용하다)+-ed(~의 특성을 지닌)
명 unemployment 실업, 실업률

0323 carry out

실행하다, 수행하다
It takes time to **carry out** this secret plan.
이 비밀 계획을 실행하는 데는 시간이 걸린다.

≒ perform 수행하다

0324 make up for ~을 메우다, 보충하다
What can we do to **make up for** the loss?
그 손실을 메우기 위해 우리가 무엇을 할 수 있을까?

0325 bring about 야기하다, 초래하다
I think that this decision can **bring about** a disaster.
나는 이 결정이 재앙을 초래할 수 있다고 생각한다.

◤Advanced

0326 recruit
[rikrúːt]
re
동 (신입을) 모집하다, 뽑다
The police are going to **recruit** more women.
경찰은 더 많은 여성을 모집할 것이다.

0327 profession
[prəféʃən]
ssion
명 (전문) 직업, 직종
You have to try hard to be successful in any **profession**.
어떤 직업에서든 성공하기 위해서는 열심히 노력해야 한다.

형 professional 직업의, 전문직의

0328 complicate
[kάmpləkeit]
cate
동 복잡하게 만들다
Please don't **complicate** the problem any further.
문제를 더 이상 복잡하게 만들지 말아 주세요.

형 complicated 복잡한

0329 accomplish
[əkάmpliʃ]
plish
동 완수하다, 이루다, 성취하다
Our team safely **accomplished** the first part of the plan.
우리 팀은 계획의 첫 부분을 무사히 완수했다.

≒ achieve 달성하다, 이루다

0330 architect
[άːrkitèkt]
tect
명 건축가, 설계자
Thank you for introducing a capable **architect**.
유능한 건축가를 소개해 주셔서 감사합니다.

명 architecture 건축학, 건축 양식

정답 p.307

Ⓐ 영어는 우리말로, 우리말은 영어로 쓰시오.

01	retire		16	노동, 근로; 일
02	hire		17	전문가, 숙련가, 달인
03	profession		18	즉각적인; 신속한
04	accomplish		19	일 중독자
05	shift		20	이전의; 전자
06	resign		21	의장, 회장
07	perform		22	보상(금), 사례금
08	application		23	필요(한 것), 필요조건
09	achieve		24	이력서; 요약
10	experienced		25	야기하다, 초래하다
11	superior		26	모집하다
12	obtain		27	승진시키다; 홍보하다
13	unemployed		28	복잡하게 만들다
14	carry out		29	감독하다, 관리하다
15	make up for		30	건축가, 설계자

Ⓑ 다음 표현을 우리말로 쓰시오.

01 Labor Day

02 prompt action

03 eight-hour shifts

04 unemployed people

05 make up for the loss

C 빈칸에 알맞은 단어를 쓰시오.

01 require : _____ = 필요(요구)하다 : 필요, 요건

02 _____ : promotion = 승진시키다 : 승진

03 _____ : experience = 경험이 있는 : 경험

04 fire ↔ _____ = 해고하다 ↔ 고용하다

05 _____ : retirement = 은퇴하다 : 은퇴

06 supervisor : _____ = 감독관 : 감독하다

D 암기한 단어를 이용하여 다음 문장을 완성하시오.

01 우리 팀은 올해 최고 매출을 달성했다.

→ Our team _____ the most sales this year.

💬 '달성했다'이므로 -(e)d를 붙여서 동사의 과거형으로 써야 해요.

02 의장은 직원들의 투표에 의해 선출된다.

→ The _____ is elected by a vote by the staff.

💬 비슷한 말로 chairman이 있어요.

03 문제를 더 이상 복잡하게 만들지 말아 주세요.

→ Please don't _____ the problem any further.

04 나는 정보를 얻기 위해 인터넷을 검색했다.

→ I searched the Internet to _____ information.

05 이 비밀 계획을 실행하는 데는 시간이 걸린다.

→ It takes time to _____ _____ this secret plan.

06 먼저, 그 회사에 지원하기 위해 당신의 이력서를 준비해라.

→ First, prepare your _____ to apply for the company.

Workplace

☑ 오늘은 일터 관련 단어를 집중해서 암기할 거예요.

attach

brochure

PREVIEW 아는 단어에 체크해 보세요.

아는 단어 ▨▨▨ / 30개

0331	☐	leadership	0346	☐	assign	
0332	☐	detail	0347	☐	brochure	
0333	☐	firm	0348	☐	found	
0334	☐	rush	0349	☐	classify	
0335	☐	task	0350	☐	division	
0336	☐	charge	0351	☐	notify	
0337	☐	basis	0352	☐	revise	
0338	☐	discussion	0353	☐	agency	
0339	☐	confirm	0354	☐	be in trouble	
0340	☐	department	0355	☐	appoint	
0341	☐	overall	0356	☐	distribute	
0342	☐	misplace	0357	☐	fulfill	
0343	☐	attach	0358	☐	procedure	
0344	☐	frequent	0359	☐	qualify	
0345	☐	commute	0360	☐	personnel	

◤ Basic

0331 leadership
[líːdərʃip]
ship
명 리더십, 지도(통솔)(력), 지도부
Smart **leadership** is needed to lead the company to success.
회사를 성공으로 이끌려면 현명한 리더십이 필요하다.

명 leader 지도자, 리더

0332 detail
[díːteil]
de
명 세부 사항
Some **details** of this contract are as follows.
이 계약의 몇 가지 세부 사항들은 다음과 같습니다.

0333 firm
[fəːrm]
f
명 회사 형 단단한; 확고한
The **firm** developed a new product with its partners.
그 회사는 협력자들과 새로운 제품을 개발했다.

0334 rush
[rʌʃ]
ru
동 서두르다, 급히 움직이다
We have plenty of time, so there's no need to **rush**.
우리는 시간이 충분하니까, 서두를 필요 없다.

≒ hurry 서두르다

0335 task
[tæsk]
t   k
명 일, 과제, 과업
The **task** cannot be done in a couple of days.
그 일은 이삼일 안에 될 수 있는 것이 아니다.

0336 charge
[tʃɑːrdʒ]
ge
명 책임; 담당; 요금
He was in **charge** of the company for a while.
그는 한동안 그 회사를 책임지고 있었다.

in charge of ~을 맡아서, ~을 담당해서

0337 basis
[béisis]
ba
명 기준 (단위), 기초, 기반, 근거
The price of the product is reviewed on a monthly **basis**.
그 제품의 가격은 월 단위로 검토된다.

형 basic 기초적인, 기본적인, 근본적인

0338 discussion
[diskʌ́ʃən]
dis   ion
명 논의, 토의
Shall we have a **discussion** on the agenda first?
먼저 그 안건에 대해 논의해 볼까요?

동 discuss 논의하다, 토의하다

Intermediate

0339 confirm
[kənfɔ́ːrm]
con ▢
圖 확인하다, 확정하다; 승인하다
I'm writing an email to **confirm** the meeting next week.
나는 다음 주에 있을 회의를 확인하기 위해 이 메일을 쓰고 있다.

圖 confirmation 확인

0340 department
[dipáːrtmənt]
ment
圖 부서; 학과; 섹션
He resigned as the head of the Sales **Department**.
그는 영업 부서장직을 사임했다.

백화점은 department store라고 해요.

0341 overall
[òuvərɔ́ːl]
all
圖 전반적인, 전체의 團 전부
The **overall** mood at the meeting was very positive.
회의의 전반적인 분위기는 매우 긍정적이었다.

0342 misplace
[mispléis]
place
圖 잘못 두다, 제자리에 두지 않다
He **misplaced** his laptop on another desk.
그는 자신의 노트북 컴퓨터를 다른 책상 위에 잘못 놓았다.

mis-(잘못)+place(놓다, 두다)

0343 attach
[ətǽtʃ]
ch
圖 첨부하다, 붙이다
Please **attach** a copy of your identification card in the email.
이메일에 당신의 신분증 사본을 첨부해 주세요.

圖 attached 첨부된, 부착된

0344 frequent
[fríːkwənt]
fre
圖 잦은, 빈번한
She is a **frequent** customer at the store.
그녀는 그 가게의 단골손님이다.

團 frequently 자주, 흔히, 빈번히

0345 commute
[kəmmjúːt]
com
圖 통근하다, 통학하다
It is very tiring to **commute** a long distance every day.
매일 장거리를 통근하는 것은 매우 피곤하다.

92 MY VOCA COACH 중학 실력

0346 assign
[əsáin]
as

동 맡기다, 배정하다, 할당하다
I **assigned** him the project because he is capable.
나는 그가 능력이 있기 때문에 그에게 그 프로젝트를 맡겼다.

0347 brochure
[bróuʃuər]
bro

명 안내 소책자
The **brochure** has all the details of the products.
그 안내 책자에는 제품들에 대한 모든 세부 사항이 들어 있다.

0348 found
[faund]
nd

동 설립하다, 세우다
The institution was **founded** to educate engineers.
그 기관은 기술자들을 교육하기 위하여 설립되었다.

≒ establish 설립하다, 수립하다

0349 classify
[klǽsəfài]
fy

동 분류하다, 구분하다
I'm **classifying** the documents by date.
나는 그 서류들을 날짜별로 분류하고 있다.

명 classification 분류; 유형

0350 division
[divíʒən]
sion

명 부서; 분할, 분배
This figure is our **division**'s goal for next year.
이 수치는 내년도 우리 부서의 목표이다.

동 divide 나누다

0351 notify
[nóutəfài]
fy

동 알리다, 통지(통보)하다
We will **notify** you as soon as your order is ready.
귀하의 주문이 준비되는 대로 곧 알려 드리겠습니다.

≒ inform 알리다
명 notification 알림, 통지, 통고

0352 revise
[riváiz]
re

동 변경(수정)하다, 개정하다
The expert recommended that we **revise** our design.
그 전문가는 우리에게 우리의 설계를 수정할 것을 권고했다.

명 revision 수정 (사항), 변경

0353 agency
[éidʒənsi]
cy

명 대행사, 대리점
Several advertising **agencies** submitted their portfolios.
여러 광고 대행사들이 그들의 포트폴리오를 제출했다.

0354	**be in trouble**	곤경(어려움)에 처하다	
		We realized that his business **is in trouble**.	
		우리는 그의 사업이 곤경에 처해 있다는 것을 깨달았다.	

◤ Advanced

0355	**appoint** [əpɔ́int] ap	통 임명하다, 지명하다; 정하다 We decided to **appoint** Mr. Smith as the manager. 우리는 Smith 씨를 매니저로 임명하기로 결정했다.	명 appointment 임명; 약속
0356	**distribute** [distríbjuːt] bute	통 분배하다, 나누어주다; 유통하다 The government **distributed** necessary items to victims. 정부는 피해자들에게 필요한 물품들을 나누어 주었다.	명 distribution 분배, 배부, 배급
0357	**fulfill** [fulfíl] ful	통 이행하다, 수행하다; 끝내다 The employees asked the company to **fulfill** its promise. 직원들은 회사에게 약속을 이행해 달라고 요청했다.	
0358	**procedure** [prəsíːdʒər] proce	명 (진행) 절차, 순서 Even if you are in a hurry, you must follow the **procedure**. 비록 급하더라도, 절차를 따라야 한다.	통 proceed 진행하다, 진행되다
0359	**qualify** [kwáləfài] lify	통 자격을 얻다(취득하다); 자격을 주다 This certificate will **qualify** you for the accounting profession. 이 증명서로 당신은 회계사 자격을 얻게 될 것이다.	형 qualified 자격이 있는
0360	**personnel** [pə̀ːrsənél] nel	명 직원(들), 인사팀 There will be **personnel** on standby during the holiday. 휴일 동안 대기 중인 직원들이 있을 것이다.	

A 영어는 우리말로, 우리말은 영어로 쓰시오.

01	division		16	통근하다, 통학하다
02	detail		17	안내 소책자
03	firm		18	설립하다, 세우다
04	rush		19	분류하다, 구분하다
05	task		20	리더십, 지도(력)
06	assign		21	알리다, 통지하다
07	basis		22	책임; 담당; 요금
08	revise		23	대행사, 대리점
09	confirm		24	곤경에 처하다
10	department		25	논의, 토의
11	procedure		26	첨부하다, 붙이다
12	misplace		27	이행하다, 수행하다
13	appoint		28	전반적인; 전부
14	frequent		29	자격을 얻다
15	distribute		30	직원(들), 인사팀

B 다음 표현을 우리말로 쓰시오.

01 fulfill its promise

02 the overall mood

03 the Sales Department

04 commute a long distance

05 in charge of the company

C 빈칸에 알맞은 단어를 쓰시오.

01 _____ : attached = 첨부하다 : 첨부된

02 _____ : revision = 변경(수정)하다 : 변경, 수정

03 _____ : basic = 기준, 기초 : 기초적인

04 discuss : _____ = 논의하다 : 논의, 토의

05 leader : _____ = 지도자 : 리더십, 지도(력)

06 r_____ ≒ hurry = 서두르다

D 암기한 단어를 이용하여 다음 문장을 완성하시오.

01 이 계약의 몇 가지 세부 사항들은 다음과 같습니다.

→ Some _____ s of this contract are as follows.

02 나는 그가 능력이 있기 때문에 그에게 그 프로젝트를 맡겼다.

→ I _____ him the project because he is capable.

😮🗨 '맡겼다'이므로 -ed를 붙여서 동사의 과거형으로 써야 해요.

03 그 일은 이삼일 안에 될 수 있는 것이 아니다.

→ The _____ cannot be done in a couple of days.

04 우리는 Smith 씨를 매니저로 임명하기로 결정했다.

→ We decided to _____ Mr. Smith as the manager.

05 귀하의 주문이 준비되는 대로 곧 알려 드리겠습니다.

→ We will _____ you as soon as your order is ready.

06 나는 다음 주에 있을 회의를 확인하기 위해 이메일을 쓰고 있다.

→ I'm writing an email to _____ the meeting next week.

Health & Safety I

☑ 오늘은 건강과 안전 I 관련 단어를 집중해서 암기할 거예요.

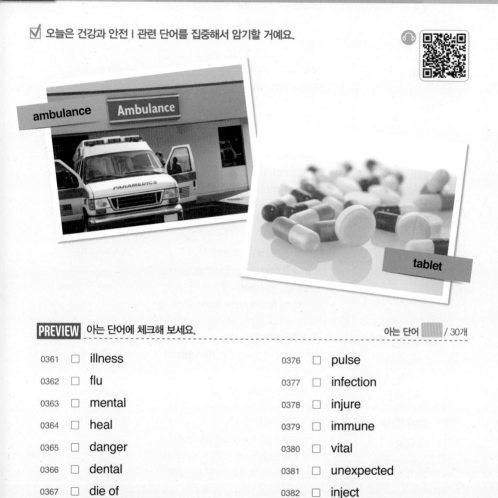

ambulance

Ambulance

PARAMEDICS

tablet

0361 ☐ illness	0376 ☐ pulse
0362 ☐ flu	0377 ☐ infection
0363 ☐ mental	0378 ☐ injure
0364 ☐ heal	0379 ☐ immune
0365 ☐ danger	0380 ☐ vital
0366 ☐ dental	0381 ☐ unexpected
0367 ☐ die of	0382 ☐ inject
0368 ☐ stomachache	0383 ☐ tablet
0369 ☐ waterproof	0384 ☐ bearable
0370 ☐ urgent	0385 ☐ stiff
0371 ☐ ambulance	0386 ☐ prescribe
0372 ☐ disabled	0387 ☐ strain
0373 ☐ joint	0388 ☐ conscious
0374 ☐ spine	0389 ☐ drown
0375 ☐ vision	0390 ☐ ointment

0361 illness
[ílnis]
‑‑‑‑‑‑‑ness

圐 병, 아픔
I prayed that she would recover from her **illness**.
나는 그녀가 병에서 회복하기를 기도했다.

휑 ill 아픈, 병든

0362 flu
[flu:]
f‑‑‑‑‑

圐 독감, 유행성 감기
Every year, **flu** forecasting is very important.
매년, 독감 예보는 매우 중요하다.

≒ influenza 독감

0363 mental
[méntəl]
‑‑‑‑‑‑‑tal

휑 정신의, 심적인
It is good to balance **mental** and physical health.
정신 건강과 신체 건강의 균형을 유지하는 것이 좋다.

↔ physical 신체의; 물리적인

0364 heal
[hi:l]
h‑‑‑l

图 치유되다, 낫다; 치료하다
It didn't take a long time for the wounds to **heal**.
상처가 낫는 데 오랜 시간이 걸리지 않았다.

圐 healing 치유

0365 danger
[déindʒər]
‑‑‑‑‑‑‑ger

圐 위험, 위험 요소
The building was in **danger** of collapsing.
그 건물은 붕괴 위험에 처해 있었다.

휑 dangerous 위험한

0366 dental
[déntəl]
‑‑‑‑‑‑‑tal

휑 치아의, 치과의
I heard that it would be good to use **dental** floss.
나는 치실을 쓰는 게 좋을 것이라고 들었다.

圐 dentist 치과 의사

0367 die of

~으로 죽다
Many people **die of** hunger in Africa every day.
매일 아프리카에서는 많은 사람이 굶주림으로 죽는다.

0368 stomachache
[stʌ́məkèik]
‑‑‑‑‑‑‑ache

圐 복통, 위통
Symptoms can include a **stomachache** with a low fever.
증상은 미열과 함께 복통을 포함할 수 있다.

〈신체 부위＋-ache〉는 그 부위의 통증을 말해요.
예: headache 두통, toothache 치통

0369 waterproof
[wɔ́:tərprùːf]
water

형 방수의 명 방수복, 방수가 되는 옷
The new camping tent has a **waterproof** coating.
새로운 캠핑 텐트는 방수 코팅이 되어 있다.

0370 urgent
[ə́ːrdʒənt]
ur

형 긴급한, 시급한
You have an **urgent** message saying that your mother is ill.
당신 어머니께서 편찮으시다는 긴급한 전갈이 왔어요.

명 urgency 긴급, 위급

0371 ambulance
[ǽmbjələns]
ambu

명 구급차
The injured were rushed to the hospital in **ambulances**.
부상자들은 구급차로 급히 병원에 실려 갔다.

0372 disabled
[diséibld]
dis

형 장애를 입은, 장애의
He was **disabled** in a car accident last year.
그는 작년에 교통사고로 장애인이 되었다.

0373 joint
[dʒɔint]
j   t

명 관절; 접합 형 공동의
His weight problem has caused **joint** pain.
그의 체중 문제가 관절 통증을 초래했다.

형용사로도 많이 쓰이니 둘 다 알아 두세요.
a joint company 합작 회사

0374 spine
[spain]
s

명 척추, 등뼈
Always try to keep your **spine** straight.
항상 척추를 곧게 펴도록 노력해라.

≒ backbone 등뼈, 척추

0375 vision
[víʒən]
vi

명 시력, 시야; 비전; 상상
Night **vision** problems can happen after surgery.
수술 후에 야간 시력 문제가 발생할 수 있다.

형 visual 시각의

0376 pulse
[pʌls]

se

명 맥박, 맥; (강한) 리듬(고동)

The **pulse** tells us how fast the heart is beating.

맥박은 우리에게 심장이 얼마나 빨리 뛰고 있는지를 알려 준다.

0377 infection
[infékʃən]

tion

명 감염; 전염(병)

Currently, it is urgent to prevent the spread of **infection**.

현재, 감염 확산을 막는 것이 시급하다.

통 infect 감염시키다

0378 injure
[índʒər]

in

동 부상을 입다(입히다); 다치게 하다

He **injured** his knee playing soccer last Sunday.

그는 지난 일요일에 축구를 하다가 무릎에 부상을 입었다.

명 injury 부상

0379 immune
[imjúːn]

im

형 면역의, 면역성이 있는

Our **immune** systems kill billions of germs.

우리 면역 체계는 수십억 마리의 세균을 죽인다.

0380 vital
[váitəl]

tal

형 생명 유지와 관련된; 필수적인

The patient's **vital** signs are back to normal.

그 환자의 생명 징후가 정상으로 돌아왔다.

0381 unexpected
[ʌnikspéktid]

un

형 예상 밖의, 예기치 못한

I was disappointed by the **unexpected** results of the operation.

나는 예상치 못한 수술 결과에 실망했다.

동 expect 기대하다, 예상하다

0382 inject
[indʒékt]

in

동 주사하다; 주입하다

The hospital **injected** patients with vaccines.

그 병원은 환자들에게 백신을 주사했다.

명 injection 주사, 주입

0383 tablet
[tǽblit]

tab

명 알약, 정제

These **tablets** can only be obtained with a prescription.

이 알약은 처방전이 있어야만 구할 수 있다.

0384 bearable
[bέərəbl]
_____ able

형 참을(견딜) 만한
The pain was more **bearable** than I had expected.
그 통증은 내가 생각했던 것보다는 더 견딜 만했다.

동 bear 참다, 견디다

0385 stiff
[stif]
_____ ff

형 (근육이) 뻐근한; 뻣뻣한, 뻑뻑한
My neck feels **stiff** because I didn't sleep well.
나는 잠을 잘 못 자서 목이 뻐근하다.

명 stiffness 딱딱함, 빳빳함

◥ Advanced

0386 prescribe
[priskráib]
pres _____

동 처방하다, 처방을 내리다
The doctor **prescribed** medicine for my heart problem.
의사가 내 심장병을 위한 약을 처방했다.

명 prescription 처방, 처방전

0387 strain
[strein]
st _____

동 (근육을) 무리하게 쓰다 명 압박
You should be careful not to **strain** your joints.
관절에 무리가 가지 않도록 조심해야 한다.

0388 conscious
[kánʃəs]
con _____

형 의식이 있는, 지각하고 있는
You must first check whether the patient is **conscious** or not.
먼저 환자가 의식이 있는지 없는지 여부를 확인해야 한다.

↔ unconscious 의식을 잃은

0389 drown
[draun]
dr _____

동 익사하다; 잠기게 하다
The coast guard rescued a child who almost **drowned**.
해경이 하마터면 익사할 뻔한 아이를 구조했다.

0390 ointment
[ɔ́intmənt]
_____ ment

명 연고
I've been putting this **ointment** on the wound.
나는 상처에 이 연고를 계속 발라 오고 있다.

A 영어는 우리말로, 우리말은 영어로 쓰시오.

01	illness		16	맥박, 맥
02	drown		17	독감, 유행성 감기
03	bearable		18	부상을 입다
04	unexpected		19	면역의
05	vital		20	정신의, 심적인
06	dental		21	치유되다, 낫다
07	die of		22	주사하다; 주입하다
08	conscious		23	알약, 정제
09	waterproof		24	위험, 위험 요소
10	prescribe		25	뻐근한; 뻣뻣한
11	ambulance		26	복통, 위통
12	strain		27	장애를 입은
13	infection		28	긴급한, 시급한
14	spine		29	관절; 접합; 공동의
15	vision		30	연고

B 다음 표현을 우리말로 쓰시오.

01 joint pain

02 dental floss

03 die of hunger

04 night vision problems

05 mental and physical health

C 빈칸에 알맞은 단어를 쓰시오.

01 _____ : dangerous = 위험 : 위험한

02 _____ : injury = 부상을 입다 : 부상

03 ill : _____ = 아픈 : 병, 아픔

04 _____ : urgency = 긴급한 : 긴급, 위급

05 infect : _____ = 감염시키다 : 감염

06 bear : _____ = 참다, 견디다 : 참을(견딜) 만한

DAY 13

D 암기한 단어를 이용하여 다음 문장을 완성하시오.

01 항상 척추를 곧게 펴도록 노력해라.

→ Always try to keep your _____ straight.

02 그는 작년에 교통사고로 장애인이 되었다.

→ He was _____ in a car accident last year.

03 그 병원은 환자들에게 백신을 주사했다.

→ The hospital _____ patients with vaccines.

💬🧑 '주사했다'이므로 -ed를 붙여서 동사의 과거형으로 써야 해요.

04 맥박은 우리에게 심장이 얼마나 빨리 뛰고 있는지를 알려 준다.

→ The _____ tells us how fast the heart is beating.

05 증상은 미열과 함께 복통을 포함할 수 있다.

→ Symptoms can include a _____ with a low fever.

06 부상자들은 구급차로 급히 병원에 실려 갔다.

→ The injured were rushed to the hospital in _____s.

Health & Safety II

☑ 오늘은 건강과 안전 II 관련 단어를 집중해서 암기할 거예요.

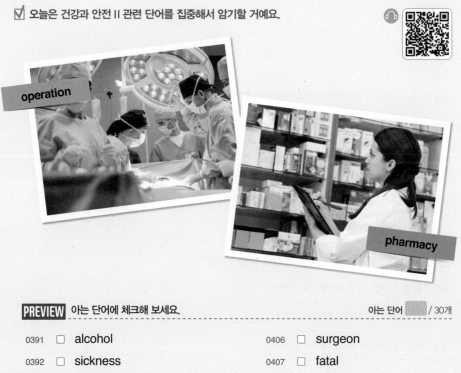

operation

pharmacy

0391	☐ alcohol		0406	☐ surgeon
0392	☐ sickness		0407	☐ fatal
0393	☐ clinic		0408	☐ sprain
0394	☐ alive		0409	☐ cavity
0395	☐ unhealthy		0410	☐ indigestion
0396	☐ organ		0411	☐ look for
0397	☐ protein		0412	☐ end up
0398	☐ operation		0413	☐ cut down on
0399	☐ pharmacy		0414	☐ lead to
0400	☐ allergy		0415	☐ vaccinate
0401	☐ bandage		0416	☐ unconscious
0402	☐ overcome		0417	☐ impair
0403	☐ nerve		0418	☐ sanitary
0404	☐ nourish		0419	☐ posture
0405	☐ relief		0420	☐ life expectancy

0391 alcohol
[ǽlkəhɔ̀(ː)l]
_____ hol

명 술; 알코올
The medicine is dangerous when it is taken with **alcohol**.
약은 술과 함께 복용하면 위험하다.

명 alcoholic 알코올[술] 중독자

0392 sickness
[síknis]
_____ ness

명 아픔, 병; 메스꺼움
I was in bed all day long because of my **sickness**.
나는 아파서 온종일 침대에 누워 있었다.

움직임이 있을 때 메스꺼움이 느껴지는 현상, 즉 '멀미'를 영어로는 motion sickness라고 해요.
형 sick 아픈

0393 clinic
[klínik]
_____ nic

명 병원; 진료; 치료소
She went to a **clinic** for a bee sting.
그녀는 벌에 쏘여서 병원에 갔다.

0394 alive
[əláiv]
a _____

형 살아 있는; (생기·활기가) 넘치는
The baby is still **alive** thanks to doctors.
그 아기는 의사들 덕분에 아직 살아 있다.

동 live 살다, 살아 있다

0395 unhealthy
[ʌnhélθi]
un _____ thy

형 건강하지 않은; 건강에 해로운
Sadly, my grandfather looked thin and **unhealthy**.
슬프게도, 나의 할아버지는 여위고 건강하지 않아 보이셨다.

↔ healthy 건강한, 건강에 좋은

0396 organ
[ɔ́ːrgən]
or _____

명 기관, 장기; 오르간
There are many people waiting for **organ** donations.
장기 기증을 기다리는 많은 사람이 있다.

'장기 기증'은 organ donation, '장기 이식'은 organ transplant라고 해요.

0397 protein
[próutiːn]
pro _____

명 단백질
Beans are a good source of **protein**.
콩은 좋은 단백질 공급원이다.

'탄수화물'은 carbohydrate, '지방'은 fat이라고 해요.

0398 operation
[ὰpəréiʃən]
ope _____

명 수술; 작동; 사업
Doctors performed an emergency **operation** last night.
의사들은 어젯밤에 응급 수술을 시행했다.

동 operate 수술하다

0399	**pharmacy** [fá:rməsi] _____macy	명 약국; 약학 I went to the **pharmacy** next to the hospital. 나는 병원 옆에 있는 약국에 갔다.	≒ drugstore 약국 pharmacy는 전문 약국을 말하고, drugstore는 의약품 외에 다른 물품도 함께 파는 약국을 말해요.
0400	**allergy** [ǽlərdʒi] _____gy	명 알레르기, 과민증 My skin problems are caused by an **allergy** to sunlight. 내 피부 문제는 햇빛에 대한 알레르기로 인해 발생한다.	형 allergic 알레르기가 있는
0401	**bandage** [bǽndidʒ] ban_____	명 붕대 동 붕대를 감다 I wrapped a **bandage** around my ankle to fix it. 나는 내 발목을 고정하기 위해 주변에 붕대를 감았다.	우리가 흔히 말하는 '밴드'는 콩글리시예요. '반창고'를 말할 때는 band-aid 또는 plaster라고 해요.
0402	**overcome** [òuvərkʌ́m] _____come	동 극복하다; 이기다 I'm proud that we have **overcome** all the difficulties. 나는 우리가 모든 어려움을 극복해 냈다는 것이 자랑스럽다.	(과거형) -overcame -overcome
0403	**nerve** [nə:rv] _____ve	명 신경; 긴장, 불안 Herbal tea calms the **nerves** and helps relieve stress. 허브차는 신경을 진정시켜 스트레스 해소에 도움을 준다.	형 nervous 긴장한, 초조한, 불안한
0404	**nourish** [nə́:riʃ] nou_____	동 영양분을 공급하다; 기르다 A lot of healthy foods are needed to **nourish** children. 아이들에게 영양을 공급하기 위해서는 건강에 좋은 음식들이 많이 필요하다.	
0405	**relief** [rilí:f] re_____	명 안도, 안심; (고통 등의) 완화 He sighed with **relief** at the news that his wife was alive. 그는 자신의 아내가 살아 있다는 소식에 안도의 한숨을 쉬었다.	동 relieve 안도하게 하다, (고통 등을) 덜어 주다; 완화하다

0406 surgeon

[sə́ːrdʒən]

sur

명 외과 의사, 외과의

The **surgeon** operated on the patient's heart for 6 hours.

그 외과 의사는 환자의 심장을 6시간 동안 수술했다.

명 physician 내과 의사

0407 fatal

[féitl]

fa

형 치명적인

The virus causes infections, which can be **fatal**.

그 바이러스는 감염을 일으키는데, 그것은 치명적일 수 있다.

부 fatally 치명적으로

0408 sprain

[sprein]

rain

동 삐다, 접질리다

I missed my step and **sprained** my ankle during climbing.

나는 등산하다가 발을 헛디뎌서 발목을 삐었다.

0409 cavity

[kǽvəti]

ca

명 충치; (어떤 물체의) 구멍

Don't forget to brush your teeth to prevent **cavities**.

충치를 예방하기 위해서 양치질하는 것을 잊지 마라.

0410 indigestion

[ìndaidʒéstʃən]

in

명 소화불량

I got **indigestion** after I ate dinner.

나는 저녁을 먹고 나서 소화불량에 걸렸다.

in-(부정, 반대의 뜻)
+digestion(소화)

0411 look for

~을 찾다, ~을 구하다

What have you been **looking for** since this morning?

너는 오늘 아침부터 계속 무엇을 찾고 있니?

0412 end up

결국 ~하게 되다

If the immune system is weak, we **end up** getting sick.

면역 체계가 약하면, 우리는 결국 병에 걸리게 된다.

0413 cut down on

~을 줄이다, ~을 낮추다

Please **cut down on** alcohol and smoking for your health.

건강을 위해 술과 담배를 줄이세요.

≒ reduce 줄이다

DAY 14

0414	**lead to**	~으로 이어지다	
		Too much fatty food can **lead to** health problems.	
		너무 많은 기름진 음식은 건강 문제들로 이어질 수 있다.	

◤Advanced

0415	**vaccinate** [vǽksənèit] vac	동 (예방) 백신 주사를 놓다 The goal is to **vaccinate** everyone by this year. 목표는 올해까지 모든 사람에게 백신 주사를 접종하는 것이다.	명 vaccine (예방) 백신
0416	**unconscious** [ʌnkánʃəs] uncon	형 의식을 잃은; 무의식의 An **unconscious** patient arrived at the emergency room. 의식을 잃은 환자가 응급실에 도착했다.	↔ conscious 의식이 있는, 지각하고 있는
0417	**impair** [impέər] im	동 손상시키다, 악화시키다 Using your phone in the dark can **impair** your eyesight. 어두운 곳에서 휴대 전화를 사용하는 것은 시력을 손상시킬 수 있다.	
0418	**sanitary** [sǽnitèri] tary	형 위생적인, 깨끗한; 위생의 I think this restaurant doesn't look very **sanitary**. 이 식당은 그다지 위생적으로 보이지 않는 것 같다.	동 sanitize 위생 처리하다, 살균하다
0419	**posture** [pástʃər] ture	명 자세; 태도 Back pain can be the result of bad **posture**. 허리 통증은 좋지 않은 자세로 인한 결과일 수 있다.	
0420	**life expectancy**	평균 수명, 기대 수명 **Life expectancy** has increased thanks to advanced medicine. 의학의 발달 덕분에 평균 수명이 늘어났다.	명 expectancy 기대

A 영어는 우리말로, 우리말은 영어로 쓰시오.

01	alcohol	16	외과 의사, 외과의
02	sickness	17	건강하지 않은
03	clinic	18	삐다, 접질리다
04	lead to	19	충치; 구멍
05	posture	20	수술; 작동; 사업
06	organ	21	살아 있는
07	protein	22	결국 ~하게 되다
08	unconscious	23	~을 줄이다
09	pharmacy	24	극복하다; 이기다
10	allergy	25	신경; 긴장, 불안
11	look for	26	치명적인
12	vaccinate	27	붕대; 붕대를 감다
13	impair	28	위생적인, 깨끗한
14	nourish	29	안도, 안심; 완화
15	indigestion	30	평균 수명, 기대 수명

B 다음 표현을 우리말로 쓰시오.

01 sprain my ankle

02 nourish children

03 organ donations

04 an allergy to sunlight

05 a good source of protein

ⓒ 빈칸에 알맞은 단어를 쓰시오.

01 live : _____ = 살다 : 살아 있는

02 healthy ↔ _____ = 건강한 ↔ 건강하지 않은

03 _____ : nervous = 긴장, 불안 : 긴장한, 불안한

04 _____ : relieve = 안도, 안심 : 안도하게 하다

05 digestion ↔ _____ = 소화 ↔ 소화불량

06 p_____ ≒ drugstore = 약국

ⓓ 암기한 단어를 이용하여 다음 문장을 완성하시오.

01 나는 내 발목을 고정하기 위해 주변에 붕대를 감았다.

→ I wrapped a _____ around my ankle to fix it.

02 나는 우리가 모든 어려움을 극복해 냈다는 것이 자랑스럽다.

→ I'm proud that we have _____ all the difficulties.

😮👤 ⟨have+과거분사형⟩의 현재완료를 써야 해요.

03 의사들은 어젯밤에 응급 수술을 시행했다.

→ Doctors performed an emergency _____ last night.

04 그 외과 의사는 환자의 심장을 6시간 동안 수술했다.

→ The _____ operated on the patient's heart for 6 hours.

05 너무 많은 기름진 음식은 건강 문제들로 이어질 수 있다.

→ Too much fatty food can _____ _____ health problems.

06 건강을 위해 술과 담배를 줄이세요.

→ Please _____ _____ _____ alcohol and smoking for your health.

😮👤 cut으로 시작하는 표현이에요.

School & Education

☑ 오늘은 학교와 교육 관련 단어를 집중해서 암기할 거예요.

erase

calculate

PREVIEW 아는 단어에 체크해 보세요. 　　　　　　　　　　 아는 단어 ▨▨▨ / 30개

0421	☐	term	0436	☐	eager
0422	☐	notice	0437	☐	submit
0423	☐	erase	0438	☐	peer
0424	☐	schoolwork	0439	☐	pronounce
0425	☐	intelligent	0440	☐	consult
0426	☐	grammar	0441	☐	summarize
0427	☐	report card	0442	☐	pupil
0428	☐	underline	0443	☐	drill
0429	☐	behavior	0444	☐	go over
0430	☐	calculate	0445	☐	grant
0431	☐	attendance	0446	☐	concentrate
0432	☐	instruct	0447	☐	assignment
0433	☐	scold	0448	☐	consequence
0434	☐	aisle	0449	☐	institute
0435	☐	motivate	0450	☐	dormitory

0421 term
[təːrm]
t___ m

명 학기, 기간; 용어

I will enroll in a history of war class next **term**.
나는 다음 학기에 전쟁사 수업에 등록할 것이다.

> terms는 term의 복수형도 되지만, '조건'이라는 전혀 다른 뜻으로도 쓰이니 문맥을 잘 살펴야 해요.

0422 notice
[nóutis]
no.___

명 공지, 통지; 안내 동 주목하다

The teacher gave us a **notice** about summer vacation.
선생님은 우리에게 여름방학에 대해 공지해 주셨다.

0423 erase
[iréis]
___se

동 지우다, 없애다

Can you **erase** everything on the blackboard after class?
수업 후에 칠판의 모든 것을 지워 주겠니?

> 명 eraser 지우개

0424 schoolwork
[skúːlwə̀ːrk]
___work

명 학업, 학교 공부

I understand that you have a hard time with **schoolwork**.
나는 네가 학교 공부하느라 힘들다는 걸 이해해.

0425 intelligent
[intélidʒənt]
___gent

형 똑똑한, 영리한; 지능이 있는

My older sister is the most **intelligent** of my siblings.
언니는 나의 형제자매 중 가장 똑똑하다.

> IQ는 intelligence quotient(지능지수)의 줄임말이에요.

0426 grammar
[grǽmər]
gra___

명 문법

English conversation is fun, but **grammar** is too difficult.
영어 회화는 재미있는데, 문법은 너무 어렵다.

> 부 grammatically 문법적으로

0427 report card

성적표, 통지표

I proudly showed my **report card** to my parents.
나는 부모님께 내 성적표를 자랑스럽게 보여 드렸다.

0428 underline
[ʌ̀ndərláin]
under___

동 밑줄을 긋다; 강조하다

I have a habit of **underlining** important things.
나는 중요한 것들에 밑줄을 긋는 습관이 있다.

0429 behavior
[bihéivjər]
vior

명 행동, 품행, 태도
Everyone was annoyed by my friend's rude **behavior**.
모든 사람이 내 친구의 무례한 행동에 짜증이 났었다.

동 behave 행동하다; 예의 바르게 행동하다

0430 calculate
[kǽlkjəlèit]
late

동 계산하다; 추산하다
Did you **calculate** the average for the final exam?
너는 기말시험 평균을 계산해 봤니?

명 calculator 계산기

0431 attendance
[əténdəns]
dance

명 출석, 참석
Every morning, the teacher checks **attendance**.
매일 아침, 선생님은 출석을 확인하신다.

동 attend 참석하다

0432 instruct
[instrʌ́kt]
ruct

동 가르치다; 지시하다
The coach **instructed** the players to play fairly.
그 감독은 선수들에게 정정당당하게 경기를 하라고 가르쳤다.

명 instruction 설명; 지시; 명령

0433 scold
[skould]
s

동 야단치다, 꾸짖다
My mom **scolded** me for playing games for too long.
엄마는 게임을 너무 오랫동안 한다고 나를 야단치셨다.

0434 aisle
[ail]
le

명 (교실 · 극장 · 버스 등의) 통로
I walked up the **aisle** toward the auditorium stage.
나는 강당 무대 쪽으로 통로를 걸어 올라갔다.

비행기나 기차 좌석에서 창가석은 window, 통로석은 aisle이라고 해요.

0435 motivate
[móutəvèit]
vate

동 동기를 부여하다
This movie seems good for **motivating** tired students.
이 영화는 지친 학생들에게 동기를 부여하기에 좋은 것 같다.

명 motivation 동기 부여

DAY 15

0436	**eager** [í:gər] ea	웹 몹시 ~하고 싶어 하는, 열망하는 She is **eager** to pass the university entrance exam. 그녀는 대학 입학시험에 몹시 합격하고 싶어 한다.	be eager to V(~하고 싶어 하다)의 형태로 많이 써요.

0437	**submit** [səbmít] mit	동 제출하다; 항복(굴복)하다 We have to **submit** our essays by next Friday. 우리는 다음 주 금요일까지 에세이를 제출해야 한다.	명 submission 제출; 항복, 굴복

0438	**peer** [piər] p r	명 (나이 · 신분이) 동등한 사람, 또래 Teenagers tend to agree with the opinions of their **peers**. 십 대들은 또래 의견에 동의하는 경향이 있다.	peer pressure 또래 압력, 동료 집단으로부터 받는 사회적 압력

0439	**pronounce** [prənáuns] pro ce	동 발음하다; 선언하다 Can you **pronounce** the word properly? 너는 그 단어를 제대로 발음할 수 있니?	명 pronunciation 발음

0440	**consult** [kənsʌ́lt] con	동 상담하다, 상의하다 I recommend that you **consult** with the teacher first. 나는 네가 먼저 선생님과 상담해 볼 것을 추천한다.	명 consulting 자문, 조언; 진찰

0441	**summarize** [sʌ́məràiz] sum	동 요약하다 She **summarized** the long story in one page. 그녀는 그 긴 이야기를 한 페이지로 요약했다.	명 summary 요약, 개요

0442	**pupil** [pjú:pəl] pu	명 학생, 제자 The new teacher is well known for being strict with her **pupils**. 새로 오신 선생님은 학생들에게 엄격하기로 잘 알려져 있다.	≒ student 학생

0443	**drill** [dril] d	명 훈련, 반복 학습 동 훈련시키다 All students are going to have a fire **drill** today. 모든 학생이 오늘 소방 훈련을 할 예정이다.	

0444 go over

검토하다; 조사하다; 건너가다

Go over your essay again before you submit it.

네 에세이를 제출하기 전에 다시 한 번 그것을 검토해 봐라.

Advanced

0445 grant

[grænt]

g

명 장학금, 보조금 동 허가하다

This **grant** was awarded to students with good grades.

이 장학금은 우수한 성적을 받은 학생들에게 수여되었다.

0446 concentrate

[kánsəntrèit]

rate

동 집중하다, 전념하다

I don't know why, but I can't **concentrate** at home.

왜인지는 몰라도, 나는 집에서는 집중이 잘 안 된다.

명 concentration 집중

0447 assignment

[əsáinmənt]

ment

명 과제, 임무; 배정

The teacher refused to accept late **assignments**.

선생님은 늦은 과제들을 받아 주시지 않았다.

동 assign 맡기다, 배정하다

0448 consequence

[kánsəkwèns]

conse

명 결과; 중요함

We are responsible for the **consequences** of our behavior.

우리는 우리 행동의 결과에 책임이 있다.

≒ result 결과

0449 institute

[ínstətjùːt]

tute

명 (교육 · 연구 등을 위한) 협회, 연구소

The **Institute** of International Education was founded in 1919.

국제 교육 연구소는 1919년에 설립되었다.

0450 dormitory

[dɔ́ːrmitɔ̀ːri]

tory

명 기숙사, 공동 침실

We will stay in the **dormitory** until graduation.

우리는 졸업할 때까지 기숙사에 머물 것이다.

줄여서 dorm이라고 하기도 해요.

DAY 15

A 영어는 우리말로, 우리말은 영어로 쓰시오.

01	eager		16	제출하다; 항복하다
02	notice		17	학기, 기간; 용어
03	summarize		18	동등한 사람, 또래
04	schoolwork		19	발음하다; 선언하다
05	assignment		20	상담하다, 상의하다
06	drill		21	지우다, 없애다
07	report card		22	학생, 제자
08	scold		23	문법
09	aisle		24	똑똑한; 지능이 있는
10	calculate		25	장학금; 허가하다
11	attendance		26	행동, 품행, 태도
12	concentrate		27	가르치다; 지시하다
13	consequence		28	밑줄을 긋다
14	go over		29	협회, 연구소
15	motivate		30	기숙사, 공동 침실

B 다음 표현을 우리말로 쓰시오.

01	next term
02	eager to pass
03	check attendance
04	calculate the average
05	opinions of their peers

⊙ 빈칸에 알맞은 단어를 쓰시오.

01 _____ : eraser　　　=　지우다 : 지우개

02 assign : _____　　　=　맡기다, 배정하다 : 과제, 임무

03 behave : _____　　　=　행동하다 : 행동

04 _____ : instruction　=　지시하다 : 지시

05 _____ : motivation　=　동기를 부여하다 : 동기 부여

06 summary : _____　　=　요약 : 요약하다

DAY 15

⊙ 암기한 단어를 이용하여 다음 문장을 완성하시오.

01 언니는 나의 형제자매 중 가장 똑똑하다.

→ My older sister is the most _____ of my siblings.

02 엄마는 게임을 너무 오랫동안 한다고 나를 야단치셨다.

→ My mom _____ me for playing games for too long.

　'야단치셨다'이므로 -ed를 붙여서 동사의 과거형으로 써야 해요.

03 나는 강당 무대 쪽으로 통로를 걸어 올라갔다.

→ I walked up the _____ toward the auditorium stage.

04 선생님은 우리에게 여름방학에 대해 공지해 주셨다.

→ The teacher gave us a _____ about summer vacation.

05 나는 부모님께 내 성적표를 자랑스럽게 보여 드렸다.

→ I proudly showed my _____ _____ to my parents.

06 네 에세이를 제출하기 전에 다시 한 번 그것을 검토해 봐라.

→ _____ _____ your essay again before you submit it.

　문장 맨 앞 글자는 대문자로 써요.

A 영어를 우리말로 쓰시오.

01	sprain		11	prompt
02	profession		12	impair
03	summarize		13	frequent
04	immune		14	scold
05	discussion		15	appoint
06	superior		16	nerve
07	dormitory		17	ambulance
08	injure		18	behavior
09	classify		19	conscious
10	overcome		20	promote

B 우리말을 영어로 쓰시오.

01	처방하다		11	첨부하다, 붙이다
02	노동, 근로; 일		12	동기를 부여하다
03	기관, 장기; 오르간		13	붕대; 붕대를 감다
04	세부 사항		14	보상(금), 사례금
05	계산하다; 추산하다		15	긴급한, 시급한
06	이력서; 요약		16	소화불량
07	정신의, 심적인		17	일 중독자
08	문법		18	감염; 전염(병)
09	책임; 담당; 요금		19	자격을 얻다
10	외과 의사, 외과의		20	발음하다; 선언하다

ⓒ 다음 표현을 우리말로 쓰시오.

01 check attendance

----

02 confirm the meeting

----

03 follow the procedure

----

04 an allergy to sunlight

----

05 need an experienced person

----

06 unexpected results of the operation

ⓓ 암기한 단어를 이용하여 다음 문장을 완성하시오.

01 나는 상처에 이 연고를 계속 발라 오고 있다.

→ I've been putting this _____ on the wound.

02 왜인지는 몰라도, 나는 집에서는 집중이 잘 안 된다.

→ I don't know why, but I can't _____ at home.

03 매일 장거리를 통근하는 것은 매우 피곤하다.

→ It is very tiring to _____ a long distance every day.

04 이 비밀 계획을 실행하는 데는 시간이 걸린다.

→ It takes time to _____ _____ this secret plan.

💬 carry로 시작하는 표현이에요.

05 아이들에게 영양을 공급하기 위해서는 건강에 좋은 음식들이 많이 필요하다.

→ A lot of healthy foods are needed to _____ children.

06 그 학교는 영어 수업을 위해 외국인 교사를 고용했다.

→ The school _____ a foreign teacher for the English class.

💬 '고용했다'이므로 -(e)d를 붙여서 동사의 과거형으로 써야 해요.

Knowledge & Study

☑ 오늘은 지식과 학습 관련 단어를 집중해서 암기할 거예요.

geology

statistics

PREVIEW 아는 단어에 체크해 보세요.   아는 단어 [   ] / 30개

0451 ☐ logic		0466 ☐ theory
0452 ☐ fluent		0467 ☐ instance
0453 ☐ index		0468 ☐ principle
0454 ☐ refer		0469 ☐ conference
0455 ☐ category		0470 ☐ insight
0456 ☐ concept		0471 ☐ illustrate
0457 ☐ improve		0472 ☐ physics
0458 ☐ figure		0473 ☐ geology
0459 ☐ expose		0474 ☐ intellectual
0460 ☐ intelligence		0475 ☐ scholar
0461 ☐ define		0476 ☐ philosophy
0462 ☐ conclude		0477 ☐ psychology
0463 ☐ essence		0478 ☐ statistics
0464 ☐ inspire		0479 ☐ demonstrate
0465 ☐ content		0480 ☐ when it comes to

Basic

0451 logic
[ládʒik]
lo

명 논리; 타당성
When he has a quarrel, he is just loud and uses no **logic**.
말다툼을 할 때, 그는 소리만 크고 논리를 쓰지 않는다.

형 logical 논리적인

0452 fluent
[flúːənt]
f___t

형 (말 · 글이) 유창한, 능숙한
Little by little, he became more **fluent** in Korean.
조금씩, 그는 한국어에 더 유창해졌다.

명 fluency 유창성, 능숙도, 달변

0453 index
[índeks]
in

명 색인; 지수, 지표
The meaning of the word is in the **index** at the back of the book.
그 단어의 의미는 책 뒤의 색인에 있다.

0454 refer
[rifə́ːr]
re

동 참조(참고)하다; 언급하다
Please **refer** to the brochure for details about the schedule.
일정에 대한 세부 사항들은 안내 책자를 참고하세요.

명 reference 참고, 참조

0455 category
[kǽtəgɔ̀ːri]
gory

명 카테고리; 분류
Try to look at the **category** first before studying.
공부하기 전에 카테고리를 먼저 보도록 해라.

동 categorize 분류하다

0456 concept
[kánsept]
con

명 개념, 발상
Jeong is a difficult **concept** to translate into English.
'정'은 영어로 번역하기 어려운 개념이다.

0457 improve
[imprúːv]
im

동 향상시키다, 나아지다
I want to **improve** my English next year.
나는 내년에는 내 영어를 향상시키고 싶다.

명 improvement 향상, 개선

0458 figure
[fígjər]
fi

명 수치; 모습; 인물
The chart on the next page shows the relevant **figures**.
다음 쪽의 도표는 관련 수치들을 보여 준다.

figure out 생각해 내다, 알아내다; 계산해 내다

0459 expose
[ikspóuz]
ex

통 노출시키다, 드러내다
Expose yourself to an English-speaking environment.
영어 사용 환경에 네 자신을 노출시켜라.

명 exposure 노출; 폭로

0460 intelligence
[intélədʒəns]
gence

명 지능, 이해력, 영리함
The service is based on artificial **intelligence** technology.
그 서비스는 인공 지능 기술을 기반으로 한다.

artificial intelligence
인공 지능(= AI)
형 intelligent 똑똑한, 영리한

0461 define
[difáin]
de

통 정의하다, 규정하다; 명확히 하다
An expert may be **defined** as a person with specialized skills.
전문가는 전문적인 기술을 가진 사람으로 정의될 수 있다.

명 definition 정의

0462 conclude
[kənklú:d]
con

통 결론을 내리다; 끝내다
It **concluded** that there was no connection between the two.
그 둘 사이에는 아무런 연관성이 없다는 결론을 내렸다.

명 conclusion 결론, 최종 판단

0463 essence
[ésəns]
ce

명 본질, 정수; 진액, 에센스
The **essence** of learning is in understanding.
배움의 본질은 이해하는 것에 있다.

형 essential 필수적인; 본질적인

0464 inspire
[inspáiər]
ins

통 고무(격려)하다; 영감을 주다
That lecture **inspired** me to dream again.
그 강의는 나에게 다시 꿈을 꾸도록 격려했다.

명 inspiration 영감

0465 content
[kántent]
con

명 내용, 목차
This biology book covers basic **contents**.
이 생물학책은 기본적인 내용을 다룬다.

0466	**theory** [θí(ː)əri] ry	몡 이론, 학설 In science, experiments are carried out to prove **theories**. 과학에서는, 이론들을 증명하기 위해 실험들이 수행된다.	

| 0467 | **instance**
[ínstəns]
ins | 몡 사례, 경우
We can find many **instances** of homeschooling these days.
요즘 홈스쿨링의 많은 사례를 발견할 수 있다. | '예를 들어'라고 말할 때, for example과 함께 for instance도 많이 사용해요. |

| 0468 | **principle**
[prínsəpl]
prin | 몡 원리, 원칙
The **principle** of price in the market is actually simple.
시장에서 가격의 원리는 사실 단순하다. | |

| 0469 | **conference**
[kánfərəns]
rence | 몡 회의, 학회; 회담
The **conference** begins at 9:00 tomorrow morning.
회의는 내일 아침 9시에 시작한다. | |

| 0470 | **insight**
[ínsàit]
in | 몡 통찰력, 간파
You can also develop **insight** by reading books.
책을 읽음으로써 통찰력도 계발할 수 있다. | |

| 0471 | **illustrate**
[íləstrèit]
trate | 몸 설명하다; 삽화를 넣다(그리다)
You can use a graph or chart to **illustrate** your points.
요점을 설명하기 위해 그래프나 도표를 사용해도 된다. | 몡 illustration 삽화 |

| 0472 | **physics**
[fíziks]
sics | 몡 물리학
Physics is the most interesting of all the sciences.
물리학이 모든 과학 중에 가장 재미있다. | 몡 physicist 물리학자 |

| 0473 | **geology**
[dʒiálədʒi]
logy | 몡 지질학
In **geology**, I study the movements of continents.
지질학에서, 나는 대륙들의 움직임을 공부한다. | 몡 geography 지리학 |

| 0474 | **intellectual** [ìntəléktʃuəl] intel | 형 지능의, 지적인 명 지식인 Both **intellectual** and emotional development are important. 지적 발달과 정서적 발달 모두 중요하다. | 명 intellect 지적 능력; 지적 능력이 뛰어난 사람 |

| 0475 | **scholar** [skálər] lar | 명 학자; 장학생 Socrates is considered an outstanding **scholar**. 소크라테스는 뛰어난 학자로 여겨진다. | 명 scholarship 장학금 |

◤ Advanced

| 0476 | **philosophy** [filásəfi] sophy | 명 철학 Let's learn the **philosophy** of Socrates in this lesson. 이번 수업에서는 소크라테스의 철학을 배워 봅시다. | |

| 0477 | **psychology** [saikálədʒi] logy | 명 심리학; 심리 I started studying for a certificate in child **psychology**. 나는 아동 심리학 자격증 공부를 시작했다. | 명 psychologist 심리학자 |

| 0478 | **statistics** [stətístiks] sta | 명 통계, 통계 자료; 통계학 These **statistics** are not sufficient to draw any conclusions. 이런 통계는 어떤 결론을 내기에 충분하지 않다. | |

| 0479 | **demonstrate** [démənstrèit] strate | 동 증명하다; 시연하다; 시위하다 The scientists **demonstrated** the safety of the new vaccine. 과학자들이 새로운 백신의 안정성을 증명했다. | 명 demonstration 시위, 데모 |

| 0480 | **when it comes to** | ~에 관해서라면, ~에 대해 말하자면 **When it comes to** math, I am more confident than anyone. 수학에 관해서라면, 나는 누구보다 더 자신이 있다. | |

Ⓐ 영어는 우리말로, 우리말은 영어로 쓰시오.

01	category		16	이론, 학설
02	inspire		17	사례, 경우
03	index		18	유창한, 능숙한
04	refer		19	정의하다, 규정하다
05	intellectual		20	결론을 내리다
06	concept		21	향상시키다, 나아지다
07	principle		22	물리학
08	figure		23	지질학
09	logic		24	본질, 정수; 진액
10	intelligence		25	학자; 장학생
11	conference		26	철학
12	demonstrate		27	통찰력, 간파
13	illustrate		28	노출시키다, 드러내다
14	psychology		29	내용, 목차
15	statistics		30	~에 관해서라면

DAY 16

Ⓑ 다음 표현을 우리말로 쓰시오.

01 prove theories

02 child psychology

03 the relevant figures

04 artificial intelligence

05 cover basic contents

C 빈칸에 알맞은 단어를 쓰시오.

01 _____ : fluency = 유창한 : 유창성

02 physicist : _____ = 물리학자 : 물리학

03 _____ : logical = 논리 : 논리적인

04 _____ : exposure = 노출시키다 : 노출

05 inspiration : _____ = 영감 : 영감을 주다

06 _____ : scholarship = 장학생 : 장학금

D 암기한 단어를 이용하여 다음 문장을 완성하시오.

01 나는 내년에는 내 영어를 향상시키고 싶다.

→ I want to _____ my English next year.

02 배움의 본질은 이해하는 것에 있다.

→ The _____ of learning is in understanding.

03 이번 수업에서는 소크라테스의 철학을 배워 봅시다.

→ Let's learn the _____ of Socrates in this lesson.

04 책을 읽음으로써 통찰력도 계발할 수 있다.

→ You can also develop _____ by reading books.

05 그 둘 사이에는 아무런 연관성이 없다는 결론을 내렸다.

→ It _____ that there was no connection between the two.

🗨🧑 '결론을 내렸다'이므로 -(e)d를 붙여서 동사의 과거형으로 써야 해요.

06 일정에 대한 세부 사항들은 안내 책자를 참고하세요.

→ Please _____ to the brochure for details about the schedule.

Shopping

☑ 오늘은 쇼핑 관련 단어를 집중해서 암기할 거예요.

label

insert

PREVIEW 아는 단어에 체크해 보세요.　　　　　　　　　아는 단어 ▨▨▨ / 30개

0481	☐ cost		0496	☐ quantity
0482	☐ own		0497	☐ insert
0483	☐ trend		0498	☐ necessity
0484	☐ label		0499	☐ luxury
0485	☐ sum		0500	☐ complex
0486	☐ offer		0501	☐ collection
0487	☐ refund		0502	☐ except
0488	☐ lower		0503	☐ costly
0489	☐ decision		0504	☐ immediately
0490	☐ claim		0505	☐ by chance
0491	☐ satisfy		0506	☐ on average
0492	☐ facility		0507	☐ passion
0493	☐ advertise		0508	☐ guarantee
0494	☐ bargain		0509	☐ merchandise
0495	☐ purchase		0510	☐ temptation

0481 cost
[kɔ(:)st]
c.

동 값(비용)이 ~이다(들다) 명 값, 비용
The new car must have **cost** a lot of money.
그 새 차는 분명히 많은 돈이 들었을 것이다.

0482 own
[oun]
n.

형 ~ 자신의 동 소유하다
She's going to sell her **own** items at a used market.
그녀는 중고 시장에서 자신의 물건들을 팔려고 한다.

명 owner 소유자

0483 trend
[trend]
t   d

명 유행; 경향, 흐름, 추세
It is a **trend** to buy and assemble DIY furniture.
DIY 가구를 사서 조립하는 것이 유행이다.

DIY는 do-it-yourself 의 약자로, 소비자가 직접 수리·조립하는 것을 뜻해요.

0484 label
[léibəl]
la

명 라벨, 상표, 꼬리표
It is difficult to exchange a product if the **label** has been removed. 상표가 제거되었다면 제품 교환이 어렵습니다.

0485 sum
[sʌm]
s

명 합계; 금액
The **sum** of all the costs was 1 million won.
모든 비용의 총합은 100만 원이었다.

0486 offer
[ɔ́(:)fər]
er

동 제안하다, 제공하다 명 제안
We **offer** a 10% discount if you buy this model today.
오늘 이 모델을 구매하시면 10퍼센트 할인해 드립니다.

0487 refund
[rifʌ́nd]
re

동 환불하다 명 환불(액)
If you are not satisfied with it, we will **refund** you in full.
그것에 만족하지 않으시면, 전액 환불해 드리겠습니다.

명 [rí:fʌnd]
'교환'은 exchange예요.

0488 lower
[lóuər]
er

동 내리다, 낮추다
We **lowered** the price a lot during the sale period.
저희는 할인 판매 기간 동안 가격을 많이 낮췄습니다.

lower가 형용사 low(낮은)의 비교급으로 쓰일 때는 '더 낮은'의 뜻이 돼요.

0489 decision

[disíʒən]

□ sion

명 결정, 판단; 결단력

I had to make a quick **decision** on whether to buy it or not.

나는 그것을 살 것인지 말 것인지 빠른 결정을 내려야 했다.

동 decide 결정하다

Intermediate

0490 claim

[kleim]

c □ m

동 주장하다; 요구하다 명 주장; 요구

She **claimed** the store sold her a damaged product.

그녀는 그 상점에서 자신에게 손상된 제품을 팔았다고 주장했다.

claim damages 손해 배상을 청구하다
claim on your insurance 보험사에 청구하다

0491 satisfy

[sǽtisfài]

□ fy

동 만족시키다; (조건을) 충족시키다

I'm very **satisfied** with the shoes that I bought in the shopping mall.

나는 그 쇼핑몰에서 산 신발에 매우 만족한다.

명 satisfaction 만족

0492 facility

[fəsíləti]

□ lity

명 (편의) 시설; 기능

The shopping mall provides various **facilities** for customers.

그 쇼핑몰은 고객들을 위해 다양한 시설을 제공한다.

DAY 17

0493 advertise

[ǽdvərtàiz]

adver □

동 광고하다

Our sales rose because celebrities **advertised** our products. 유명 인사들이 우리 제품들을 광고해서 매출이 올랐다.

명 advertisement 광고(= ad)

0494 bargain

[bá:rgən]

□ gain

명 싼 물건; 흥정

Let's go to the department store to find some **bargains** on sale.

할인 판매 때 싼 물건들을 좀 찾으러 백화점에 가자.

0495 purchase

[pə́:rtʃəs]

pur □

동 구매하다, 구입하다 명 구매, 구입

When you **purchase** a product, make sure to get a receipt.

제품을 구매하면, 반드시 영수증을 받아라.

≒ buy 사다

0496	**quantity**	명 양; 수량, 분량	↔ quality 질, 품질; 양질
☐☐☐	[kwántəti]	The store has a large **quantity** of shirts on sale.	
	▨▨▨ tity	그 상점은 많은 양의 셔츠를 할인 판매하고 있다.	

0497	**insert**	동 넣다, 끼우다, 삽입하다	
☐☐☐	[insə́:rt]	First, **insert** coins in the vending machine to buy a drink.	
	in ▨▨▨	먼저, 음료를 사려면 자판기에 동전을 넣으세요.	

0498	**necessity**	명 필수품; 필요(성)	형 necessary 필요한
☐☐☐	[nəsésəti]	A hat or sunglasses are a **necessity** when I travel to hot places. 모자나 선글라스는 내가 더운 곳으로 여행할 때 필수품이다.	
	nece ▨▨▨		

0499	**luxury**	명 호화, 사치(품)	형 luxurious 호화로운
☐☐☐	[lʌ́kʃəri]	She enjoys buying small **luxuries** like candies and flowers. 그녀는 사탕과 꽃 같은 작은 사치품들을 사는 것을 즐긴다.	
	lu ▨▨▨		

0500	**complex**	명 복합 건물 형 복잡한	
☐☐☐	[kámpleks]	I prefer a shopping **complex** where I can buy many different things. 나는 다른 많은 물건을 살 수 있는 복합 쇼핑센터를 선호한다.	
	com ▨▨▨		

0501	**collection**	명 수집품, 소장품	동 collect 모으다, 수집하다
☐☐☐	[kəlékʃən]	The store sells items from private **collections**. 그 가게는 개인 수집품들에서 나온 물품들을 판매한다.	
	▨▨▨ tion		

0502	**except**	전 접 ~을 제외하고, ~ 이외에는	뒤에 명사가 올 때는 <except for + 명사>로 쓰기도 해요.
☐☐☐	[iksépt]	She doesn't shop for anything **except** food at the market. 그녀는 그 시장에서 음식을 제외하고는 아무것도 쇼핑하지 않는다.	
	ex ▨▨▨		

0503	**costly**	형 많은 돈이 드는, 값비싼	≒ expensive 비싼
☐☐☐	[kɔ́(:)stli]	Buying new furniture may be too **costly**. 새 가구를 사는 것은 너무 많은 돈이 들 수 있다.	
	▨▨▨ ly		

| 0504 | **immediately**
[imíːdiətli]
imme | 튀 즉시, 즉각
I loved the T-shirt, so I bought it **immediately**.
나는 그 티셔츠가 무척 마음에 들어서, 즉시 그것을 샀다. | 형 immediate 즉각적인 |

| 0505 | **by chance** | 우연히
She saw an advertisement **by chance** and bought the product.
그녀는 우연히 광고를 보고 그 제품을 샀다. | |

| 0506 | **on average** | 평균적으로, 보통
On average, people do more online shopping than offline.
평균적으로, 사람들은 오프라인보다는 온라인 쇼핑을 더 많이 한다. | |

◣ Advanced

| 0507 | **passion**
[pǽʃən]
pa | 명 열정, 열망, 격정
She has a **passion** for shopping for shoes.
그녀는 신발 쇼핑에 열정을 가지고 있다. | 형 passionate 열정적인, 격정적인 |

| 0508 | **guarantee**
[gæ̀rəntíː]
tee | 명 보증(서); 확약 동 보장하다
We offer a one-year **guarantee** on all of our products.
저희의 모든 제품에 대해 1년 보증을 제공해 드립니다. | ≒ warranty (제품의) 품질 보증(서) |

| 0509 | **merchandise**
[mə́ːrtʃəndàiz]
dise | 명 상품, 물품
Sales of K-pop **merchandise** have increased.
K-pop 상품의 매출이 늘었다. | ≒ goods 상품
명 merchandiser 상인 |

| 0510 | **temptation**
[temptéiʃən]
tation | 명 유혹, 유혹하는 것
I couldn't resist the **temptation** to buy on impulse.
나는 충동구매의 유혹을 물리칠 수 없었다. | 동 tempt 유혹하다; 유도하다 |

DAY 17

Ⓐ 영어는 우리말로, 우리말은 영어로 쓰시오.

01	cost		16	양; 수량, 분량
02	own		17	넣다, 끼우다
03	collection		18	합계; 금액
04	label		19	제안하다; 제안
05	luxury		20	복합 건물; 복잡한
06	necessity		21	유행; 경향, 흐름
07	refund		22	~을 제외하고
08	lower		23	많은 돈이 드는
09	decision		24	주장하다; 주장
10	immediately		25	싼 물건; 흥정
11	satisfy		26	평균적으로, 보통
12	temptation		27	열정, 열망, 격정
13	advertise		28	보증(서); 보장하다
14	by chance		29	시설; 기능
15	merchandise		30	구매하다; 구매

Ⓑ 다음 표현을 우리말로 쓰시오.

01 lower the price

02 cost a lot of money

03 purchase a product

04 a shopping complex

05 a one-year guarantee

C 빈칸에 알맞은 단어를 쓰시오.

01 decide : _____ = 결정하다 : 결정

02 _____ : passionate = 열정 : 열정적인

03 _____ : owner = 소유하다 : 소유자

04 exchange : _____ = 교환 : 환불

05 _____ ↔ quality = 양 ↔ 질

06 c_____ ≒ expensive = 비싼

D 암기한 단어를 이용하여 다음 문장을 완성하시오.

01 K-pop 상품의 매출이 늘었다.

→ Sales of K-pop _____ have increased.

비슷한 어휘로 goods(상품)가 있어요.

02 모든 비용의 총합은 100만 원이었다.

→ The _____ of all the costs was 1 million won.

03 오늘 이 모델을 구매하시면 10퍼센트 할인해 드립니다.

→ We _____ a 10% discount if you buy this model today.

04 그녀는 그 시장에서 음식을 제외하고는 아무것도 쇼핑하지 않는다.

→ She doesn't shop for anything _____ food at the market.

05 상표가 제거되었다면 제품 교환이 어렵습니다.

→ It is difficult to exchange a product if the _____ has been removed.

06 그녀는 우연히 광고를 보고 그 제품을 샀다.

→ She saw an advertisement _____ _____ and bought the product.

DAY 18 Describing Things

☑ 오늘은 사물 묘사 관련 단어를 집중해서 암기할 거예요.

steep

fragile

PREVIEW 아는 단어에 체크해 보세요.   아는 단어 ▨▨▨ / 30개

0511	☐ broad	0526	☐ scratch
0512	☐ brief	0527	☐ compact
0513	☐ mild	0528	☐ symbolic
0514	☐ rapid	0529	☐ glitter
0515	☐ stable	0530	☐ in place
0516	☐ tough	0531	☐ fall off
0517	☐ rough	0532	☐ break down
0518	☐ a number of	0533	☐ B as well as A
0519	☐ internal	0534	☐ regardless of
0520	☐ steep	0535	☐ fragile
0521	☐ shallow	0536	☐ ultimate
0522	☐ faint	0537	☐ fundamental
0523	☐ moderate	0538	☐ enormous
0524	☐ flexible	0539	☐ monotonous
0525	☐ vast	0540	☐ give off

0511 broad

[brɔːd]

b ▨▨▨ d

형 (폭이) 넓은; 광대한

A **broad** desert in northern Africa is the famous Sahara.
아프리카 북부의 넓은 사막이 그 유명한 사하라이다.

↔ narrow 좁은

0512 brief

[briːf]

b ▨▨▨ f

형 간단한, 짧은

Before the boat tour, we will take a **brief** safety training course. 보트 관광에 앞서, 우리는 간단한 안전 교육 과정을 수강할 것이다.

in brief 요컨대, 간단하게 말해서

0513 mild

[maild]

mi ▨▨

형 (정도가) 가벼운; 약한, 순한

Despite **mild** symptoms, you should go to the hospital.
가벼운 증상들임에도 불구하고, 너는 병원에 가봐야 한다.

0514 rapid

[rǽpid]

ra ▨▨▨

형 빠른, 신속한

Our country achieved **rapid** economic growth.
우리나라는 빠른 경제 성장을 이루었다.

부 rapidly 빠르게, 급속하게

0515 stable

[stéibl]

▨▨▨ ble

형 안정된, 안정적인

Do not get on the boat until it is **stable**.
안정될 때까지 보트에 타지 마십시오.

명 stability 안정, 안정성

0516 tough

[tʌf]

▨▨▨ gh

형 힘든, 어려운; 억센

I appreciate your help during this **tough** time in my life.
제 인생의 이런 힘든 시간에 도와주셔서 감사합니다.

0517 rough

[rʌf]

▨▨▨ gh

형 거친, 고르지 않은; 대강의

It's a **rough** road here, but it's worth driving.
여기는 거친 길이지만, 운전해 볼 만하다.

부 roughly 대충, 대략

0518 a number of

많은, 다수의, 얼마간의

There are **a number of** complaints about poor sanitation.
위생 상태가 좋지 않다는 많은 불만이 있다.

DAY 18

0519

internal

[íntə:rnl]

____nal

형 내부의; 체내의; 국내의

This issue is likely to be resolved through **internal** discussions.

이 문제는 내부 논의를 거쳐야 해결될 것 같다.

↔ external 외부의

0520

steep

[sti:p]

st____

형 가파른, 경사가 급한; 급격한

It's a **steep** mountain, so you have to be very careful.

그것은 가파른 산이니까, 너는 매우 조심해야 한다.

0521

shallow

[ʃǽlou]

____low

형 얕은, 알팍한

This kind of fish is caught in **shallow** water.

이런 종류의 물고기는 얕은 물에서 잡힌다.

↔ deep 깊은

0522

faint

[feint]

____t

형 희미한, 어렴풋한 동 기절하다

He could see a **faint** light from the opposite side.

그는 반대편에서 희미한 불빛을 볼 수 있었다.

0523

moderate

[mάdərət]

____rate

형 중간 정도의, 보통의; 적당한

I boiled it over **moderate** heat until the sugar dissolved.

나는 그것을 설탕이 녹을 때까지 중간 불에서 끓였다.

부 moderately 중간 정도로, 적당히

0524

flexible

[fléksəbl]

____ble

형 유연한; 융통성 있는

We finally invented a new material that's **flexible** and solid.   우리는 마침내 유연하고 견고한 신소재를 발명했다.

명 flexibility 융통성; 유연함

0525

vast

[væst]

v____

형 (범위·크기·양 등이) 광대(막대)한

The universe is **vast**, and there are a large number of galaxies.

우주는 광대하고, 수많은 은하들이 있다.

0526 scratch
[skrætʃ]

sc

동 긁다, 할퀴다 **명** 긁힌 자국

I think someone **scratched** my car last night and ran away.

어젯밤에 누가 내 차를 긁고 도망간 것 같다.

형 scratchy 가려운; 긁는 듯한 소리가 나는

0527 compact
[kəmpǽkt]

com

형 소형의, 간편한; 촘촘한

There are many parking discounts for **compact** cars.

소형차를 위한 주차 할인 혜택들이 많이 있다.

0528 symbolic
[simbálik]

sym

형 상징적인, 상징하는

Today's meeting has an historically **symbolic** meaning.

오늘의 회담은 역사적으로 상징적인 의미를 갖는다.

동 symbolize 상징하다

0529 glitter
[glítər]

gli

동 반짝이다, 번득이다 **명** 반짝거림

The gold and silver decorations in the palace **glittered**.

궁전의 금은 장식들이 반짝거렸다.

형 glittery 반짝반짝하는

0530 in place

제자리에, 적소에

Please put the toys back **in place** after playing with them.

장난감들을 가지고 논 다음에는 제자리에 놓아 주세요.

0531 fall off

(양·수가) 줄다; ~에서 떨어지다

The economic figures have continued to **fall off** for months.

경제 수치가 몇 개월 동안 계속 하락해 왔다.

0532 break down

고장 나다, 망가지다

The elevator **broke down**, so I walked up to the 15th floor.

엘리베이터가 고장 나서, 나는 15층까지 걸어 올라갔다.

0533 B as well as A

A뿐만 아니라 B도

This restaurant has the best atmosphere **as well as** great food. 이 식당은 훌륭한 음식뿐만 아니라 분위기도 최고이다.

≒ not only A but also B A뿐만 아니라 B도

| 0534 | **regardless of** | ~에 상관없이
Anyone can get a grant **regardless of** income.
누구나 소득에 상관없이 지원금을 받을 수 있다. | |

◤ Advanced

0535	**fragile** [frǽdʒəl] fra.	형 부서지기 쉬운, 손상되기 쉬운 Glass products are **fragile**, so be careful when shipping them. 유리 제품은 깨지기 쉬우므로, 배송 시 주의하시오.	비행기 짐을 실을 때 파손되기 쉬운 물품이 있다면 fragile tag(깨질 물품 표식)를 요청해요.
0536	**ultimate** [ʌ́ltəmit] mate	형 궁극적인, 최후의; 최상의 The design expresses **ultimate** beauty. 그 디자인은 궁극의 미를 표현한다.	부 ultimately 궁극적으로, 결국
0537	**fundamental** [fʌ̀ndəméntl] mental	형 근본적인; 기본적인 명 근본, 원칙 A **fundamental** error was found in the new program. 새로운 프로그램에서 근본적인 오류가 발견되었다.	
0538	**enormous** [inɔ́ːrməs] mous	형 막대한, 거대한 He is famous for having an **enormous** amount of money. 그는 막대한 돈을 가지고 있는 것으로 유명하다.	≒ huge 거대한, 막대한
0539	**monotonous** [mənátənəs] nous	형 단조로운, 변화 없는 As my **monotonous** daily life continues, it has become boring. 나의 단조로운 일상이 계속되면서, 그것이 지루해졌다.	
0540	**give off**	(소리·빛 등을) 발산하다, 내다 It seems that the sun **gives off** its strongest light at noon. 태양은 정오에 가장 강한 빛을 발산하는 것처럼 보인다.	≒ emit (빛·열·가스·소리 등을) 내다

Ⓐ 영어는 우리말로, 우리말은 영어로 쓰시오.

01	rapid		16	넓은; 광대한
02	brief		17	소형의, 간편한
03	mild		18	상징적인, 상징하는
04	monotonous		19	유연한; 융통성 있는
05	enormous		20	긁다; 긁힌 자국
06	glitter		21	힘든, 어려운; 억센
07	rough		22	안정된, 안정적인
08	fundamental		23	A뿐만 아니라 B도
09	internal		24	~에 상관없이
10	fall off		25	부서지기 쉬운
11	in place		26	궁극적인, 최후의
12	faint		27	많은, 다수의
13	moderate		28	가파른, 경사가 급한
14	break down		29	얕은, 얄팍한
15	vast		30	발산하다, 내다

DAY 18

Ⓑ 다음 표현을 우리말로 쓰시오.

01 a faint light

02 this tough time

03 mild symptoms

04 a steep mountain

05 regardless of income

C 빈칸에 알맞은 단어를 쓰시오.

01 _____ : rapidly   =   빠른 : 빠르게

02 narrow ↔ _____   =   좁은 ↔ 넓은

03 huge ≒ e_____   =   거대한, 막대한

04 _____ ↔ external   =   내부의 ↔ 외부의

05 _____ ↔ deep   =   얕은 ↔ 깊은

06 symbolize : _____   =   상징하다 : 상징적인

D 암기한 단어를 이용하여 다음 문장을 완성하시오.

01 안정될 때까지 보트에 타지 마십시오.

→ Do not get on the boat until it is _____.

02 여기는 거친 길이지만, 운전해 볼 만하다.

→ It's a _____ road here, but it's worth driving.

03 새로운 프로그램에서 근본적인 오류가 발견되었다.

→ A _____ error was found in the new program.

04 소형차를 위한 주차 할인 혜택들이 많이 있다.

→ There are many parking discounts for _____ cars.

05 엘리베이터가 고장 나서, 나는 15층까지 걸어 올라갔다.

→ The elevator _____ _____, so I walked up to the 15th floor.

    💬 break의 과거형은 불규칙 변화해요.

06 위생 상태가 좋지 않다는 많은 불만이 있다.

→ There are _____ _____ _____ complaints about poor sanitation.

Describing Condition

☑ 오늘은 상태 묘사 관련 단어를 집중해서 암기할 거예요.

surprising

be stuck in

PREVIEW 아는 단어에 체크해 보세요.   아는 단어 ▨▨▨ / 30개

0541	☐ likely		0556	☐ following
0542	☐ badly		0557	☐ moreover
0543	☐ quick		0558	☐ valid
0544	☐ useless		0559	☐ realistic
0545	☐ noise		0560	☐ obvious
0546	☐ closely		0561	☐ frequently
0547	☐ nearly		0562	☐ excess
0548	☐ recently		0563	☐ awesome
0549	☐ indeed		0564	☐ suitable
0550	☐ surprising		0565	☐ in case of
0551	☐ mostly		0566	☐ be stuck in
0552	☐ further		0567	☐ sparkle
0553	☐ opposite		0568	☐ incredible
0554	☐ sudden		0569	☐ genuine
0555	☐ exact		0570	☐ seldom

Voca Coach

0541 **likely**
[láikli]
____ly

형 ~할 것 같은; 그럴듯한
It would be better to go back because it is **likely** to rain.
비가 올 것 같으니 돌아가는 것이 좋겠다.

'~할 것 같다'라고 말할 때 be likely to V 구문을 많이 써요.

0542 **badly**
[bǽdli]
____ly

부 심하게, 몹시; 나쁘게, 안 좋게
The car was **badly** damaged, but no people were hurt.
차는 심하게 손상을 입었지만, 아무도 다치지 않았다.

형 bad 나쁜

0543 **quick**
[kwik]
____ck

형 빠른, 신속한; 순식간의
Would you send me a **quick** reply as soon as you review it?
검토하시는 대로 곧 빠른 답장을 보내 주시겠습니까?

부 quickly 빨리

0544 **useless**
[júːslis]
use____

형 소용없는; 쓸모없는
It is **useless** to memorize information without understanding it. 정보를 이해하지 않고 암기하는 것은 소용이 없다.

↔ useful 유용한, 쓸모 있는, 유익한

0545 **noise**
[nɔiz]
____se

명 소음, 잡음(노이즈)
I couldn't sleep because of the **noise** from upstairs.
나는 위층에서 나는 소음 때문에 잠을 잘 수가 없었다.

형 noisy 시끄러운

0546 **closely**
[klóusli]
____ly

부 밀접하게, 바싹; 자세히
Health is **closely** linked to people's lifestyles.
건강은 사람들의 생활 방식과 밀접하게 연관되어 있다.

형 close 가까운

0547 **nearly**
[níərli]
____ly

부 거의
Mr. Pitt has worked at the hotel for **nearly** thirty years.
Pitt 씨는 거의 30년 동안 호텔에서 일해 왔다.

0548 **recently**
[ríːsəntli]
____ly

부 최근에, 근래
I **recently** bought a bag from an online store.
나는 최근에 한 온라인 상점에서 가방을 샀다.

≒ lately 최근에

0549	**indeed** [indíːd] in	⬝ 정말, 대단히 **Indeed**, the residential environment in Seoul is getting worse. 정말, 서울의 주거 환경이 더 나빠지고 있다.	
0550	**surprising** [sərpráiziŋ] surp	⬝ 놀라운, 의외의 It is not **surprising** that the concert is sold out again. 그 콘서트가 또다시 매진되었다는 것은 놀랍지 않다.	⬝ surprised 놀란 어떤 것[상황] 자체가 놀라우면 surprising, 그것에 사람이 놀라면 surprised 를 써요.
0551	**mostly** [móustli] ly	⬝ 주로; 일반적으로 Luxury and big cars from that brand **mostly** sell in Korea. 저 브랜드의 고급 차와 대형차는 주로 한국에서 판매된다.	most ⬝ 대부분 ⬝ 대부분의
0552	**further** [fə́ːrðər] fur	⬝ 추가의, 더 이상의 ⬝ 더 멀리 If there are no **further** questions, I will finish today's lecture. 더 이상의 질문이 없으면, 오늘 강의를 끝마치겠습니다.	
0553	**opposite** [ápəzit] site	⬝ 반대편의, 맞은편의 It is also important to listen to **opposite** opinions. 반대 의견들을 듣는 것도 중요하다.	⬝ opposition 반대
0554	**sudden** [sʌ́dn] su	⬝ 갑작스러운, 급작스러운 Everyone in the hospital was shocked by her **sudden** death. 병원의 모든 사람이 그녀의 갑작스러운 사망에 충격을 받았다.	⬝ suddenly 갑자기
0555	**exact** [igzǽkt] ct	⬝ 정확한; 정밀한, 꼼꼼한 I can't remember the **exact** words that I said to him. 나는 내가 그에게 한 정확한 말이 기억나지 않는다.	⬝ exactly 정확히, 틀림없이 상대방의 말에 동의할 때, '맞아, 정확해!'라는 뜻으로 Exactly!라고 많이 써요.

DAY 19

| 0556 | **following** [fɑ́louiŋ] ☐☐☐ _____ing | 휑 그다음의, 다음에 나오는 阅 아래 Read the **following** message and call me back later. 다음 메시지를 읽고 나중에 내게 다시 전화해 줘. | 통 follow 따라가다; 잇다 |

| 0557 | **moreover** [mɔːróuvər] ☐☐☐ _____over | 悍 게다가, 더욱이 He's a genius composer; **moreover**, he's good at singing. 그는 천재 작곡가인데, 게다가, 노래도 잘한다. | ≒ furthermore 뿐만 아니라, 더욱이 |

| 0558 | **valid** [vǽlid] ☐☐☐ va_____ | 휑 유효한; 타당한, 정당한 These sales terms are **valid** until the end of the month. 이 판매 조건은 이번 달 말까지 유효하다. | ↔ invalid 효력 없는, 무효한; 근거 없는 |

| 0559 | **realistic** [rì(ː)əlístik] ☐☐☐ _____stic | 휑 현실적인, 실제적인; 현실성 있는 We came up with a **realistic** plan to support her. 우리는 그녀를 지원할 현실적인 계획을 생각해 냈다. | ↔ unrealistic 비현실적인, 비현실주의의 |

| 0560 | **obvious** [ɑ́bviəs] ☐☐☐ ob_____ | 휑 분명한, 명백한 It is **obvious** that the man is telling a lie now. 그 남자가 지금 거짓말을 하고 있는 것이 분명하다. | 悍 obviously 분명히, 확실히 |

| 0561 | **frequently** [fríːkwəntli] ☐☐☐ fre_____tly | 悍 자주, 빈번히 Firstly, I read the FAQ, **frequently** asked questions. 첫 번째로, 나는 자주 묻는 질문들인 FAQ를 읽었다. | 阅 frequency 빈도 |

| 0562 | **excess** [iksés] ☐☐☐ ex_____ | 阅 (정도를) 지나침, 과잉; 초과 In an **excess** of enthusiasm, he often works late. 열정이 지나쳐서, 그는 종종 늦게까지 일한다. | |

| 0563 | **awesome** [ɔ́ːsəm] ☐☐☐ _____some | 휑 어마어마한, 굉장한 It's **awesome** that the video has reached 1 million views. 그 영상이 백만 뷰에 도달했다니 어마어마하다. | |

0564 suitable
[súːtəbl]
able

⑱ 적합한, 적절한, 적당한
This program is not **suitable** for children to watch.
이 프로그램은 어린이가 보기에 적합하지 않다.

⑤ suit 맞다, 적합하다

0565 in case of

~의 경우에는
In case of emergency, please follow the instructions.
비상시에는, 지시를 따라 주십시오.

0566 be stuck in

~에 갇히다, 꼼짝 못하다
We have **been stuck in** a traffic jam because of the snow.
우리는 눈 때문에 교통 체증에 갇혀 있었다.

◣ Advanced

0567 sparkle
[spáːrkl]
kle

⑤ 반짝이다; 생기[활기]가 넘치다
The children's eyes **sparkled** with curiosity in class.
아이들의 눈이 수업 중에 호기심으로 반짝였다.

⑱ sparkling 반짝거리는; 탄산이 든

0568 incredible
[inkrédəbl]
dible

⑱ 믿을 수 없는; 믿기 어려운, 놀라운
There are many **incredible** stories all over the world.
전 세계에 믿을 수 없는 이야기들이 많이 있다.

≒ unbelievable 믿을 수 없는

0569 genuine
[dʒénjuin]
ge

⑱ 진품의, 진짜의; 진실된
All products sold on our site are **genuine**.
저희 사이트에서 판매되는 모든 제품은 진품입니다.

≒ authentic 진품의

0570 seldom
[séldəm]
sel

⑭ 거의(좀처럼) ~하지 않다
I **seldom** drink coffee in the evening so that I can sleep well. 나는 잠을 잘 자기 위해 저녁에는 거의 커피를 마시지 않는다.

≒ rarely 거의(좀처럼) ~ 않다
≒ hardly 거의 ~ 않다

DAY 19

Ⓐ 영어는 우리말로, 우리말은 영어로 쓰시오.

01	likely		16	정확한; 정밀한
02	moreover		17	심하게, 몹시; 나쁘게
03	quick		18	유효한; 타당한
04	following		19	현실적인, 실제적인
05	noise		20	분명한, 명백한
06	closely		21	소용없는; 쓸모없는
07	nearly		22	지나침, 과잉; 초과
08	recently		23	어마어마한, 굉장한
09	frequently		24	적합한, 적절한
10	surprising		25	~의 경우에는
11	mostly		26	~에 갇히다
12	further		27	반짝이다
13	genuine		28	정말, 대단히
14	seldom		29	반대편의, 맞은편의
15	incredible		30	갑작스러운

Ⓑ 다음 표현을 우리말로 쓰시오.

01 closely linked

02 badly damaged

03 opposite opinions

04 for nearly thirty years

05 frequently asked questions

ⓒ 빈칸에 알맞은 단어를 쓰시오.

01 r_____ ≒ lately = 최근에

02 useful ↔ _____ = 쓸모 있는 ↔ 쓸모없는

03 _____ : surprised = 놀라운 : 놀란

04 follow : _____ = 따라가다 : 그다음의

05 _____ ↔ unrealistic = 현실적인 ↔ 비현실적인

06 rarely ≒ s_____ = 거의 ~하지 않다

ⓓ 암기한 단어를 이용하여 다음 문장을 완성하시오.

01 그 남자가 지금 거짓말을 하고 있는 것이 분명하다.

→ It is _____ that the man is telling a lie now.

02 나는 위층에서 나는 소음 때문에 잠을 잘 수가 없었다.

→ I couldn't sleep because of the _____ from upstairs.

03 이 판매 조건은 이번 달 말까지 유효하다.

→ These sales terms are _____ until the end of the month.

04 비가 올 것 같으니 돌아가는 것이 좋겠다.

→ It would be better to go back because it is _____ to rain.

😮 be likely to V는 '~할 것 같다'라는 뜻으로 많이 쓰여요.

05 더 이상의 질문이 없으면, 오늘 강의를 끝마치겠습니다.

→ If there are no _____ questions, I will finish today's lecture.

06 비상시에는, 지시를 따라 주십시오.

→ _____ _____ _____ emergency, please follow

the instructions.

😮 문장 맨 앞 글자는 대문자로 써요.

Sports & Special Events

☑ 오늘은 스포츠와 특별 행사 관련 단어를 집중해서 암기할 거예요.

foul

thrilling

0571 ☐ regular		0586 ☐ extreme
0572 ☐ unusual		0587 ☐ fortunately
0573 ☐ unfair		0588 ☐ organize
0574 ☐ rank		0589 ☐ memorable
0575 ☐ cultural		0590 ☐ athletic
0576 ☐ difficulty		0591 ☐ festive
0577 ☐ steady		0592 ☐ motion
0578 ☐ get together		0593 ☐ thrilling
0579 ☐ compete		0594 ☐ take part in
0580 ☐ professional		0595 ☐ as ~ as possible
0581 ☐ league		0596 ☐ applaud
0582 ☐ amateur		0597 ☐ tournament
0583 ☐ penalty		0598 ☐ pastime
0584 ☐ foul		0599 ☐ mound
0585 ☐ outstanding		0600 ☐ opponent

◤ Basic

0571 **regular**

[régjələr]

▣ 정기적인, 규칙적인

Develop a habit of doing
regular exercise.

규칙적인 운동을 하는 습관을 길러라.

lar

↔ irregular 비정기적인,
불규칙적인

0572 **unusual**

[ʌnjúːʒuəl]

▣ 흔치 않은, 드문; 색다른

It was an **unusual** opportunity,
so I was happy to attend the
event. 그것은 흔치 않은 기회였기에, 나는
그 행사에 참석하게 되어 기뻤다.

un

↔ usual 보통의, 대개의

0573 **unfair**

[ʌnfɛ́ər]

▣ 부당한, 불공평한

The player complained about
the **unfair** judgment.

그 선수는 불공정한 판정에 대해 항의했다.

un

↔ fair 공정한

0574 **rank**

[ræŋk]

▣ 순위를 매기다 ▣ 계급, 등급

The tennis player wasn't even
ranked in the world's top ten.

그 테니스 선수는 세계 10위권 순위에도 들지
못했다.

k

▣ ranking 순위

0575 **cultural**

[kʌ́ltʃərəl]

▣ 문화의, 문화적인

Cultural differences do not
matter in sports.

문화적 차이는 스포츠에서 중요하지 않다.

ral

▣ culture 문화

0576 **difficulty**

[dífəkʌ̀lti]

▣ 어려움, 곤경, 장애

The skater overcame various
difficulties.

그 스케이터는 여러 가지 어려움을 극복했다.

culty

▣ difficult 어려운

0577 **steady**

[stédi]

▣ 꾸준한, 변함없는

The best players always say
that a **steady** effort is important.

최고의 선수들은 항상 꾸준한 노력이 중요하다
고 말한다.

dy

0578 **get together**

모으다, 모이다, 합치다

Every week, our team **gets
together** to practice.

매주, 우리 팀은 연습하기 위해 모인다.

0579	**compete** [kəmpíːt] com	통 경쟁하다, 겨루다 I'm just happy to **compete** with other great players. 나는 다른 우수한 선수들과 경쟁하게 되어 기쁠 뿐이다.	명 competition 경쟁, 시합
0580	**professional** [prəféʃənəl] profe	형 전문적인, 전문가의 명 프로, 전문가 He trained at the level of a **professional** athlete. 그는 전문적인 운동선수 수준으로 훈련했다.	명 profession 직업
0581	**league** [liːg] lea	명 (스포츠) 리그, 연맹 The English Premier **League** is loved by lots of fans. 영국 프리미어 리그는 많은 팬에게 사랑받고 있다.	
0582	**amateur** [ǽmətʃùər] ama	명 아마추어, 비전문가 형 비전문가의 This competition is open to both **amateurs** and professionals. 이 시합은 아마추어와 프로 둘 다에게 열려 있다.	↔ professional 전문가; 전문가의
0583	**penalty** [pénəlti] pe ty	명 (스포츠 경기에서) 벌칙; 처벌, 형벌 The player received a **penalty** for fouling his opponent. 그 선수는 상대방에게 파울을 범해서 벌칙을 받았다.	≒ punishment 벌, 형벌, 처벌
0584	**foul** [faul] f	동 반칙하다, 파울을 범하다 명 반칙 The player got **fouled**, so the game stopped for a moment. 그 선수가 반칙을 당했기 때문에, 경기가 잠시 멈췄다.	
0585	**outstanding** [àutstǽndiŋ] out ing	형 뛰어난, 두드러진 She is the most **outstanding** player I've ever seen. 그녀는 내가 여태껏 본 가장 뛰어난 선수이다.	

0586 extreme
[ikstríːm]
ex
형 극도의, 극심한
I'll try **extreme** sports such as skydiving and rock climbing.
나는 스카이다이빙과 암벽 등반 같은 익스트림 스포츠를 해 볼 것이다.

extreme sports는 보통 영어 그대로 '익스트림 스포츠'라고 해요.

0587 fortunately
[fɔ́ːrtʃənitli]
for
부 다행히도, 운 좋게도
Fortunately, the injury he got during the game wasn't severe.
다행히도, 그가 그 경기에서 입은 부상은 심하지 않았다.

↔ unfortunately 불행히도

0588 organize
[ɔ́ːrgənàiz]
nize
동 조직하다; 정리하다, 체계화하다
They **organized** a big sporting event.
그들은 큰 스포츠 행사를 조직했다.

명 organization 조직, 단체, 기구

0589 memorable
[mémərəbl]
rable
형 기억할 만한, 기억에 남는
Today is a **memorable** day thanks to the new world record.
오늘은 세계 신기록 덕분에 기억할 만한 날이다.

≒ unforgettable 잊지 못할

0590 athletic
[æθlétik]
ath
형 운동의; 탄탄한
I was surprised that he has such excellent **athletic** ability.
나는 그가 그렇게 뛰어난 운동 능력을 갖고 있어서 놀랐다.

명 athlete 운동선수, 육상선수

0591 festive
[féstiv]
fes
형 축제의, 기념하는, 축하하는
The whole country is in a **festive** mood due to the news.
온 나라가 그 뉴스로 인해 축제 분위기이다.

명 festival 축제

0592 motion
[móuʃən]
mo
명 움직임, 운동; 동작, 몸짓
Let's watch this scene again in slow **motion**.
느린 움직임으로 이 장면을 다시 보자.

0593 thrilling
[θríliŋ]
ing
형 아주 신나는, 흥분되는, 황홀한
It is **thrilling** to ride a roller coaster at the amusement park.
놀이공원에서 롤러코스터를 타는 것은 아주 신난다.

thrill 동 열광시키다 명 황홀감, 전율, 흥분

DAY 20

0594 take part in

~에 참가하다, ~에 참여하다
The players left for Paris to **take part in** the Olympics.
그 선수들은 올림픽에 참가하기 위해 파리로 떠났다.

≒ participate in ~에 참가하다

0595 as ~ as possible

될 수 있는 대로 ~하게, 가급적 ~하게
I'll run **as** fast **as possible** because this is the last game.
이번이 마지막 경기이기 때문에 나는 될 수 있는 한 빨리 뛸 것이다.

◤ Advanced

0596 applaud
[əplɔ́ːd]
app⬚⬚⬚⬚

통 박수를 치다, 갈채를 보내다
After the game, all the spectators stood up and **applauded**. 경기가 끝난 후, 모든 관중이 일어서서 박수를 보냈다.

명 applause 박수(갈채)

0597 tournament
[túərnəmənt]
⬚⬚⬚⬚ment

명 토너먼트, 승자 진출전
Twenty teams will play in the **tournament**.
20개 팀이 토너먼트에 출전할 것이다.

0598 pastime
[pǽstàim]
pas⬚⬚⬚

명 취미, 오락
Climbing has become a **pastime** for people of all ages these days. 등산은 요즘 모든 연령대의 사람들에게 취미가 되었다.

≒ hobby 취미

0599 mound
[maund]
⬚⬚⬚nd

명 (투수의) 마운드; 흙더미, 언덕
The pitcher took the **mound** during the last inning.
투수가 마지막 회에 마운드에 섰다.

0600 opponent
[əpóunənt]
oppo⬚⬚⬚

명 상대, 적수, 반대자
Don't ignore your **opponent** just because you won the game. 단지 경기를 이겼다고 해서 상대를 무시하지 마라.

형 opposite 반대의

A 영어는 우리말로, 우리말은 영어로 쓰시오.

01	athletic		16	극도의, 극심한
02	unusual		17	부당한, 불공평한
03	fortunately		18	조직하다; 정리하다
04	rank		19	기억할 만한
05	regular		20	문화의, 문화적인
06	opponent		21	축제의, 기념하는
07	mound		22	움직임, 운동; 동작
08	get together		23	어려움, 곤경, 장애
09	pastime		24	~에 참가하다
10	professional		25	가급적 ~하게
11	league		26	박수를 치다
12	thrilling		27	꾸준한, 변함없는
13	penalty		28	경쟁하다, 겨루다
14	foul		29	아마추어; 비전문가의
15	tournament		30	뛰어난, 두드러진

B 다음 표현을 우리말로 쓰시오.

01 slow motion

02 a festive mood

03 regular exercise

04 a memorable day

05 the unfair judgment

⊙ 빈칸에 알맞은 단어를 쓰시오.

01 _____ : athlete   =   운동의 : 운동선수

02 usual ↔ _____   =   보통의 ↔ 흔치 않은

03 _____ : competition   =   경쟁하다 : 경쟁, 시합

04 culture : _____   =   문화 : 문화의

05 _____ ↔ professional   =   아마추어, 비전문가 ↔ 전문가

06 hobby ≒ p_____   =   취미

⊙ 암기한 단어를 이용하여 다음 문장을 완성하시오.

01 그 스케이터는 여러 가지 어려움을 극복했다.

→ The skater overcame various _____.

💬👤 복수형으로 써요. 〈자음+-y〉로 끝나서 y를 i로 고치고 -es를 붙여요.

02 그녀는 내가 여태껏 본 가장 뛰어난 선수이다.

→ She is the most _____ player I've ever seen.

03 매주, 우리 팀은 연습하기 위해 모인다.

→ Every week, our team _____ _____ to practice.

💬👤 주어가 3인칭 단수이므로 동사에 -s를 붙여 써요.

04 그 선수는 상대방에게 파울을 범해서 벌칙을 받았다.

→ The player received a _____ for fouling his opponent.

05 최고의 선수들은 항상 꾸준한 노력이 중요하다고 말한다.

→ The best players always say that a _____ effort is important.

06 그 선수들은 올림픽에 참가하기 위해 파리로 떠났다.

→ The players left for Paris to _____ _____ _____

the Olympics.

A 영어를 우리말로 쓰시오.

01	passion		11	guarantee
02	advertise		12	conclude
03	stable		13	awesome
04	philosophy		14	moderate
05	excess		15	expose
06	athletic		16	extreme
07	conference		17	by chance
08	valid		18	glitter
09	applaud		19	steady
10	ultimate		20	further

B 우리말을 영어로 쓰시오.

01	논리; 타당성		11	희미한; 기절하다
02	얕은, 얄팍한		12	통찰력, 간파
03	합계; 금액		13	기억할 만한
04	부서지기 쉬운		14	결정, 판단; 결단력
05	이론, 학설		15	소형의, 간편한
06	소용없는; 쓸모없는		16	학자; 장학생
07	정기적인, 규칙적인		17	반대편의, 맞은편의
08	수집품, 소장품		18	시설; 기능
09	조직하다; 정리하다		19	뛰어난, 두드러진
10	진품의, 진짜의		20	축제의, 기념하는

C 다음 표현을 우리말로 쓰시오.

01 flexible and solid　　　　　　　　　---

02 purchase a product　　　　　　　　---

03 in case of emergency　　　　　　　---

04 the essence of learning　　　　　　---

05 read the following message　　　　---

06 complain about the unfair judgment　---

D 암기한 단어를 이용하여 다음 문장을 완성하시오.

01 시장에서 가격의 원리는 사실 단순하다.

→ The _____ of price in the market is actually simple.

02 Pitt 씨는 거의 30년 동안 호텔에서 일해 왔다.

→ Mr. Pitt has worked at the hotel for _____ thirty years.

03 단지 경기를 이겼다고 해서 상대를 무시하지 마라.

→ Don't ignore your _____ just because you won the game.

04 이 문제는 내부 논의를 거쳐야 해결될 것 같다.

→ This issue is likely to be resolved through _____ discussions.

05 평균적으로, 사람들은 오프라인보다는 온라인 쇼핑을 더 많이 한다.

→ _____ _____, people do more online shopping than offline.

💬🧑 문장 맨 앞 글자는 대문자로 써요.

06 수학에 관해서라면, 나는 누구보다 더 자신이 있다.

→ _____ _____ _____ _____ math, I am more confident than anyone.

💬🧑 when으로 시작하는 표현으로, 문장 맨 앞 글자는 대문자로 써요.

Travel

☑ 오늘은 여행 관련 단어를 집중해서 암기할 거예요.

lighthouse

cruise

PREVIEW 아는 단어에 체크해 보세요.　　　　　　　　　　　　　아는 단어 ▨▨▨ / 30개

0601 ☐ overseas		0616 ☐ vehicle
0602 ☐ platform		0617 ☐ stranger
0603 ☐ harbor		0618 ☐ cruise
0604 ☐ cabin		0619 ☐ navigate
0605 ☐ locate		0620 ☐ transit
0606 ☐ during		0621 ☐ excitement
0607 ☐ check out		0622 ☐ aircraft
0608 ☐ by oneself		0623 ☐ in advance
0609 ☐ direction		0624 ☐ put off
0610 ☐ opportunity		0625 ☐ run across
0611 ☐ underground		0626 ☐ remarkable
0612 ☐ voyage		0627 ☐ spectacle
0613 ☐ lighthouse		0628 ☐ recreation
0614 ☐ convey		0629 ☐ attraction
0615 ☐ carnival		0630 ☐ set off

0601	**overseas** [óuvərsíːz] seas	형 해외의, 외국의 부 해외에, 외국에 It was my first **overseas** trip to Europe. 그것이 나의 첫 번째 유럽 해외여행이었다.	부 [òuvərsíːz] ≒ abroad 해외로, 해외에(서)
0602	**platform** [plǽtfɔːrm] form	명 승강장, 플랫폼; 강단 I want to visit Harry Potter's train **platform** in London. 나는 런던에 있는 해리포터의 기차 승강장을 가 보고 싶다.	
0603	**harbor** [háːrbər] har	명 항구, 항만; 피난처 The hotel is famous for its beautiful **harbor** views. 그 호텔은 아름다운 항구 전망으로 유명하다.	≒ port 항구 harbor가 좀 더 일반적인 개념의 항구이고, port는 짐이나 승객을 실어나르는 상업 항구를 말해요.
0604	**cabin** [kǽbin] ca	명 (배·비행기의) 선실, 객실; 오두막 There are a window cabin and an aisle **cabin** in this ship. 이 배에는 창가 쪽 선실과 복도 쪽 선실이 있다.	
0605	**locate** [lóukeit] lo	동 (어떤 장소에) 두다; 위치를 찾다 The countries are **located** in the northern part of Europe. 그 나라들은 유럽의 북부에 위치해 있다.	'~에 위치해 있다'라고 할 때 be located in을 많이 써요. 명 location 위치, 장소
0606	**during** [djúəriŋ] du	전 ~ 동안, ~ 내내, ~하는 중에 What countries did you visit **during** the trip? 너는 여행하는 동안 어떤 나라들을 방문했니?	
0607	**check out** 	(호텔에서) 체크아웃하다; 확인하다 We have to **check out** by 11 a.m. tomorrow. 우리는 내일 오전 11시까지 체크아웃해야 한다.	
0608	**by oneself** 	홀로, 혼자, 혼자 힘으로 I went on a trip **by myself** for the first time. 나는 처음으로 나 홀로 여행을 갔다.	≒ alone 홀로, 혼자 alone은 조금 '외로운' 느낌이 있는 어휘예요.

0609 ☐☐☐	**direction** [dirékʃən] ———— tion	뗑 방향; 목표; 지휘 I had to go left but I went in the opposite **direction**. 나는 왼쪽으로 가야 했는데 반대 방향으로 갔다.

〈방향을 나타내는 어휘〉
• right 오른쪽(의)
• left 왼쪽(의)
• straight 곧장
• opposite 반대편의

0610 ☐☐☐	**opportunity** [àpərtʃúːnəti] ———— tunity	뗑 기회 I had the **opportunity** to travel to South America this year. 나는 올해 남미 여행을 할 기회가 있었다.

≒ chance 기회

0611 ☐☐☐	**underground** [ʌ́ndərgràund] under —————	톙 지하의 閉 지하에 You can go to the hotel through an **underground** passage. 그 호텔까지 지하 통로를 통해 갈 수 있다.

閉 [ʌ̀ndərgráund]
영국에서는 지하철을 underground라고 해요.

0612 ☐☐☐	**voyage** [vɔ́iidʒ] ———— ge	뗑 항해(바다·우주로의 긴 여행), 여행 The **voyage** from Europe to America was quiet and beautiful. 유럽에서 미국으로의 항해는 조용하고 아름다웠다.

0613 ☐☐☐	**lighthouse** [láithàus] ———— house	뗑 등대 Many people come to see the red **lighthouse** over there. 많은 사람이 저기 있는 빨간색 등대를 보러 온다.

0614 ☐☐☐	**convey** [kənvéi] con —————	동 (물건·승객 등을) 나르다; 전달하다 This ship used to **convey** people from Africa to Europe every week. 이 배는 매주 아프리카에서 유럽으로 사람들을 실어나르곤 했다.

물건을 운반하는 띠 모양의 장치를 conveyor belt 라고 해요.

0615 ☐☐☐	**carnival** [káːrnəvəl] ———— val	뗑 축제, 카니발 I participated in the **carnival** during my stay in Brazil. 나는 브라질에 머무는 동안 축제에 참가했다.

0616 vehicle
[víːikl]
cle

명 차량, 탈것, 운송 수단
Make sure you have insurance when renting a **vehicle**.
차량을 임대할 때는 반드시 보험에 가입해라.

0617 stranger
[stréindʒər]
ger

명 낯선 사람, 처음 온 사람
You should be careful of **strangers** when you travel.
여행할 때는 낯선 사람들을 조심해야 한다.

I'm a stranger.라고 하면 '여기가 처음이에요.(그래서 이곳을 잘 몰라요.)'라는 뜻이에요.

0618 cruise
[kruːz]
se

명 유람선 여행 동 유람선을 타고 다니다
My dream is to go on a **cruise** to Europe after my retirement.
내 꿈은 은퇴 후 유럽으로 유람선 여행을 가는 것이다.

0619 navigate
[nǽvəgèit]
gate

동 길을 찾다; 항해하다
Your phone can help you **navigate** through unfamiliar streets. 당신의 전화가 당신이 낯선 길에서 길을 찾게 도와줄 수 있다.

명 navigation 항해, 운항; 내비게이션

0620 transit
[trǽnsit]
sit

명 경유, 환승; 수송
There are tours for **transit** passengers at Singapore's airport. 싱가포르의 공항에는 경유 승객들을 위한 투어들이 있다.

명 transition (다른 상태로의) 이행

0621 excitement
[iksáitmənt]
ment

명 흥분, 신남
My heart pounded with **excitement** at the thought of traveling. 여행을 간다는 생각에 흥분으로 가슴이 두근거렸다.

형 excited 흥분한, 신이 난, 들뜬
형 exciting 흥미진진한, 신나는

0622 aircraft
[ɛ́ərkræft]
air

명 항공기
The **aircraft** rose higher and higher and flew above the clouds. 그 항공기는 점점 더 높이 올라가 구름 위로 날았다.

0623 in advance

미리, 사전에
It's convenient to have the train tickets booked **in advance**.
미리 기차표를 예매해 두는 것이 편리하다.

0624	**put off**	미루다, 연기하다	≒ postpone 미루다, 연
		The departure time was **put off**	기하다
		due to a strong typhoon.	
		강력한 태풍 때문에 출발 시각이 미뤄졌다.	

0625	**run across**	~을 우연히 마주치다
		I **ran across** my high school
		friend while traveling in France.
		나는 프랑스를 여행하다가 내 고등학교 친구를
		우연히 만났다.

◼ Advanced

0626	**remarkable**	형 놀랄 만한, 주목할 만한	동 remark 주의[주목]하
	[rimá:rkəbl]	The city had a **remarkable**	다; 발언하다
	able	change over the years.	
		그 도시는 수년간 놀랄 만한 변화를 겪었다.	

0627	**spectacle**	명 (인상적인) 광경; 구경거리	형 spectacular 장관을
	[spéktəkl]	The sunrise was an impressive	이루는, 극적인
	tacle	**spectacle**.	
		그 일출은 인상적인 광경이었다.	

0628	**recreation**	명 휴양, 레크리에이션, 오락
	[rèkriéiʃən]	The island is famous for its
	tion	**recreation** area for
		honeymoons.
		그 섬은 신혼여행을 위한 휴양지로 유명하다.

0629	**attraction**	명 명소, 명물; 매력(적인 요소)	형 attractive 매력적인
	[ətrǽkʃən]	The L Tower became a new	
	rac	tourist **attraction** in Korea.	
		엘 타워는 한국의 새로운 관광 명소가 되었다.	

0630	**set off**	출발하다
		We **set off** for Hollywood just
		after ten.
		우리는 10시가 막 넘었을 때 할리우드로 출발
		했다.

A 영어는 우리말로, 우리말은 영어로 쓰시오.

01	aircraft		16	항해, 여행
02	platform		17	나르다; 전달하다
03	cruise		18	해외의; 해외에
04	cabin		19	길을 찾다; 항해하다
05	locate		20	경유, 환승; 수송
06	attraction		21	흥분, 신남
07	check out		22	항구, 항만; 피난처
08	by oneself		23	미리, 사전에
09	spectacle		24	~ 동안, ~ 내내
10	opportunity		25	~을 우연히 마주치다
11	underground		26	놀랄 만한
12	set off		27	방향; 목표; 지휘
13	lighthouse		28	휴양, 레크리에이션
14	put off		29	차량, 탈것, 운송 수단
15	carnival		30	낯선 사람

B 다음 표현을 우리말로 쓰시오.

01 an aisle cabin

02 during the trip

03 my first overseas trip

04 the opposite direction

05 an underground passage

C 빈칸에 알맞은 단어를 쓰시오.

01 h_____ ≒ port = 항구

02 excited : _____ = 흥분한, 신이 난 : 흥분, 신남

03 _____ : location = 위치를 찾다 : 위치, 장소

04 _____ : navigation = 항해하다 : 항해, 운항

05 postpone ≒ put _____ = 미루다, 연기하다

06 chance ≒ o_____ = 기회

D 암기한 단어를 이용하여 다음 문장을 완성하시오.

01 그 일출은 인상적인 광경이었다.

→ The sunrise was an impressive _____.

02 여행할 때는 낯선 사람들을 조심해야 한다.

→ You should be careful of _____s when you travel.

03 우리는 내일 오전 11시까지 체크아웃해야 한다.

→ We have to _____ _____ by 11 a.m. tomorrow.

04 차량을 임대할 때는 반드시 보험에 가입해라.

→ Make sure you have insurance when renting a _____.

05 이 배는 매주 아프리카에서 유럽으로 사람들을 실어나르곤 했다.

→ This ship used to _____ people from Africa to Europe every week.

06 나는 프랑스를 여행하다가 내 고등학교 친구를 우연히 만났다.

→ I _____ _____ my high school friend while traveling in France.

run으로 시작하는 표현으로, '만났다'이므로 동사를 과거형으로 써야 해요.

Art & Culture

☑ 오늘은 예술과 문화 관련 단어를 집중해서 암기할 거예요.

conduct

sculpture

PREVIEW 아는 단어에 체크해 보세요.　　　　　　　　아는 단어 [   ] / 30개

0631 ☐ theme		0646 ☐ dramatic
0632 ☐ title		0647 ☐ interval
0633 ☐ play		0648 ☐ rehearse
0634 ☐ tone		0649 ☐ sculpture
0635 ☐ genius		0650 ☐ exhibition
0636 ☐ grand		0651 ☐ climax
0637 ☐ recent		0652 ☐ genre
0638 ☐ creation		0653 ☐ recite
0639 ☐ decoration		0654 ☐ carve
0640 ☐ noble		0655 ☐ be used to
0641 ☐ conduct		0656 ☐ look back on
0642 ☐ tune		0657 ☐ distinct
0643 ☐ masterpiece		0658 ☐ exclaim
0644 ☐ compose		0659 ☐ abstract
0645 ☐ imitate		0660 ☐ flourish

Basic

| 0631 | **theme** [θiːm] | 몡 주제, 테마
 The **theme** of the artist's exhibition is freedom.
 그 화가의 전시회 주제는 자유이다. | ≒ subject 주제 |

| 0632 | **title** [táitl] | 몡 제목, 표제 동 제목을 붙이다
 What is the **title** of Munch's most famous painting?
 뭉크의 가장 유명한 그림의 제목이 뭐지? | ≒ entitle 제목을 붙이다 |

| 0633 | **play** [plei] | 몡 연극, 희곡 동 연기하다; 연주하다
 This **play** is about an event that actually happened in Chicago.
 이 연극은 시카고에서 실제로 일어난 사건에 관한 것이다. | |

| 0634 | **tone** [toun] | 몡 음색; 어조; 분위기
 She produced a rich, deep **tone** from her cello.
 그녀는 자신의 첼로에서 풍부하고 깊은 음색을 만들어 냈다. | |

| 0635 | **genius** [dʒíːnjəs] | 몡 천재성; 재능; 천재
 Mozart showed **genius** even at the age of six.
 모차르트는 불과 6살에 천재성을 보여 주었다. | |

| 0636 | **grand** [grænd] | 형 웅장한, 원대한
 That painting in the art gallery is **grand** and beautiful.
 미술관의 저 그림은 웅장하고 아름답다. | grand prix 그랑프리, 최고상 |

| 0637 | **recent** [ríːsənt] | 형 최근의, 새로운
 In **recent** years, street art has begun to attract attention.
 최근 몇 년 동안, 거리 예술이 주목을 끌기 시작했다. | 뷔 recently 최근에 |

| 0638 | **creation** [kriéiʃən] | 몡 창작품; 창조, 창작, 창출
 He made various **creations** with glass throughout his life.
 그는 일생 동안 유리로 다양한 창작품들을 만들었다. | 동 create 창조하다, 창작하다, 창출하다 |

| 0639 | decoration [dèkəréiʃən] deco | 명 장식; 장식품 The colorful **decorations** of the Rococo-style caught the eye. 로코코 양식의 색이 화려한 장식들이 눈길을 끌었다. | 동 decorate 장식하다, 꾸미다 |

| 0640 | noble [nóubl] no | 형 고귀한; 웅장한; 귀족의 The last waltz he composed is really **noble**. 그가 작곡한 마지막 왈츠는 정말 고귀하다. | 명 noblesse 귀족; 고귀한 신분 |

| 0641 | conduct [kəndʌ́kt] con | 동 지휘하다; 행동하다 명 지휘; 행동 The German maestro **conducts** the orchestra this season. 이번 시즌에는 독일의 명지휘자가 그 오케스트라를 지휘한다. | 명 [kándʌkt] 명 conductor 지휘자 |

| 0642 | tune [tju:n] t | 명 선율, 곡조 동 조율하다 The **tune** of the violin and piano concerto is so beautiful. 바이올린과 피아노 협주곡의 선율이 정말로 아름답다. | 명 tuning 조율 |

| 0643 | masterpiece [mǽstərpì:s] piece | 명 걸작, 명작 The painting is considered the greatest **masterpiece** of all. 그 그림은 가장 위대한 걸작으로 여겨진다. | |

| 0644 | compose [kəmpóuz] com | 동 작곡하다; 작문하다; 구성하다 The musician **composed** a masterpiece despite the deafness. 그 음악가는 귀가 안 들림에도 불구하고 걸작을 작곡했다. | 명 composition 작곡, 작성; 구성 |

| 0645 | imitate [ímitèit] imi | 동 모방하다; 모조하다, 모사하다 No matter how hard he tried, it was hard for him to **imitate** the original. 그가 아무리 열심히 노력해도, 원본을 모방하기는 어려웠다. | 명 imitation 모방; 모조품 |

0646 dramatic

[drəmǽtik]

dra

형 극적인, 드라마틱한

I enjoy listening to **dramatic** music written by Italian composers. 나는 이탈리아 작곡가들이 쓴 극적인 음악을 즐겨 듣는다.

부 dramatically 극적으로, 희곡적으로

0647 interval

[íntərvəl]

val

명 (연극·연주 등의) 휴식 시간; 간격

There will be an **interval** of 20 minutes between acts. 막간에 20분의 휴식 시간이 있을 것이다.

0648 rehearse

[rihə́:rs]

re se

동 리허설을 하다, 예행연습을 하다

We **rehearsed** ahead of our first performance tomorrow. 우리는 내일 첫 공연을 앞두고 리허설을 했다.

명 rehearsal 리허설, 예행연습

0649 sculpture

[skʌ́lptʃər]

ture

명 조각품; 조각, 조소

The museum collected only the best **sculptures** in the world. 그 박물관은 세계 최고의 조각품들만을 모아 놓았다.

0650 exhibition

[èksəbíʃən]

tion

명 전시회, 전시

I have been to the **exhibition** of Danish painting. 나는 덴마크 회화 전시회에 다녀왔다.

동 exhibit 전시하다

0651 climax

[kláimæks]

cli

명 클라이맥스, 절정

I couldn't take my eyes off the **climax** of the opera. 나는 그 오페라의 클라이맥스에서 눈을 뗄 수가 없었다.

0652 genre

[ʒáːŋrə]

re

명 장르, 유형, 양식

She created a new film **genre** which we had never seen before. 그녀는 우리가 전에 보지 못했던 새로운 영화 장르를 창조해 냈다.

0653 recite

[risáit]

re

동 암송하다, 낭독하다

There is a scene where the actor **recites** a poem. 배우가 시를 암송하는 장면이 있다.

명 recital 낭송; 연주회

0654 carve
[kɑːrv]

[통] 조각하다, 깎아서 만들다; 새기다
The sculptor has **carved** the stone for 10 years for the work.
그 조각가는 그 작품을 위해 10년 동안 그 돌을 조각해 왔다.

0655 be used to

~에 익숙하다
It was difficult at first, but now I **am used to** this culture.
처음에는 어려웠지만, 이제 나는 이런 문화에 익숙하다.

to 뒤에는 명사가 와요. 그래서 동사를 쓸 때는 V-ing 형태로 써요.

0656 look back on

~을 되돌아보다(회상하다)
Looking back on that time, it was golden age of the culture.
그때를 돌이켜보면, 그때가 문화의 황금기였다.

[명] lookback 회고, 되돌아보는 것

◥ Advanced

0657 distinct
[distíŋkt]
dis

[형] 뚜렷한, 뚜렷이 다른
The two cultures are **distinct** from each other.
그 두 문화는 서로 뚜렷이 다르다.

≒ different 다른
[통] distinguish 구별하다

0658 exclaim
[ikskléim]
ex

[통] (감탄하여) 외치다, 소리치다
The technique of the violinist made all the people **exclaim**.
그 바이올린 연주자의 기술이 모든 사람의 탄성을 자아내게 했다.

0659 abstract
[æbstrǽkt]
abs

[형] 추상적인, 관념적인 [명] 추상화
I saw **abstract** art at that exhibition.
나는 그 전시회에서 추상 미술을 보았다.

[명] [ǽbstrækt]
↔ concrete 사실에 의거한, 구체적인

0660 flourish
[flə́ːriʃ]
rish

[통] 번성하다, 번창하다
Culture and art **flourished** in the Renaissance era.
문화와 예술이 르네상스 시대에 번성했다.

Ⓐ 영어는 우리말로, 우리말은 영어로 쓰시오.

01	carve		16	주제, 테마	
02	title		17	휴식 시간; 간격	
03	play		18	리허설을 하다	
04	sculpture		19	음색; 어조; 분위기	
05	genius		20	극적인, 드라마틱한	
06	grand		21	클라이맥스, 절정	
07	exhibition		22	장르, 유형, 양식	
08	creation		23	암송하다, 낭독하다	
09	decoration		24	최근의, 새로운	
10	noble		25	~에 익숙하다	
11	abstract		26	~을 되돌아보다	
12	tune		27	뚜렷한, 뚜렷이 다른	
13	flourish		28	(감탄하여) 외치다	
14	compose		29	걸작, 명작	
15	imitate		30	지휘하다; 지휘	

Ⓑ 다음 표현을 우리말로 쓰시오.

01 dramatic music

02 a new film genre

03 a rich, deep tone

04 various creations

05 compose a masterpiece

C 빈칸에 알맞은 단어를 쓰시오.

01 _____ : recently = 최근의 : 최근에

02 exhibit : _____ = 전시하다 : 전시회, 전시

03 decorate : _____ = 장식하다 : 장식

04 _____ : conductor = 지휘하다 : 지휘자

05 _____ : imitation = 모방하다 : 모방

06 _____ : recital = 암송하다, 낭독하다 : 낭송

D 암기한 단어를 이용하여 다음 문장을 완성하시오.

01 그 화가의 전시회 주제는 자유이다.

→ The _____ of the artist's exhibition is freedom.

02 나는 그 오페라의 클라이맥스에서 눈을 뗄 수가 없었다.

→ I couldn't take my eyes off the _____ of the opera.

03 막간에 20분의 휴식 시간이 있을 것이다.

→ There will be an _____ of 20 minutes between acts.

04 우리는 내일 첫 공연을 앞두고 리허설을 했다.

→ We _____ ahead of our first performance tomorrow.

🗨🧍 '리허설을 했다'이므로 -(e)d를 붙여서 동사의 과거형으로 써야 해요.

05 미술관의 저 그림은 웅장하고 아름답다.

→ That painting in the art gallery is _____ and beautiful.

06 바이올린과 피아노 협주곡의 선율이 정말로 아름답다.

→ The _____ of the violin and piano concerto is so beautiful.

Literature

☑ 오늘은 문학 관련 단어를 집중해서 암기할 거예요.

volume

fairy

PREVIEW 아는 단어에 체크해 보세요.   아는 단어 ▨▨▨ / 30개

0661 ☐ volume	0676 ☐ saying
0662 ☐ summary	0677 ☐ literature
0663 ☐ fairy	0678 ☐ copyright
0664 ☐ poet	0679 ☐ context
0665 ☐ author	0680 ☐ lyric
0666 ☐ essay	0681 ☐ narrate
0667 ☐ romantic	0682 ☐ factual
0668 ☐ accent	0683 ☐ literal
0669 ☐ version	0684 ☐ plot
0670 ☐ fiction	0685 ☐ nonfiction
0671 ☐ setting	0686 ☐ be worthy of
0672 ☐ format	0687 ☐ literate
0673 ☐ phrase	0688 ☐ fable
0674 ☐ chapter	0689 ☐ imaginary
0675 ☐ translate	0690 ☐ autobiography

0661 volume
[válju:m]
vo
명 (책의) 권; 용량; 음량
The *Sherlock Holmes* series consists of 10 **volumes** in total.
'셜록 홈즈' 시리즈는 모두 10권으로 구성되어 있다.

turn the volume up [down] 음량을 올리다[내리다]

0662 summary
[sʌ́məri]
sum
명 요약, 개요
I made a one-page **summary** of a book over 100 pages.
나는 100페이지가 넘는 책의 한 장짜리 요약을 만들었다.

동 summarize 요약하다, 개괄하다

0663 fairy
[fɛ́əri]
ry
명 요정
Fairies are often described as little human-like creatures in fairy tales. 요정들은 종종 동화에서 작은 인간과 같은 생물체들로 묘사된다.

fairy tale 동화

0664 poet
[póuit]
p
명 시인
He is one of the greatest **poets** in history.
그는 역사상 가장 위대한 시인 중 한 명이다.

명 poem 시

0665 author
[ɔ́:θər]
au
명 저자, 작가
Tolkien is the **author** of *The Lord of the Rings*.
톨킨은 '반지의 제왕'의 저자이다.

0666 essay
[ései]
es
명 수필, 에세이, 글
The writer's new book is a collection of **essays**.
그 작가의 신간은 수필 모음집이다.

0667 romantic
[roumǽntik]
tic
형 낭만적인, 로맨틱한; 연애의
This book is a classic but very **romantic** and comic.
이 책은 고전이지만 매우 낭만적이고 재미있다.

명 romance 로맨스, 연애

0668 accent
[ǽksent]
ac
명 말씨(악센트); 강세
My teacher from London read a book in an English **accent**.
런던 출신인 나의 선생님은 영국식 말투로 책을 읽어 주셨다.

Intermediate

Voca Coach

0669 version
[vɔ́ːrʒən]
ver

명 ~화(化), ~판(版), 각색; 번역
This is the film **version** of my favorite novel, *Little Women*.
이것은 내가 가장 좋아하는 소설, '작은 아씨들'을 영화화한 것이다.

0670 fiction
[fíkʃən]
fic

명 소설; 허구
Once you start reading science **fiction**, you'll fall into it.
일단 공상 과학 소설을 읽기 시작하면, 그것에 빠져들 것이다.

fiction과 novel은 둘 다 소설을 의미하는데, 그중 novel은 특히 장편 소설을 말해요.

0671 setting
[sétiŋ]
ting

명 배경(무대); 설정; 환경
This place was the **setting** in the novel *The Great Gatsby*.
이 장소는 소설 '위대한 개츠비' 속 배경이었다.

rural setting 전원적인 환경

0672 format
[fɔ́ːrmæt]
mat

명 구성 방식, 형식
The book is in a question-and-answer **format** between two people. 그 책은 두 사람 사이의 질의응답 형식으로 되어 있다.

0673 phrase
[freiz]
ph

명 구절, 관용구; 구
This is my favorite **phrase** from the book *The Little Prince*.
이것은 '어린 왕자' 책에서 내가 가장 좋아하는 구절이다.

phrase는 두 개 이상의 낱말로 이루어진 문장 구성 성분을 말해요.

0674 chapter
[tʃǽptər]
ter

명 (책의) 장, 챕터; 시기
One of the funniest episodes in the book occurs in **Chapter** 7.
그 책에서 가장 재미있는 에피소드 중 하나는 7장에 나온다.

0675 translate
[trænsléit]
late

동 번역하다, 통역하다
The author's book is **translated** into 10 languages.
그 작가의 책은 10개 국어로 번역되었다.

명 translation 번역, 통역, 번역문

0676 saying
[séiiŋ]
_____ing

명 격언, 속담

The book contains wise **sayings** of great people.
그 책에는 위대한 인물들의 현명한 격언들이 담겨 있다.

≒ proverb 속담

0677 literature
[lítərətʃùər]
lite_____

명 문학

I read *Les Miserables* which is a masterpiece of French **literature**. 나는 프랑스 문학의 걸작인 '레미제라블'을 읽었다.

형 literary 문학의

0678 copyright
[kápiràit]
_____right

명 저작권, 판권 형 저작권의 보호를 받는

Copyright expires seventy years after the death of the author.
저작권은 저자 사후 70년이 지나면 만료된다.

0679 context
[kántekst]
con_____

명 맥락, 문맥; 전후 관계, 정황

Look at this phrase in its historical **context**.
이 구절을 역사적 맥락에서 살펴봐라.

0680 lyric
[lírik]
ly_____

형 서정(시)의, 서정적인 명 가사

The poet mainly wrote **lyric** poems about peace and nature. 그 시인은 주로 평화와 자연에 대한 서정시를 썼다.

0681 narrate
[nǽreit]
na_____

동 이야기하다(들려주다), 서술하다

One of the characters **narrates** on their adventures.
등장인물 중 한 명이 그들의 모험들에 대해 들려준다.

명 narration (이야기) 진행하기, 서술하기; 내레이션

0682 factual
[fǽktʃuəl]
fac_____

형 사실의, 사실에 기반한

Sometimes, **factual** stories are more fun than novels.
때로는, 실화가 소설보다 더 재미있다.

명 fact 사실

0683 literal
[lítərəl]
_____ral

형 문자 그대로의; 직역의

Find hidden meanings besides **literal** meanings.
문자 그대로의 의미 외에 숨겨진 의미를 찾아라.

부 literally 문자 그대로

0684 plot
[plɑt]
p _____

형 줄거리, 구성, 플롯; 음모

It took a year for the writer to come up with the main **plot**.
그 작가가 주요 줄거리를 구상하는 데 1년이 걸렸다.

0685 nonfiction
[nɑnfíkʃən]
non _____

형 논픽션, 허구가 아닌 이야기

I like reading **nonfiction** books such as biographies.
나는 전기와 같은 논픽션 책들을 읽는 것을 좋아한다.

↔ fiction 소설; 허구

0686 be worthy of

~의 가치가 있다, ~할 만하다

This book **is worthy of** owning since it's a limited edition.
이 책은 한정판이기 때문에 소장 가치가 있다.

형 worth 가치 있는, 가치가 되는

Advanced

0687 literate
[lítərit]
_____ rate

형 글을 읽고 쓸 줄 아는

Literature developed as more and more people became **literate**. 점점 더 많은 사람이 글을 읽고 쓸 줄 알게 되면서 문학이 발전했다.

↔ illiterate 글을 모르는, 문맹의

0688 fable
[féibl]
fa _____

명 우화; 꾸며낸 이야기

We learned these lessons from a popular **fable** of Aesop.
우리는 인기 있는 이솝 우화에서 이러한 교훈들을 배웠다.

0689 imaginary
[imǽdʒənèri]
ima _____

형 상상에만 존재하는, 가상적인

In Greek mythology, there are **imaginary** animals such as Pegasus. 그리스 신화에는, 페가수스와 같은 상상의 동물들이 있다.

동 imagine 상상하다

0690 autobiography
[ɔ̀:təbaiɑ́grəfi]
auto _____

명 자서전

His **autobiography** will be published later this month.
그의 자서전은 이번 달 말에 출간될 것이다.

다른 누군가에 의해 쓰인 전기, 일대기는 biography 라고 해요.

Ⓐ 영어는 우리말로, 우리말은 영어로 쓰시오.

01	accent		16	격언, 속담	
02	summary		17	문학	
03	fairy		18	시인	
04	lyric		19	장, 챕터	
05	author		20	수필, 에세이, 글	
06	literal		21	이야기하다	
07	romantic		22	사실의	
08	literate		23	소설; 허구	
09	copyright		24	줄거리, 구성, 플롯	
10	nonfiction		25	권; 용량; 음량	
11	setting		26	~의 가치가 있다	
12	format		27	구절, 관용구; 구	
13	imaginary		28	우화; 꾸며낸 이야기	
14	context		29	~화, ~판, 각색	
15	autobiography		30	번역하다, 통역하다	

Ⓑ 다음 표현을 우리말로 쓰시오.

01	science fiction	
02	my favorite phrase	
03	in an English accent	
04	a collection of essays	
05	a question-and-answer format	

ⓒ 빈칸에 알맞은 단어를 쓰시오.

01 _____ : summarize　　=　요약 : 요약하다

02 fiction ↔ _____　　=　허구 ↔ 허구가 아닌 이야기

03 poem : _____　　=　시 : 시인

04 biography : _____　　=　전기, 일대기 : 자서전

05 fact : _____　　=　사실 : 사실의, 사실에 기반한

06 literary : _____　　=　문학의 : 문학

ⓓ 암기한 단어를 이용하여 다음 문장을 완성하시오.

01 이 구절을 역사적 맥락에서 살펴봐라.

→ Look at this phrase in its historical _____.

02 문자 그대로의 의미 외에 숨겨진 의미를 찾아라.

→ Find hidden meanings besides _____ meanings.

03 이 장소는 소설 '위대한 개츠비' 속 배경이었다.

→ This place was the _____ in the novel *The Great Gatsby*.

04 저작권은 저자 사후 70년이 지나면 만료된다.

→ _____ expires seventy years after the death of the author.

🗨🧑 문장 맨 앞 글자는 대문자로 써요.

05 그 시인은 주로 평화와 자연에 대한 서정시를 썼다.

→ The poet mainly wrote _____ poems about peace and nature.

06 이 책은 한정판이기 때문에 소장 가치가 있다.

→ This book _____ _____ _____ owning since it's a limited edition.

🗨🧑 주어가 3인칭 단수이므로 be동사는 그에 맞게 써야 해요.

The Media

☑ 오늘은 매체 관련 단어를 집중해서 암기할 거예요.

angle

auditorium

PREVIEW 아는 단어에 체크해 보세요.   아는 단어 ▨▨▨ / 30개

0691 ☐ media		0706 ☐ angle
0692 ☐ mass		0707 ☐ documentary
0693 ☐ rumor		0708 ☐ poll
0694 ☐ reality		0709 ☐ channel
0695 ☐ monitor		0710 ☐ headline
0696 ☐ mobile		0711 ☐ criticize
0697 ☐ false		0712 ☐ celebrity
0698 ☐ pose		0713 ☐ critic
0699 ☐ release		0714 ☐ diverse
0700 ☐ announce		0715 ☐ in detail
0701 ☐ attention		0716 ☐ according to
0702 ☐ press		0717 ☐ quote
0703 ☐ journal		0718 ☐ subscribe
0704 ☐ broadcast		0719 ☐ auditorium
0705 ☐ unknown		0720 ☐ column

Voca Coach

0691 media
[míːdiə]
me
명 매체, 미디어
Not only TV but also Internet **media** have a great influence.
TV뿐 아니라 인터넷 매체도 큰 영향을 끼친다.

media는 원래 '중간, 매체'의 의미인 medium의 복수 형태지만, media 자체가 '매체, 미디어'라는 뜻으로 많이 쓰여요.

0692 mass
[mæs]
ma
형 대중의; 대규모의 명 무리; 대중
Social media such as Twitter became the **mass** media.
트위터 같은 소셜 미디어가 대중 매체가 되었다.

형 massive 거대한

0693 rumor
[rúːmər]
ru
명 소문, 풍문, 유언비어 동 소문내다
There are countless **rumors** on the Internet.
인터넷에는 무수히 많은 소문이 있다.

0694 reality
[ri(ː)ǽləti]
ity
명 현실, 실제 상황
What we see on TV is different from the **reality**.
우리가 TV에서 보는 것은 현실과 다르다.

형 real 진짜의, 현실의

0695 monitor
[mánitər]
tor
동 모니터하다, 감시하다 명 모니터
I **monitored** the program to see if the children could see it.
나는 아이들이 볼 수 있는지 알아보려고 그 프로그램을 모니터했다.

0696 mobile
[móubəl]
mo
명 휴대 전화 형 이동하는, 이동식의
These days, most people get information on their **mobiles**.
요즘, 대부분의 사람들은 자신들의 휴대 전화에서 정보를 얻는다.

≒ cellphone 휴대 전화

0697 false
[fɔːls]
se
형 거짓의, 틀린
The news turned out to be **false** in the end.
그 뉴스는 결국 거짓으로 판명 났다.

↔ true 참의, 진실의

0698 pose
[pouz]
po
동 포즈를 취하다 명 포즈, 자세
He **posed** in front of reporters before entering the courtroom.
그는 법정에 들어가기 전에 기자들 앞에서 포즈를 취했다.

DAY 24

0699 release
[rilíːs]
re

동 공개하다; 풀다, 풀어 주다
The media will soon **release** the results of the election.
매체가 곧 선거 결과를 공개할 것이다.

0700 announce
[ənáuns]
ce

동 발표하다, 알리다, 공표하다
The government will **announce** the vaccine plan through the media. 정부는 매체를 통해 백신 계획을 발표할 것이다.

명 announcement 발표, 소식

0701 attention
[əténʃən]
tion

명 주의, 주목; 관심, 흥미
The news stressed the need for **attention** on the issue.
뉴스는 그 문제에 대한 주의가 필요하다고 강조했다.

Attention! 주목하세요!

0702 press
[pres]
ss

명 신문, 언론; 언론인, 기자단
Their story was reported in the **press** and on TV.
그들의 이야기는 신문과 TV에 보도되었다.

0703 journal
[dʒə́ːrnəl]
nal

명 저널, 신문(잡지), 학술지
This report will be published in the science **journal** in January.
이 보고서는 1월에 과학 저널에 게재될 것이다.

명 journalist 저널리스트, 기자

0704 broadcast
[brɔ́ːdkæ̀st]
cast

동 방송하다; 널리 알리다 명 방송
The emergency speech was **broadcast** live across the country.
긴급 담화가 전국에 생방송되었다.

(과거형) -broadcast
-broadcast

0705 unknown
[ʌnnóun]
un

형 알려지지 않은; 유명하지 않은
The reporter interviewed the **unknown** witness to the incident. 기자가 그 사건의 알려지지 않은 목격자를 인터뷰했다.

↔ known 알려진

0706 angle
[ǽŋgl]
an

명 각도, 각; 카메라 앵글
You can look at the issue from many different **angles**.
많은 다른 각도에서 그 문제를 볼 수 있다.

0707 documentary
[dɑ̀kjəméntəri]
docu

명 다큐멘터리, 기록물 형 문서(서류)의
It is a **documentary** about climate change.
그것은 기후 변화에 관한 다큐멘터리이다.

명 document 서류, 문서

0708 poll
[poul]
po

명 여론 조사; 투표 동 여론 조사를 하다
The two **polls** on the election by the newspaper were different. 선거에 대한 그 신문의 두 가지 여론 조사는 달랐다.

0709 channel
[tʃǽnəl]
cha

명 채널; 수로, 해협
There are over 200 **channels** from news to entertainment.
뉴스에서부터 예능까지 200개가 넘는 채널이 있다.

0710 headline
[hédlàin]
line

명 표제 동 표제를 달다
Yesterday's news **headline** caught everyone's attention.
어제의 뉴스 표제가 모두의 주목을 끌었다.

0711 criticize
[krítisàiz]
cize

동 비판하다, 비난하다; 비평하다
The media fiercely **criticized** the government's recent policies.
매체는 정부의 최근 정책들을 맹렬히 비판했다.

명 criticism 비평, 비난; 평론

0712 celebrity
[səlébrəti]
brity

명 유명 인사; 명성
Celebrities suffer from the paparazzi every day.
유명 인사들은 매일 파파라치에 시달린다.

'파파라치'는 유명한 사람들을 쫓아다니며 사생활을 찍는 자유 계약 사진사를 가리켜요.

0713 critic
[krítik]
tic

명 비평가, 평론가
The **critic** made no comments about the new policy.
그 평론가는 새 정책에 대해 아무런 평을 하지 않았다.

형 critical 비평하는, 비판하는, 비난하는

0714 **diverse**
[daivə́:rs]
se

형 다양한
The media rearranged its channels to meet **diverse** interests. 그 매체는 다양한 관심사를 충족시키기 위해 채널들을 재정비했다.

명 diversity 다양성

0715 **in detail**

자세하게, 상세하게
The issue will be reported **in** more **detail** in the next article.
그 문제는 다음 기사에서 더 자세히 보도될 것이다.

명 detail 세부 사항

0716 **according to**

~에 따르면
According to the article, there is not enough housing supply.
그 기사에 따르면, 주택 공급 물량이 충분하지 않다고 한다.

◢ Advanced

0717 **quote**
[kwout]
te

동 인용하다, 그대로 전달하다
The reporter **quoted** a sentence from the president's speech.
그 기자는 대통령 연설에서 한 문장을 인용했다.

명 quotation 인용구[문]; 인용

0718 **subscribe**
[səbskráib]
sub

동 구독하다, 가입하다
I **subscribed** to some YouTube channels to get more information. 나는 더 많은 정보를 얻기 위해 몇몇 유튜브 채널을 구독했다.

명 subscription 구독, 구독료

0719 **auditorium**
[ɔ̀:ditɔ́:riəm]
rium

명 강당; 객석
The documentary will be shown in the **auditorium**.
그 다큐멘터리는 강당에서 상영될 것이다.

명 audience 청중

0720 **column**
[káləm]
co

명 (신문의) 칼럼, 기고
He writes a **column** on environment to a newspaper.
그는 한 신문에 환경에 관한 칼럼을 쓴다.

column은 '기둥, 세로줄'이라는 뜻도 가지고 있어요.

A 영어는 우리말로, 우리말은 영어로 쓰시오.

01	angle	16	매체, 미디어
02	mass	17	소문, 풍문; 소문내다
03	criticize	18	여론 조사; 투표
04	reality	19	공개하다; 풀다
05	monitor	20	표제; 표제를 달다
06	mobile	21	거짓의, 틀린
07	unknown	22	유명 인사; 명성
08	pose	23	비평가, 평론가
09	in detail	24	다양한
10	announce	25	채널; 수로, 해협
11	attention	26	~에 따르면
12	subscribe	27	인용하다
13	journal	28	방송하다; 방송
14	auditorium	29	신문, 언론; 언론인
15	documentary	30	칼럼, 기고

B 다음 표현을 우리말로 쓰시오.

01 Internet media

02 meet diverse interests

03 according to the article

04 yesterday's news headline

05 from many different angles

01 real : _____ = 현실의 : 현실, 실제 상황

02 _____ ↔ true = 거짓의, 틀린 ↔ 참의, 진실의

03 announcement : _____ = 발표 : 발표하다

04 _____ : massive = 대중의, 대규모의 : 거대한

05 known ↔ _____ = 알려진 ↔ 알려지지 않은

06 m_____ ≒ cellphone = 휴대 전화

ⓓ 암기한 단어를 이용하여 다음 문장을 완성하시오.

01 그것은 기후 변화에 관한 다큐멘터리이다.

→ It is a _____ about climate change.

02 인터넷에는 무수히 많은 소문이 있다.

→ There are countless _____s on the Internet.

03 그는 한 신문에 환경에 관한 칼럼을 쓴다.

→ He writes a _____ on environment to a newspaper.

04 뉴스는 그 문제에 대한 주의가 필요하다고 강조했다.

→ The news stressed the need for _____ on the issue.

05 뉴스에서부터 예능까지 200개가 넘는 채널이 있다.

→ There are over 200 _____ from news to entertainment.

　　앞에 200이 있으므로 -s를 붙여 복수형으로 써요.

06 선거에 대한 그 신문의 두 가지 여론 조사는 달랐다.

→ The two _____ on the election by the newspaper were different.

　　앞에 two가 있으므로 -s를 붙여 복수형으로 써요.

Nature & Climates

☑ 오늘은 자연과 기후 관련 단어를 집중해서 암기할 거예요.

erupt

thermometer

PREVIEW 아는 단어에 체크해 보세요.

아는 단어 ▨▨ / 30개

0721	☐	marine	0736	☐	tropical
0722	☐	frost	0737	☐	atmosphere
0723	☐	depth	0738	☐	decay
0724	☐	occur	0739	☐	Celsius
0725	☐	peak	0740	☐	swamp
0726	☐	reflect	0741	☐	prey
0727	☐	ash	0742	☐	flesh
0728	☐	shield	0743	☐	ecosystem
0729	☐	moisture	0744	☐	drizzle
0730	☐	severe	0745	☐	gale
0731	☐	current	0746	☐	pasture
0732	☐	wreck	0747	☐	predator
0733	☐	erupt	0748	☐	blizzard
0734	☐	purify	0749	☐	evaporate
0735	☐	surround	0750	☐	thermometer

0721	**marine** [məríːn] ma	혱 바다의, 해양의 Changes in water temperature can affect **marine** life. 수온의 변화는 해양 생물에게 영향을 미칠 수 있다.	

0722	**frost** [frɔ(ː)st] st	몡 서리; 성에 동 성에가 끼다 The grass and trees are all covered with **frost**. 풀밭과 나무들이 온통 서리로 덮여 있다.	

0723	**depth** [depθ] th	몡 깊이; 가장 깊은 부분 The average **depth** of the ocean is 3,700 meters. 바다의 평균 깊이는 3,700미터이다.	혱 deep 깊은

0724	**occur** [əkə́ːr] oc	동 발생하다, 일어나다 Typhoons **occur** mainly in the western Pacific. 태풍은 주로 서태평양에서 발생한다.	≒ happen 일어나다

0725	**peak** [piːk] p k	몡 봉우리, 정상; 절정, 최고점 The explorer finally reached the ninth **peak** of the Himalayas. 그 탐험가는 마침내 히말라야의 아홉 번째 봉우리를 등정했다.	

0726	**reflect** [riflékt] re	동 반사하다; 반영하다 The sea looks blue because it **reflects** blue light. 바다는 파란색 빛을 반사하기 때문에 파랗게 보인다.	몡 reflection 반사; 반영

0727	**ash** [æʃ] a	몡 화산재, 재 A cloud of volcanic **ash** spread across that area. 화산재 구름이 그 지역에 퍼졌다.	화산 폭발로 나오는 용암은 lava라고 해요.

0728	**shield** [ʃiːld] ld	몡 보호(막), 방패 동 보호하다 The ozone, the **shield** against UV light, is recovering. 자외선을 막아 주는 보호막인 오존이 회복되고 있다.	

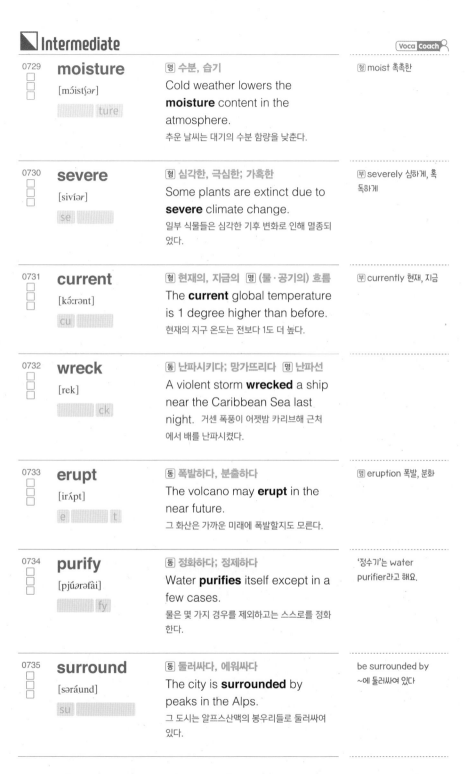

Intermediate

0729

moisture
[mɔ́istʃər]
| ture

명 수분, 습기
Cold weather lowers the **moisture** content in the atmosphere.
추운 날씨는 대기의 수분 함량을 낮춘다.

형 moist 촉촉한

0730

severe
[sivíər]
se |

형 심각한, 극심한; 가혹한
Some plants are extinct due to **severe** climate change.
일부 식물들은 심각한 기후 변화로 인해 멸종되었다.

부 severely 심하게, 혹독하게

0731

current
[kə́:rənt]
cu |

형 현재의, 지금의 명 (물·공기의) 흐름
The **current** global temperature is 1 degree higher than before.
현재의 지구 온도는 전보다 1도 더 높다.

부 currently 현재, 지금

0732

wreck
[rek]
| ck

동 난파시키다; 망가뜨리다 명 난파선
A violent storm **wrecked** a ship near the Caribbean Sea last night. 거센 폭풍이 어젯밤 카리브해 근처에서 배를 난파시켰다.

0733

erupt
[irʌ́pt]
e | t

동 폭발하다, 분출하다
The volcano may **erupt** in the near future.
그 화산은 가까운 미래에 폭발할지도 모른다.

명 eruption 폭발, 분화

0734

purify
[pjúərəfài]
| fy

동 정화하다; 정제하다
Water **purifies** itself except in a few cases.
물은 몇 가지 경우를 제외하고는 스스로를 정화한다.

'정수기'는 water purifier라고 해요.

0735

surround
[səráund]
su |

동 둘러싸다, 에워싸다
The city is **surrounded** by peaks in the Alps.
그 도시는 알프스산맥의 봉우리들로 둘러싸여 있다.

be surrounded by ~에 둘러싸여 있다

0736	**tropical** [trápikəl] ▢▢▢▢ cal	형 열대의, 열대 지방의 It seems that **tropical** nights are also caused by global warming. 열대야도 지구 온난화로 인해 생기는 것 같다.	형 subtropical 아열대의
0737	**atmosphere** [ǽtməsfiər] ▢▢▢▢ phere	명 대기, 공기 The **atmosphere** is constantly moving and the structure also changes. 대기는 끊임없이 움직이고 있고 그 구조도 달라진다.	'분위기'라는 뜻으로도 많이 쓰여요.
0738	**decay** [dikéi] de ▢▢▢	명 부패, 부식; 쇠퇴 동 부패하다, 썩다 In nature, the process of **decay** helps plants grow. 자연에서, 부패의 과정은 식물들이 자라도록 돕는다.	teeth decay 이가 썩다
0739	**Celsius** [sélsiəs] Cel ▢▢▢	형 섭씨의 The thermometer shows the temperature in **Celsius** and Fahrenheit. 온도계는 온도를 섭씨와 화씨로 표시한다.	형 Fahrenheit 화씨의
0740	**swamp** [swɑmp] s ▢▢▢ p	명 늪, 습지 동 쇄도하다, 넘쳐나다 Many animals sank into the **swamp**. 많은 동물이 그 늪에 빠졌다.	≒ wetland 습지 swamp가 풀, 숲이 우거진 습지를 말한다면, wetland는 습지 전반을 말해요.
0741	**prey** [prei] p ▢▢▢	명 먹이, 사냥감 Alligators wait for their **prey** hiding in swamps. 악어는 늪에 숨어서 먹이를 기다린다.	
0742	**flesh** [fleʃ] f ▢▢▢	명 과육; (사람·동물의) 살 This tropical fruit has sweet **flesh** and is rich in vitamins. 이 열대 과일은 달콤한 과육을 가지고 있고 비타민이 풍부하다.	
0743	**ecosystem** [ékousìstəm] eco ▢▢▢	명 생태계 What are the factors that threaten the **ecosystem**? 생태계를 위협하는 요소들은 무엇인가?	

0744	**drizzle**	명 보슬비, 이슬비 동 보슬보슬 내리다	'액체를 조금 붓다, 뿌리다'
	[drízl]	The rain slowly turned into **drizzle**.	의 의미로도 쓰여요.
	dri	그 비는 서서히 보슬비로 변했다.	

0745	**gale**	명 강풍, 돌풍	gale은 감정·웃음 등이 폭
	[ɡeil]	The **gale** knocked down a lot of trees on the street.	발할 때도 써요. break into gales of
	ga	강풍이 거리의 많은 나무를 쓰러뜨렸다.	laughter 갑자기 웃음을 터뜨리다

◤Advanced

0746	**pasture**	명 초원, 목초지	≒ grassland 목초지, 초
	[pǽstʃər]	Cattle on the **pasture** are also responsible for climate change.	원 (지대)
	ture	목초지의 소 또한 기후 변화에 책임이 있다.	

0747	**predator**	명 포식자, 육식 동물	
	[prédətər]	The relationship between **predators** and prey is complex.	
	tor	포식자와 먹이 사이의 관계는 복잡하다.	

0748	**blizzard**	명 강한 눈보라	
	[blízərd]	Driving through a **blizzard** isn't a good idea.	
	bli	눈보라 속에서 운전하는 것은 좋은 생각이 아 니다.	

0749	**evaporate**	동 증발하다, 증발시키다	ex-(밖으로)+vapor(증
	[ivǽpərèit]	The seawater **evaporates** back into water vapor in the sunlight.	기)+-ate(동사를 만드는 접미사)
	e ate	바닷물은 햇빛에 다시 수증기로 증발한다.	

0750	**thermometer**	명 온도계, 체온계	
	[θərmámitər]	The **thermometer** showed negative 40 degrees due to the record-breaking cold weather.	
	meter	기록적인 한파로 인해 온도계가 영하 40도를 나타냈다.	

A 영어는 우리말로, 우리말은 영어로 쓰시오.

01	purify	16	열대의, 열대 지방의
02	frost	17	수분, 습기
03	atmosphere	18	부패; 부패하다
04	occur	19	섭씨의
05	peak	20	늪, 습지; 쇄도하다
06	flesh	21	먹이, 사냥감
07	ash	22	깊이; 가장 깊은 부분
08	shield	23	생태계
09	evaporate	24	보슬비, 이슬비
10	pasture	25	강풍, 돌풍
11	current	26	심각한, 극심한
12	wreck	27	포식자, 육식 동물
13	thermometer	28	강한 눈보라
14	marine	29	반사하다; 반영하다
15	surround	30	폭발하다, 분출하다

B 다음 표현을 우리말로 쓰시오.

01 in Celsius

02 wreck a ship

03 tropical nights

04 severe climate change

05 threaten the ecosystem

ⓒ 빈칸에 알맞은 단어를 쓰시오.

01 deep : _____ = 깊은 : 깊이

02 _____ : eruption = 폭발하다 : 폭발

03 moist : _____ = 촉촉한 : 수분, 습기

04 _____ : reflection = 반사하다 : 반사

05 s_____ ≒ wetland = 습지

06 o_____ ≒ happen = 일어나다

DAY 25

ⓓ 암기한 단어를 이용하여 다음 문장을 완성하시오.

01 그 도시는 알프스산맥의 봉우리들로 둘러싸여 있다.

→ The city is _____ by peaks in the Alps.

〈be＋과거분사형〉의 수동태로 써야 해요.

02 풀밭과 나무들이 온통 서리로 덮여 있다.

→ The grass and trees are all covered with _____.

03 화산재 구름이 그 지역에 퍼졌다.

→ A cloud of volcanic _____ spread across that area.

04 포식자와 먹이 사이의 관계는 복잡하다.

→ The relationship between _____s and prey is complex.

05 이 열대 과일은 달콤한 과육을 가지고 있고 비타민이 풍부하다.

→ This tropical fruit has sweet _____ and is rich in vitamins.

06 그 탐험가는 마침내 히말라야의 아홉 번째 봉우리를 등정했다.

→ The explorer finally reached the ninth _____ of the

Himalayas.

A 영어를 우리말로 쓰시오.

01	copyright		11	erupt
02	overseas		12	compose
03	distinct		13	remarkable
04	poll		14	literal
05	opportunity		15	conduct
06	factual		16	peak
07	pasture		17	according to
08	navigate		18	decoration
09	unknown		19	ash
10	prey		20	fiction

B 우리말을 영어로 쓰시오.

01	저자, 작가		11	모방하다; 모조하다
02	승강장, 플랫폼		12	구절, 관용구; 구
03	소문; 소문내다		13	방향; 목표; 지휘
04	주제, 테마		14	걸작, 명작
05	번역하다, 통역하다		15	각도, 각
06	등대		16	문학
07	바다의, 해양의		17	명소, 명물; 매력
08	전시회, 전시		18	주의, 주목; 관심
09	구독하다, 가입하다		19	반사하다; 반영하다
10	수분, 습기		20	열대의, 열대 지방의

C 다음 표현을 우리말로 쓰시오.

01 recite a poem _____

02 in recent years _____

03 a collection of essays _____

04 the current global temperature _____

05 through an underground passage _____

06 criticize the government's recent policies _____

D 암기한 단어를 이용하여 다음 문장을 완성하시오.

01 물은 몇 가지 경우를 제외하고는 스스로를 정화한다.

→ Water _____ itself except in a few cases.

주어가 3인칭 단수임에 유의하세요.

02 그 다큐멘터리는 강당에서 상영될 것이다.

→ The documentary will be shown in the _____.

03 여행할 때는 낯선 사람들을 조심해야 한다.

→ You should be careful of _____s when you travel.

04 일부 식물들은 심각한 기후 변화로 인해 멸종되었다.

→ Some plants are extinct due to _____ climate change.

05 그 작가가 주요 줄거리를 구상하는 데 1년이 걸렸다.

→ It took a year for the writer to come up with the main _____.

06 처음에는 어려웠지만, 이제 나는 이런 문화에 익숙하다.

→ It was difficult at first, but now I _____ _____

_____ this culture.

주어에 맞게 be동사를 써야 해요. be동사 대신 get을 쓸 수도 있어요.

Biology & Chemistry

☑ 오늘은 생물학과 화학 관련 단어를 집중해서 암기할 거예요.

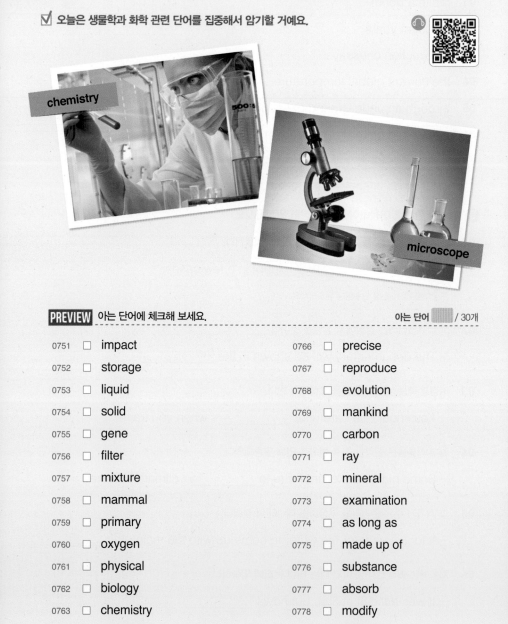

chemistry

microscope

PREVIEW 아는 단어에 체크해 보세요.   아는 단어 ▨▨▨ / 30개

0751 ☐	impact	0766 ☐	precise
0752 ☐	storage	0767 ☐	reproduce
0753 ☐	liquid	0768 ☐	evolution
0754 ☐	solid	0769 ☐	mankind
0755 ☐	gene	0770 ☐	carbon
0756 ☐	filter	0771 ☐	ray
0757 ☐	mixture	0772 ☐	mineral
0758 ☐	mammal	0773 ☐	examination
0759 ☐	primary	0774 ☐	as long as
0760 ☐	oxygen	0775 ☐	made up of
0761 ☐	physical	0776 ☐	substance
0762 ☐	biology	0777 ☐	absorb
0763 ☐	chemistry	0778 ☐	modify
0764 ☐	identical	0779 ☐	breed
0765 ☐	microscope	0780 ☐	clone

◤ Basic

0751	**impact**	명 영향, 충격 동 영향(충격)을 주다	동 [ímpækt]
	[ímpækt]	Lifestyle and habits have an **impact** on aging.	≒ effect (직접적) 영향 / influence (간접적) 영향
	im	생활 방식과 습관이 노화에 영향을 미친다.	

0752	**storage**	명 저장, 보관; 저장고, 보관소	동 store 저장하다
	[stɔ́ːridʒ]	The brain has the **storage** capacity to store billions of books. 뇌는 수십억 권의 책들을 저장할 수 있는 저장 용량을 가지고 있다.	
	sto		

0753	**liquid**	명 액체 형 액체 형태의	
	[líkwid]	The researcher added some brown **liquid** into the blood. 연구원이 혈액에 갈색 액체를 조금 더했다.	
	li		

0754	**solid**	명 고체 형 고체의, 단단한	명 liquid 액체
	[sálid]	Water changes from a liquid to a **solid** below zero. 물은 영하에서 액체에서 고체로 변한다.	명 gas 기체
	so		

0755	**gene**	명 유전자	형 genetic 유전의, 유전학적인
	[dʒiːn]	The scientists found certain **genes** that cause Alzheimer's disease. 과학자들은 알츠하이머병을 일으키는 특정 유전자들을 발견했다.	
	g		

0756	**filter**	동 거르다, 여과하다 명 필터, 여과	
	[fíltər]	The kidneys **filter** wastes out from the blood. 신장은 혈액으로부터 노폐물을 걸러낸다.	
	ter		

0757	**mixture**	명 혼합물, 혼합	동 mix 섞다, 혼합하다
	[míkstʃər]	Chemists have been interested in how to separate the **mixture**. 화학자들은 그 혼합물을 어떻게 분리할 것인지에 관심을 가져 왔다.	
	mix		

0758	**mammal**	명 포유동물	명 reptile 파충류
	[mǽməl]	A bat is the only **mammal** that can actually fly. 박쥐는 실제로 날 수 있는 유일한 포유동물이다.	
	ma		

0759 primary
[práimeri]
pri

형 주요한, 주된; 최초의
Completing a genetic map is a **primary** project of our team.
유전자 지도를 완성하는 것이 우리 팀의 주요 프로젝트이다.

형 secondary 이차적인, 부수적인

0760 oxygen
[áksidʒən]
gen

명 산소
Blood gets **oxygen** from the lungs and carries it all over the body. 혈액은 폐로부터 산소를 얻어 온몸에 그것을 실어나른다.

명 hydrogen 수소

0761 physical
[fízikəl]
cal

형 물리적인, 물질의, 물질적인
One **physical** feature of water is to become a gas at 100℃.
물의 한 가지 물리적 특성은 섭씨 100도에서 기체가 되는 것이다.

'육체의, 신체의'의 의미로도 많이 쓰여요.

0762 biology
[baiálədʒi]
bio

명 생물학; 생명 작용
Biology is the study that many students are interested in recently. 생물학은 최근에 많은 학생이 관심 있어 하는 학문이다.

형 biologic 생물학의

0763 chemistry
[kémistri]
stry

명 화학; 화학적 성질
Madame Curie received her second Nobel Prize in **Chemistry**. 퀴리 부인은 화학에서 자신의 두 번째 노벨상을 받았다.

형 chemical 화학의, 화학적인

0764 identical
[aidéntikəl]
cal

형 동일한, 똑같은; 일란성의
Do **identical** twins with **identical** genes have the same personality? 동일한 유전자들을 가진 일란성 쌍둥이는 같은 성격을 가질까?

명 identity 신원, 신분; 유사성, 동질감

0765 microscope
[máikrəskòup]
scope

명 현미경
Have you ever seen a cell under a **microscope**?
너는 세포를 현미경으로 본 적이 있니?

0766	**precise** [prisáis] pre	형 정밀한, 정확한 We must be **precise** in doing a chemical experiment. 우리는 화학 실험을 하는 데 있어서 정밀해야 한다.	명 precision 정밀(성), 정확(성)
0767	**reproduce** [rìːprədjúːs] duce	동 번식하다; 복제하다; 다시 만들다 Germs can **reproduce** without a host, but viruses can't. 세균은 숙주 없이 번식할 수 있지만, 바이러스는 그럴 수 없다.	re-(다시)+produce(생산하다, 낳다)
0768	**evolution** [èvəlúːʃən] tion	명 진화; 점진적인 발전 The theory of **evolution** is accepted as fact in the scientific field. 진화론이 과학 분야에서는 사실로 받아들여지고 있다.	동 evolve 진화하다
0769	**mankind** [mænkáind] man	명 인류, 인간 What field of science is most beneficial to **mankind**? 어떤 과학 분야가 인류에게 가장 이로운가?	
0770	**carbon** [káːrbən] bon	명 탄소 Diamonds are crystals of pure **carbon**. 다이아몬드는 순수 탄소의 결정체이다.	carbon dioxide 이산화탄소
0771	**ray** [rei] r	명 광선 The ozone layer protects us from the ultraviolet **rays**. 오존층은 자외선으로부터 우리를 보호한다.	
0772	**mineral** [mínərəl] ral	명 무기질, 미네랄, 광물(질) These **minerals** don't become mixed with liquid. 이 미네랄들은 액체와 섞이지 않는다.	
0773	**examination** [igzæmənéiʃən] nation	명 조사, 검토; 시험; (의료) 검진, 검사 Scientists identified its chemicals through **examinations**. 과학자들은 조사를 통해 그것의 화학 물질을 밝혀냈다.	동 examine 조사하다; 검사하다; 시험하다

0774 as long as

~하는 한

The heart continues to beat regularly **as long as** life lasts.

심장은 생명이 지속되는 한 규칙적으로 계속 뛴다.

0775 made up of

~으로 구성된

Our bodies are **made up of** cells.

우리의 신체는 세포들로 구성되어 있다.

■ Advanced

0776 substance

[sʌ́bstəns]

tance

몡 물질; 실체; 본질

The two **substances** caused a chemical reaction.

그 두 물질은 화학 반응을 일으켰다.

≒ material 재료, 물질, 원료

0777 absorb

[əbsɔ́ːrb]

ab

통 흡수하다; 받아들이다

The cells at the back of your eye **absorb** the light.

,눈 뒷부분의 세포들이 빛을 흡수한다.

≒ soak up 빨아들이다, 흡수하다

0778 modify

[mɑ́dəfài]

fy

통 변형하다, 수정하다; 조정하다

GMO is a food made by **modifying** the genes.

GMO는 유전자를 변형해 만들어진 식품이다.

몡 modification 수정, 변경

GMO는 genetically modified organism의 약자로 '유전자 변형 농산물'을 가리켜요.

0779 breed

[briːd]

br

통 (동물이) 새끼를 낳다 몡 품종

The book explains based on genetics why females **breed**.

이 책은 유전학을 바탕으로 왜 암컷이 번식하는지를 설명한다.

(과거형) –bred–bred

0780 clone

[kloun]

ne

통 복제하다 몡 복제 생물

The British team succeeded in **cloning** mammals for the first time.

영국 팀이 처음으로 포유동물 복제에 성공했다.

A 영어는 우리말로, 우리말은 영어로 쓰시오.

01	impact		16	정밀한, 정확한
02	storage		17	액체; 액체 형태의
03	breed		18	유전자
04	solid		19	인류, 인간
05	evolution		20	탄소
06	filter		21	광선
07	reproduce		22	무기질, 미네랄
08	identical		23	혼합물, 혼합
09	primary		24	산소
10	examination		25	~으로 구성된
11	physical		26	물질; 실체; 본질
12	modify		27	흡수하다; 받아들이다
13	chemistry		28	생물학; 생명 작용
14	as long as		29	포유동물
15	microscope		30	복제하다; 복제 생물

B 다음 표현을 우리말로 쓰시오.

01 brown liquid

02 identical genes

03 a primary project

04 an impact on aging

05 one physical feature

ⓒ 빈칸에 알맞은 단어를 쓰시오.

01 store : _____ = 저장하다 : 저장, 보관

02 _____ : modification = 변형하다, 수정하다 : 수정, 변경

03 mix : _____ = 혼합하다 : 혼합물

04 _____ : chemical = 화학 : 화학의

05 produce : _____ = 낳다 : 번식하다

06 evolve : _____ = 진화하다 : 진화

ⓓ 암기한 단어를 이용하여 다음 문장을 완성하시오.

01 너는 세포를 현미경으로 본 적이 있니?

→ Have you ever seen a cell under a _____?

02 박쥐는 실제로 날 수 있는 유일한 포유동물이다.

→ A bat is the only _____ that can actually fly.

03 그 두 물질은 화학 반응을 일으켰다.

→ The two _____ caused a chemical reaction.

💬 앞에 two가 있으므로 -s를 붙여 복수형으로 써요.

04 물은 영하에서 액체에서 고체로 변한다.

→ Water changes from a liquid to a _____ below zero.

05 혈액은 폐로부터 산소를 얻어 온몸에 그것을 실어나른다.

→ Blood gets _____ from the lungs and carries it all over the

body.

06 심장은 생명이 지속되는 한 규칙적으로 계속 뛴다.

→ The heart continues to beat regularly _____ _____

_____ life lasts.

Geography

☑ 오늘은 지리학 관련 단어를 집중해서 암기할 거예요.

underwater

canyon

PREVIEW 아는 단어에 체크해 보세요.　　　　　　　　　　　아는 단어 ▓▓▓ / 30개

0781 ☐ location			0796 ☐ exclude
0782 ☐ range			0797 ☐ geography
0783 ☐ pole			0798 ☐ canyon
0784 ☐ nearby			0799 ☐ compass
0785 ☐ chain			0800 ☐ Arctic
0786 ☐ underwater			0801 ☐ Antarctic
0787 ☐ covered with			0802 ☐ Pacific
0788 ☐ southern			0803 ☐ Atlantic
0789 ☐ northern			0804 ☐ burst
0790 ☐ eastern			0805 ☐ pass through
0791 ☐ western			0806 ☐ approximately
0792 ☐ core			0807 ☐ refine
0793 ☐ phase			0808 ☐ vertical
0794 ☐ slope			0809 ☐ equator
0795 ☐ horizon			0810 ☐ parallel

Basic

0781 location
[loukéiʃən]
▒▒▒▒tion

명 위치, 장소; 야외 촬영지(로케이션)
The island is important because of its geographical **location**.
그 섬은 그것의 지리적 위치 때문에 중요하다.

동 locate 위치를 찾다; ~에 두다

0782 range
[reindʒ]
▒▒▒▒ge

명 산맥; 범위
A long, wide mountain **range** crosses the center of the country. 길고 넓은 산맥이 그 나라의 중앙을 가로지른다.

0783 pole
[poul]
po▒▒▒

명 (지구의) 극; 막대기, 기둥
The cruise explores from the North **Pole** to the South **Pole**.
그 유람선은 북극에서 남극까지 탐험한다.

형 polar 극지의, 북극[남극]의

0784 nearby
[nìərbái]
▒▒▒▒by

부 가까이에, 근처에 형 근처의
There are two broad and long rivers **nearby**.
근처에 넓고 긴 두 개의 강이 있다.

0785 chain
[tʃein]
ch▒▒▒▒

명 일련, 띠; 사슬, 쇠줄
Indonesia is made up of a **chain** of islands.
인도네시아는 일련의 섬들로 이루어져 있다.

a chain of 일련의

0786 underwater
[ʌndərwɔ́:tər]
▒▒▒▒water

부 물속에서 형 물속의, 수중의
The robot explores **underwater** to identify the geographical feature. 그 로봇은 지리적 특징을 파악하기 위해 물속에서 탐색한다.

0787 covered with

~으로 뒤덮인
The mountain is **covered with** snow all year round.
그 산은 일 년 내내 눈으로 덮여 있다.

동 cover 덮다; 가리다

Intermediate

0788 southern
[sʌ́ðərn]
▒▒▒▒ern

형 남쪽의, 남쪽에 있는
Jeju-do is an island in the **southern** region of Korea.
제주도는 한국의 남쪽 지방에 있는 섬이다.

명 south 남, 남쪽

0789 northern
[nɔ́ːrðərn]
ern

형 북쪽의, 북쪽에 있는
If you go to **northern** Canada, you can see the fantastic aurora. 북부 캐나다에 가면, 환상적인 오로라를 볼 수 있다.

명 north 북, 북쪽

0790 eastern
[íːstərn]
ern

형 동쪽의, 동쪽에 있는
Mount Kilimanjaro is located in **eastern** Africa.
킬리만자로산은 동아프리카에 위치해 있다.

명 east 동, 동쪽

0791 western
[wéstərn]
ern

형 서쪽의, 서쪽에 있는
People wondered why the land in **western** Australia is red.
사람들은 왜 서부 호주의 땅이 붉은지 궁금해했다.

명 west 서, 서쪽

0792 core
[kɔːr]
re

명 중심부; 핵심 형 핵심적인
The heat of Earth's **core** causes earthquakes.
지구 중심부의 열이 지진을 일으킨다.

≒ center 중심, 중앙, 가운데

0793 phase
[feiz]
se

명 단계, 시기, 국면
The continent entered into a separation **phase**.
그 대륙은 분리 단계에 접어들었다.

0794 slope
[sloup]
pe

명 경사지; (산)비탈, 슬로프
The steep **slope** continues for 10 minutes in the east of the hill. 그 언덕 동쪽으로 가파른 경사지가 10분 동안 계속된다.

0795 horizon
[həráizən]
zon

명 수평선, 지평선
The **horizon** is where the sky meets the sea.
수평선은 하늘이 바다를 만나는 곳이다.

형 horizontal 수평의, 가로의

DAY 27

| 0796 | **exclude**
[iksklú:d]
de | 동 제외하다, 배제하다
National park areas were **excluded** from the development plan.
국립공원 지역들은 개발 계획에서 제외되었다. | ↔ include 포함하다 |

| 0797 | **geography**
[dʒiágrəfi]
geo | 명 지리학; 지리, 지형
With a long land, Chile is very interesting in terms of **geography**. 긴 국토와 더불어, 칠레는 지리학적 측면에서 매우 흥미롭다. | 형 geographical 지리학의, 지리(학)적인 |

| 0798 | **canyon**
[kǽnjən]
ca | 명 협곡
There are many amazing **canyons** in the United States.
미국에는 경이로운 협곡들이 많이 있다. | |

| 0799 | **compass**
[kʌ́mpəs]
com | 명 나침반; (제도용) 컴퍼스
The **compass** doesn't point to the true geographic North Pole.
나침반은 진정한 지리학적 북극을 가리키지 않는다. | |

| 0800 | **Arctic**
[á:rktik]
tic | 형 북극의, 북극 지방의
The **Arctic** Ocean is the smallest ocean and doesn't freeze easily.
북극해는 가장 작은 바다로 쉽게 얼지 않는다. | ↔ Antarctic 남극의 |

| 0801 | **Antarctic**
[æntá:rktik]
arctic | 형 남극의, 남극 지방의
98 percent of the **Antarctic** continent is covered with ice.
남극 대륙의 98퍼센트가 얼음으로 덮여 있다. | 남극 대륙은 Antarctica 라고 하기도 해요.
↔ Arctic 북극의 |

| 0802 | **Pacific**
[pəsífik]
fic | 형 태평양의 명 태평양
The sea between our country and the U.S. is the **Pacific** Ocean.
우리나라와 미국 사이의 바다가 태평양이다. | |

| 0803 | **Atlantic**
[ætlǽntik]
tic | 형 대서양의 명 대서양
Tropical storms and hurricanes often occur in the **Atlantic** Ocean. 열대성 폭풍과 허리케인은 종종 대서양에서 발생한다. | |

0804	**burst**	〔동〕 터지다; 터뜨리다	(과거형) -burst-burst
	[bə:rst]	If the banks **burst**, it can flood because the ground is low.	
	st	둑이 터지면, 땅이 낮아서 침수될 수 있다.	

0805	**pass through**	~을 지나가다, 통과하다, 겪다	
		You have to **pass through** the Alps to get to Italy from Switzerland. 스위스에서 이탈리아로 가려면 알프스산맥을 지나가야 한다.	

◤Advanced

0806	**approximately**	〔부〕 대략, 거의	〔형〕 approximate 거의 정확한, 대략의
	[əpráksəmətli]	The Andes Mountains are **approximately** 7,000 kilometers long.	
	ately	안데스산맥의 길이는 대략 7천 킬로미터이다.	

0807	**refine**	〔동〕 정제하다, 깨끗하게 하다	
	[rifáin]	They built many facilities in the deserts to **refine** oil.	
	re	그들은 석유를 정제하기 위해 사막에 많은 시설을 건설했다.	

0808	**vertical**	〔형〕 수직의, 세로의	〔부〕 vertically 수직으로
	[və́:rtikəl]	After passing a flat area with a lake, a **vertical** cliff follows.	
	cal	호수가 있는 평평한 지역을 지나고 나면, 수직 절벽이 이어진다.	

0809	**equator**	〔명〕 적도	'에콰도르(Ecuador)'는 '적도'라는 의미의 스페인어에서 나온 이름이에요.
	[ikwéitər]	The **equator** divides the northern and southern hemispheres.	
	tor	적도는 북반구와 남반구를 나눈다.	

0810	**parallel**	〔부〕 평행하게, 평행으로 〔형〕 평행의	
	[pǽrəlèl]	The highway runs **parallel** to the river.	
	para	그 고속도로는 강과 평행으로 뻗어 있다.	

DAY 27

A 영어는 우리말로, 우리말은 영어로 쓰시오.

01	canyon		16	위치, 장소	
02	range		17	지리학; 지리, 지형	
03	compass		18	물속에서; 물속의	
04	exclude		19	(지구의) 극; 막대기	
05	chain		20	북극의, 북극 지방의	
06	equator		21	북쪽의, 북쪽에 있는	
07	covered with		22	태평양의; 태평양	
08	southern		23	대서양의; 대서양	
09	vertical		24	터지다; 터뜨리다	
10	eastern		25	~을 지나가다	
11	western		26	수평선, 지평선	
12	core		27	정제하다	
13	Antarctic		28	가까이에; 근처의	
14	slope		29	단계, 시기, 국면	
15	approximately		30	평행하게; 평행의	

B 다음 표현을 우리말로 쓰시오.

01 the steep slope

02 northern Canada

03 a chain of islands

04 covered with snow

05 the heat of Earth's core

ⓒ 빈칸에 알맞은 단어를 쓰시오.

01 Arctic ↔ A_____ = 북극의 ↔ 남극의

02 include ↔ _____ = 포함하다 ↔ 제외하다

03 _____ : vertically = 수직의 : 수직으로

04 _____ : polar = (지구의) 극 : 극지의

05 locate : _____ = 위치를 찾다 : 위치, 장소

06 west : _____ = 서쪽 : 서쪽의

ⓓ 암기한 단어를 이용하여 다음 문장을 완성하시오.

01 그 대륙은 분리 단계에 접어들었다.

→ The continent entered into a separation _____.

02 제주도는 한국의 남쪽 지방에 있는 섬이다.

→ Jeju-do is an island in the _____ region of Korea.

03 미국에는 경이로운 협곡들이 많이 있다.

→ There are many amazing _____s in the United States.

04 우리나라와 미국 사이의 바다가 태평양이다.

→ The sea between our country and the U.S. is the _____

Ocean.

💬👤 태평양, 대서양 등은 '이름'이기 때문에 항상 대문자로 시작해요.

05 그 로봇은 지리적 특징을 파악하기 위해 물속에서 탐색한다.

→ The robot explores _____ to identify the geographical

feature.

06 길고 넓은 산맥이 그 나라의 중앙을 가로지른다.

→ A long, wide mountain _____ crosses the center of the

country.

Science & Technology I

☑ 오늘은 과학과 기술 I 관련 단어를 집중해서 암기할 거예요.

password

spark

PREVIEW 아는 단어에 체크해 보세요.　　　　　　　　　아는 단어 ▨▨▨ / 30개

0811	☐	digital	0826	☐	electronic
0812	☐	IT	0827	☐	manual
0813	☐	install	0828	☐	automatic
0814	☐	mode	0829	☐	adjust
0815	☐	upload	0830	☐	technique
0816	☐	password	0831	☐	progress
0817	☐	benefit	0832	☐	adapt
0818	☐	scientific	0833	☐	simplify
0819	☐	advance	0834	☐	productive
0820	☐	function	0835	☐	spark
0821	☐	efficiency	0836	☐	catch up
0822	☐	remote	0837	☐	accurate
0823	☐	enable	0838	☐	portable
0824	☐	observe	0839	☐	accelerate
0825	☐	rotate	0840	☐	biotechnology

Basic

0811 digital
[dídʒitl]
_____ tal

형 디지털의; 디지털 방식의
Analog machines are rapidly getting replaced by **digital** ones. 아날로그 기계들이 빠르게 디지털 기계들로 대체되어 가고 있다.

↔ analog 아날로그의

0812 IT
[àití:]

명 정보 기술
Self-driving cars will be introduced at the **IT** Expo. 자율 주행 자동차들이 IT 엑스포에서 선보일 것이다.

IT는 information technology의 약자예요.

0813 install
[instɔ́:l]
_____ tall

동 설치하다, 설비하다
I **installed** the program on my laptop. 나는 내 노트북에 그 프로그램을 설치했다.

명 installation 설치, 설비; 장치

0814 mode
[moud]
m _____ e

명 모드; 방식, 방법
If you change the setting, the TV screen will be in camera **mode**. 설정을 변경하면, TV 화면이 카메라 모드가 될 것이다.

0815 upload
[ʌ́plòud]
_____ load

동 업로드하다 명 업로드
Once the file is **uploaded**, it can be sent to the internal server. 일단 파일이 업로드되면, 그것은 바로 내부 서버에 전송될 수 있다.

↔ download 다운로드하다, 내려받다

0816 password
[pǽswə̀:rd]
_____ word

명 암호; 비밀번호
Please enter a **password** when receiving data. 자료를 수신할 때는 암호를 입력하세요.

ID/PW는 '아이디'와 '패스워드'를 뜻해요.

0817 benefit
[bénəfit]
_____ fit

동 득을 보다, 득이 되다 명 이득, 혜택
Many people **benefit** from advances in technology. 많은 사람이 기술의 발전으로 득을 본다.

형 beneficial 유익한, 이로운

0818 scientific
[sàiəntífik]
_____ tific

형 과학의; 과학적인
The team is using a **scientific** tracking system. 그 팀은 과학적 추적 시스템을 사용하고 있다.

명 science 과학

VocaCoach

| 0819 | **advance** [ædvǽns] ad _____ | 몡 진전, 발전 동 전진하다 In the 20th century, there have been many **advances** in technology. 20세기에는, 많은 기술 발전이 있었다. | '선불, 사전 예약'이라는 뜻으로도 많이 쓰니 같이 알아 두세요. |

| 0820 | **function** [fʌ́ŋkʃən] _____ tion | 몡 기능, 역할 동 기능하다 The device provides many useful **functions**. 그 장치는 많은 유용한 기능을 제공한다. | 혱 functional 기능상의, 기능적인 |

| 0821 | **efficiency** [ifíʃənsi] _____ ciency | 몡 효율(성), 능률 These applications can increase the **efficiency** of work. 이 응용 프로그램들은 작업의 효율성을 높일 수 있다. | 혱 efficient 능률적인, 효율적인 |

| 0822 | **remote** [rimóut] re _____ | 혱 원격의; 먼; 외진 With IT technology, **remote** video conference is becoming common. IT 기술과 함께, 원격 화상 회의가 보편화되고 있다. | remote control 원격 조종, 리모컨 |

| 0823 | **enable** [inéibl] _____ ble | 동 가능하게 하다, 할 수 있게 하다 This **enables** us to do things that were only possible on desktops. 이것은 우리에게 데스크톱 컴퓨터에서만 가능했던 작업을 수행할 수 있게 해 준다. | |

| 0824 | **observe** [əbzə́ːrv] _____ ve | 동 관찰하다, 관측하다, 주시하다 The robot is designed to **observe** and imitate human life. 그 로봇은 인간의 생활을 관찰하고 모방하도록 설계되었다. | 몡 observation 관찰, 관측, 주시 |

| 0825 | **rotate** [róuteit] ro _____ | 동 회전하다; 교대하다 The satellite picks up space junk as it **rotates**. 그 인공위성은 회전하면서 우주 쓰레기를 줍는다. | 몡 rotation 회전, 순환 |

0826	**electronic** [ilektránik] elec	형 전자의, 전자 활동에 의한 We developed an **electronic** contract system with no contact necessary. 우리는 연락이 필요 없는 전자 계약 시스템을 개발했다.	명 electronics 전자 공학, 전자 기술
0827	**manual** [mǽnjuəl] ma	형 수동의; 손으로 하는 He switched to **manual** mode to reset the temperature. 그는 온도를 재설정하기 위해 수동 모드로 전환했다.	↔ automatic 자동의
0828	**automatic** [ɔ̀:təmǽtik] matic	형 자동의 The new camera has manual and **automatic** functions. 그 신형 카메라는 수동 및 자동 기능들이 있다.	↔ manual 수동의
0829	**adjust** [ədʒʌ́st] ad	동 조절하다, 조정하다; 적응하다 You can **adjust** the brightness of the device in 3 levels. 그 장치의 밝기는 3단계로 조정할 수 있다.	명 adjustment 조절, 조정; 적응
0830	**technique** [tekní:k] tech	명 기술, 기법 This useful **technique** has some limitations. 이 유용한 기술은 몇 가지 한계가 있다.	형 technical 기술적인, 과학 기술의
0831	**progress** [prágres] pro	명 진전, 진행 동 전진하다, 진행하다 There will be significant **progress** in our field. 우리 분야에서 상당한 진전이 있을 것이다.	동 [prəgrés]
0832	**adapt** [ədǽpt] a t	동 맞추다; 적응하다 Technological innovation is so fast that it is difficult to **adapt**. 기술 혁신이 너무 빨라서 적응하기 어렵다.	명 adaptation 적응; 각색, 개조
0833	**simplify** [símpləfài] fy	동 간소화하다, 단순화하다 The technology will **simplify** the complicated process. 그 기술은 복잡한 과정을 간소화할 것이다.	형 simple 간단한

DAY 28

0834 productive

[prədʌ́ktiv]

tive

형 생산적인; 생산하는

The work will be more efficient and **productive** through automation.

자동화를 통해 업무가 보다 효율적이고 생산적이 될 것이다.

명 productivity 생산성

0835 spark

[spɑːrk]

s ㅣ k

명 불꽃, 불똥 동 촉발시키다

A **spark** makes the fuel burn in a car engine.

불꽃이 자동차 엔진 내에서 연료가 연소되게 만든다.

자동차 엔진 내에 있는 발화 장치가 연료에 불을 붙여요.

0836 catch up

따라잡다, 따라가다

Many IT companies are working hard to **catch up** Google.

많은 IT 기업이 구글을 따라잡기 위해 열심히 일하고 있다.

◤ Advanced

0837 accurate

[ǽkjərit]

rate

형 정확한

Accurate measurements of body is necessary.

정확한 신체 측정이 필수적이다.

명 accuracy 정확(도)

0838 portable

[pɔ́ːrtəbl]

able

형 휴대용의, 휴대가 쉬운

Interest in **portable** products is growing.

휴대용 제품들에 대한 관심이 증가하고 있다.

0839 accelerate

[æksélərèit]

rate

동 가속화하다, 속도를 높이다

Our services will **accelerate** digital innovation soon.

저희 서비스가 곧 디지털 혁신을 가속화할 것입니다.

명 acceleration 가속

0840 biotechnology

[bàioutekná lədʒi]

logy

명 생명 공학

To put it simply, **biotechnology** is technology based on biology.

간단히 말해서, 생명 공학은 생물학을 토대로 한 기술이다.

정답 p.310

A 영어는 우리말로, 우리말은 영어로 쓰시오.

01	digital	16	전자의
02	IT	17	자동의
03	adjust	18	설치하다, 설비하다
04	mode	19	과학의; 과학적인
05	upload	20	기술, 기법
06	manual	21	진전, 진행; 전진하다
07	benefit	22	효율(성), 능률
08	productive	23	간소화하다
09	adapt	24	기능; 기능하다
10	advance	25	암호; 비밀번호
11	accelerate	26	따라잡다, 따라가다
12	spark	27	정확한
13	enable	28	휴대용의
14	observe	29	원격의; 먼; 외진
15	biotechnology	30	회전하다; 교대하다

DAY 28

B 다음 표현을 우리말로 쓰시오.

01 manual mode

02 enter a password

03 portable products

04 remote video conference

05 an electronic contract system

C 빈칸에 알맞은 단어를 쓰시오.

01 _____ ↔ analog   =   디지털의 ↔ 아날로그의

02 _____ ↔ download   =   업로드하다 ↔ 다운로드하다

03 efficient : _____   =   효율적인 : 효율(성)

04 _____ : rotation   =   회전하다 : 회전

05 _____ : installation   =   설치하다 : 설치

06 technical : _____   =   기술적인 : 기술, 기법

D 암기한 단어를 이용하여 다음 문장을 완성하시오.

01 그 장치는 많은 유용한 기능을 제공한다.

→ The device provides many useful _____s.

02 우리 분야에서 상당한 진전이 있을 것이다.

→ There will be significant _____ in our field.

03 그 팀은 과학적 추적 시스템을 사용하고 있다.

→ The team is using a _____ tracking system.

    science(과학)의 형용사형이에요.

04 저희 서비스가 곧 디지털 혁신을 가속화할 것입니다.

→ Our services will _____ digital innovation soon.

05 그 신형 카메라는 수동 및 자동 기능들이 있다.

→ The new camera has manual and _____ functions.

06 그 로봇은 인간의 생활을 관찰하고 모방하도록 설계되었다.

→ The robot is designed to _____ and imitate human life.

Science & Technology II

☑ 오늘은 과학과 기술 II 관련 단어를 집중해서 암기할 거예요.

flame

steel

0841 chart
[tʃɑ:rt]
_____t

명 도표, 차트
The scientist pointed to the **chart** and explained.
그 과학자는 도표를 가리키며 설명했다.

0842 certain
[sə́:rtən]
cer_____

형 확실한, 틀림없는; 확신하는
It is **certain** that the virus spreads from human to human.
그 바이러스는 사람에게서 사람으로 퍼지는 것이 확실하다.

↔ uncertain 불확실한

0843 layer
[léiər]
la_____

명 층, 막
Our efforts to preserve the ozone **layer** paid off.
오존층을 보존하기 위한 우리의 노력이 성과가 있었다.

0844 flame
[fleim]
_____me

명 불꽃, 불길
The gas explodes when it meets a **flame**.
가스는 불꽃을 만나면 폭발한다.

≒ fire 불, 화염, 불꽃

0845 outline
[áutlàin]
out_____

명 개요; 윤곽 동 개요를 서술하다
We submitted an **outline** of the plan for the technology innovation.
우리는 기술 혁신 계획의 개요를 제출했다.

0846 error
[érər]
er_____

명 오류, 실수
It is a program for system **error** analysis.
그것은 시스템 오류 분석을 위한 프로그램이다.

trial and error 시행착오

0847 rate
[reit]
r___e

명 비율; 속도; 요금
The investment **rate** in bio R&D increased by 9% compared to last year. 바이오 연구 개발 투자율은 전년 대비 9퍼센트 증가했다.

≒ ratio 비율

0848 steel
[sti:l]
st_____

명 강철, 강
The new material is 5 times stronger than **steel**.
그 신소재는 강철보다 5배 더 강하다.

| 0849 | look into | ~을 조사하다, ~을 주의 깊게 보다 | 빠르게[대충] 훑어보는 것은 look over라고 해요. |

look into

~을 조사하다, ~을 주의 깊게 보다

I'll **look into** trends in robot industries and the impact of robots on jobs.

나는 로봇 산업의 동향과 로봇이 직업에 미치는 영향을 조사할 것이다.

빠르게[대충] 훑어보는 것은 look over라고 해요.

◤ Intermediate

0850 react

[riǽkt]

ct

동 반응하다, 반응을 보이다

The program automatically **reacts** to temperature changes.

그 프로그램은 온도 변화에 자동으로 반응한다.

명 reaction 반응, 반작용

0851 equipment

[ikwípmənt]

ment

명 장비, 설비, 용품

The police gathered ideas about security **equipment** and technique. 경찰은 보안 장비와 기술에 대한 아이디어를 수집했다.

동 equip 장비를 갖추다

0852 innovate

[ínəvèit]

vate

동 혁신하다, 새로운 국면을 열다

The company announced that it will **innovate** new technology for recycling. 그 회사는 새로운 재활용 기술을 혁신할 것이라고 발표했다.

명 innovation 혁신

0853 neither

[níːðər]

ther

형 대 (둘 중) 어느 것도 ~ 아니다(않다)

Neither vaccine A nor vaccine B provides 100% prevention.

백신 A와 백신 B 둘 중 어느 것도 100퍼센트 예방해 주지는 못한다.

형 either (둘 중) 어느 한 쪽의; (둘 중) 어느 쪽의 ~도

0854 recognize

[rékəgnàiz]

nize

동 인식하다, 인정하다; 알아보다

It **recognizes** the location and movement of people through sensors. 그것은 센서를 통해 사람들의 위치와 움직임을 인식한다.

명 recognition 알아봄, 인식

0855 maintain

[meintéin]

tain

동 유지하다; 주장하다

The device helps **maintain** the balance while the robot walks.

그 장치는 로봇이 걸으면서 균형을 유지하는 데 도움을 준다.

명 maintenance 유지

DAY 29

0856	**regard** [rigá:rd] re [ ]	톰 여기다, 간주하다 톰 고려, 관심 People **regard** that NASA knows what the UFO is. 사람들은 UFO가 무엇인지 NASA는 알고 있다고 여긴다.	regardless of ~에 관계없이, ~에 상관없이 UFO는 '미확인 비행 물체'를 가리켜요.
0857	**transmit** [trænsmít] [ ]mit	톰 전송하다; 전염시키다 This service can **transmit** information 5 times faster than the current one. 이 서비스는 현재의 것보다 5배 더 빠르게 정보를 전송할 수 있다.	명 transmission 전송; 전파, 전염
0858	**means** [mi:nz] [ ]s	명 수단, 방법 Science and technology will be used as a key **means** of innovation. 과학과 기술은 혁신의 핵심 수단으로 사용될 것이다.	mean은 동사로 '의미하다'의 뜻이 있어요.
0859	**finite** [fáinait] [ ]te	형 유한한, 한정된 Science helps extend the life of a **finite** human being. 과학은 유한한 인간의 수명을 연장하는 데 도움을 준다.	↔ infinite 무한한
0860	**infinite** [ínfənit] [ ]finite	형 무한한, 무진장의 This technology has **infinite** expansion capacity. 이 기술은 무한한 확장 능력을 갖추고 있다.	↔ finite 유한한
0861	**even** [í:vən] e[ ]	형 균일한; 평평한; 짝수의 We developed an **even** coating technique that leaves no stain marks. 우리는 얼룩 자국을 남기지 않는 균일한 코팅 기술을 개발했다.	↔ uneven 평평하지 않은, 울퉁불퉁한
0862	**foresee** [fɔːrsíː] [ ]see	톰 예견하다, 예측하다 Dramatic social change is **foreseen** with the technology revolution. 기술 혁명으로 극적인 사회 변화가 예견된다.	(과거형) -foresaw -foreseen fore-(사전에, 미리) +see(보다)
0863	**be based on**	~에 근거하다, ~에 기초하다 The final decision **is based on** scientific evidence. 최종 결정은 과학적 증거에 근거한다.	

| 0864 | **take advantage of** | ~을 이용하다, ~을 기회로 활용하다
We can prevent battery fires **taking advantage of** the technology. 우리는 그 기술을 이용하여 배터리 화재를 예방할 수 있다. | 图 advantage 유리한 점, 이점 |

| 0865 | **come to an end** | 끝나다, 마치다
The study **came to an end**, so we can check information with codes. 그 연구가 끝나서, 우리는 코드로 정보를 확인할 수 있다. | |

◥ Advanced

| 0866 | **absolute**
[ǽbsəlùːt]
lute | 图 절대적인; 완전한, 완벽한
With the **absolute** size of the earth, the size of the sun can be also measured. 지구의 절대적인 크기로, 태양의 크기도 측정될 수 있다. | 图 absolutely 전적으로, 틀림없이 |

| 0867 | **atom**
[ǽtəm]
a | 图 원자, 극히 작은 것
Atoms are basic elements that we can't split any further. 원자는 더 이상 나눌 수 없는 기본 원소이다. | an atom of evidence 라고 하면 '티끌 같은 증거' 라는 뜻이 돼요. |

| 0868 | **turn out** | ~인 것으로 드러나다, ~이 되다
According to studies, it **turns out** that germs also have genes. 연구에 따르면, 세균도 유전자를 가지고 있는 것으로 드러났다. | How did it turn out? 어떻게 됐어? |

| 0869 | **sooner or later** | 조만간, 머지않아
We will replace it with our technology **sooner or later**. 우리는 조만간 그것을 우리의 기술로 대체할 것이다. | |

| 0870 | **be supposed to V** | ~하기로 되어 있다, ~라고 한다
It **was supposed to** invest 30 trillion won in science and technology. 과학 기술 분야에 30조 원을 투자하기로 되어 있었다. | |

DAY 29

Ⓐ 영어는 우리말로, 우리말은 영어로 쓰시오.

01	regard		16	층, 막
02	certain		17	전송하다
03	means		18	불꽃, 불길
04	absolute		19	유한한, 한정된
05	outline		20	비율; 속도; 요금
06	error		21	균일한; 평평한
07	chart		22	예견하다, 예측하다
08	steel		23	반응하다
09	look into		24	~을 이용하다
10	turn out		25	끝나다, 마치다
11	equipment		26	혁신하다
12	infinite		27	원자; 극히 작은 것
13	neither		28	유지하다; 주장하다
14	recognize		29	조만간, 머지않아
15	be based on		30	~하기로 되어 있다

Ⓑ 다음 표현을 우리말로 쓰시오.

01 point to the chart

02 transmit information

03 an outline of the plan

04 recognize the location

05 a key means of innovation

ⓒ 빈칸에 알맞은 단어를 쓰시오.

01 reaction : _____ = 반응 : 반응하다

02 _____ ↔ uncertain = 확실한 ↔ 불확실한

03 equip : _____ = 장비를 갖추다 : 장비

04 finite ↔ _____ = 유한한 ↔ 무한한

05 _____ : absolutely = 절대적인 : 전적으로

06 _____ ↔ uneven = 평평한 ↔ 평평하지 않은

ⓓ 암기한 단어를 이용하여 다음 문장을 완성하시오.

01 그것은 시스템 오류 분석을 위한 프로그램이다.

→ It is a program for system _____ analysis.

02 그 신소재는 강철보다 5배 더 강하다.

→ The new material is 5 times stronger than _____.

03 오존층을 보존하기 위한 우리의 노력이 성과가 있었다.

→ Our efforts to preserve the ozone _____ paid off.

04 우리는 조만간 그것을 우리의 기술로 대체할 것이다.

→ We will replace it with our technology _____ or _____.

05 기술 혁명으로 극적인 사회 변화가 예견된다.

→ Dramatic social change is _____ with the technology

revolution.

🗨🧑 주어가 '예견하는' 게 아니라 '예견되는' 것이므로 〈be+과거분사형〉의 수동태로 써야 해요.

06 연구에 따르면, 세균도 유전자를 가지고 있는 것으로 드러났다.

→ According to studies, it _____ _____ that germs also

have genes.

🗨🧑 주어가 3인칭 단수이므로 동사에 -s를 붙여 써요.

Society

☑ 오늘은 사회 관련 단어를 집중해서 암기할 거예요.

indicate

START   FINISH

contrary

PREVIEW 아는 단어에 체크해 보세요.

아는 단어 ▢▢▢ / 30개

0871 ☐ right	0886 ☐ just
0872 ☐ factor	0887 ☐ reliable
0873 ☐ differ	0888 ☐ contrary
0874 ☐ secure	0889 ☐ justify
0875 ☐ proper	0890 ☐ reform
0876 ☐ liberty	0891 ☐ acquire
0877 ☐ advantage	0892 ☐ in return
0878 ☐ relate	0893 ☐ result in
0879 ☐ tend	0894 ☐ move on
0880 ☐ standard	0895 ☐ drop out
0881 ☐ establish	0896 ☐ ethic
0882 ☐ contribute	0897 ☐ census
0883 ☐ significant	0898 ☐ prospect
0884 ☐ indicate	0899 ☐ circumstance
0885 ☐ deserve	0900 ☐ stereotype

0871 right
[rait]
ri

명 권리; 바름 형 올바른; 오른쪽의
The **right** to know is as important as freedom of the press.
알 권리는 언론의 자유 못지않게 중요하다.

rights and duties 권리와 의무

0872 factor
[fǽktər]
tor

명 요인, 요소
There are many **factors** of social conflict.
사회 갈등의 많은 요인이 있다.

0873 differ
[dífər]
di

동 다르다; 의견을 달리하다
Ideas on health care **differ** between people.
건강 관리에 대한 생각들은 사람들마다 다르다.

형 different 다른

0874 secure
[sikjúər]
se

형 안전한; 안심하는
There is no one **secure** way to make a living.
안전한 생계유지 방법은 하나도 없다.

≒ safe 안전한

0875 proper
[prápər]
per

형 제대로 된, 올바른
We should have a **proper** discussion before voting.
우리는 투표 전에 제대로 된 토의를 해야 한다.

≒ right 올바른

0876 liberty
[líbərti]
li ty

명 자유, 해방
Liberty is a basic value of our society.
자유는 우리 사회의 기본 가치이다.

≒ freedom 자유
freedom은 개인적인 자유, liberty는 보장받는 자유라는 뉘앙스가 있어요.

0877 advantage
[ædvǽntidʒ]
tage

명 이점, 유리한 점, 장점
This has **advantages** of improving the quality of life for the disabled. 이것은 장애인의 삶의 질을 향상시키는 이점들을 가지고 있다.

↔ disadvantage 불리한 점, 약점

0878 relate
[riléit]
re

동 관련시키다
The survey identifies concerns **related** to social changes.
그 설문 조사는 사회적 변화들과 관련된 우려 사항들을 파악한다.

'~와 관련이 있는'이라고 말할 때 related to를 많이 써요.

DAY 30

0879 **tend**

[tend]

t ▢▢▢▢▢▢▢

통 ~하는 경향이 있다, ~하기 쉽다

The new generation **tends** to spend more money on IT devices. 새로운 세대는 IT 기기들에 더 많은 돈을 쓰는 경향이 있다.

명 tendency 경향; 성향

0880 **standard**

[stǽndərd]

▢▢▢▢▢▢ dard

형 표준의 명 표준, 기준

The **standard** cost of living is used to establish policies.
표준 생계비는 정책들을 수립할 때 활용된다.

0881 **establish**

[istǽbliʃ]

▢▢▢▢▢▢ lish

통 수립하다; 설립하다

The mayor **established** plans to create 'Smart City.'
그 시장은 '스마트 시티'를 조성하기 위한 계획들을 수립했다.

≒ set up ~을 세우다

0882 **contribute**

[kəntríbju:t]

▢▢▢▢▢▢▢▢ bute

통 기여하다; ~의 원인이 되다

This data also **contributed** to solving social disasters.
이 데이터는 사회적 재난 해결에도 기여했다.

명 contribution 기여, 이바지; 원인 제공

0883 **significant**

[signífikənt]

▢▢▢▢▢▢ ficant

형 중대한, 중요한; 상당한

The shutdown of facilities has a **significant** impact on public welfare.
시설 폐쇄는 공공복지에 중대한 영향을 미친다.

부 significantly 중대하게, 상당히; 의미 있게

0884 **indicate**

[índəkèit]

▢▢▢▢▢▢ cate

통 나타내다; 가리키다

The numbers **indicate** that the society is unstable.
그 숫자들은 그 사회가 불안정하다는 것을 나타낸다.

명 indication 암시

0885 **deserve**

[dizə́:rv]

▢▢▢▢▢▢ ve

통 ~할 자격이 있다, ~할 만하다

You **deserve** a second chance, no matter who you are.
당신이 누구든지 간에, 당신은 다시 한 번의 기회를 가질 자격이 있다.

0886	**just** [dʒʌst] j_____	형 정의로운, 공정한 A peaceful and **just** society listens to its citizens. 평화롭고 정의로운 사회는 시민의 소리에 귀 기울인다.	명 justice 정의
0887	**reliable** [riláiəbl] _____ able	형 신뢰할 수 있는, 믿을 만한 She has to prove that she is a **reliable** leader. 그녀는 자신이 신뢰할 수 있는 지도자임을 증명해야 한다.	↔ unreliable 신뢰할 수 없는
0888	**contrary** [kántreri] _____ rary	형 반대의, 반대되는 명 (정)반대 They expected a rise in birth rate, but a **contrary** result came out. 그들은 출산율 증가를 예상했지만, 정반대의 결과가 나왔다.	contrary to ~에 반하여
0889	**justify** [dʒʌ́stəfài] _____ fy	동 정당화하다; 옳음을 증명하다 Do you really think the end **justifies** the means? 너는 정말로 결과가 수단을 정당화한다고 생각하니?	The end justifies the means. [속담] 목적이 수단을 정당화한다., 끝이 좋으면 다 좋다.
0890	**reform** [rifɔ́ːrm] re_____	명 개혁, 개선 동 개혁하다, 개선하다 Some citizens agree on the need for military **reform**. 일부 시민들은 군 개혁의 필요성에 동의한다.	
0891	**acquire** [əkwáiər] ac_____	동 취득하다; 얻다, 습득하다 They **acquired** Korean citizenship after working for 10 years. 그들은 10년 동안 일한 후에 한국 시민권을 취득했다.	명 acquisition 획득, 습득; 취득물
0892	**in return**	보답으로, 답례로 The chairman donated his money **in return** for the support. 그 회장은 성원에 대한 보답으로 자신의 돈을 기부했다.	
0893	**result in**	~을 초래하다(야기하다) The rise in the minimum wage **resulted in** a decrease in jobs. 최저 임금 인상은 일자리 감소를 초래했다.	명 result 결과

DAY 30

| 0894 | **move on** | ~으로 넘어가다(이동하다) | 통 move 움직이다 |

move on

~으로 넘어가다(이동하다)

The vote on the issue **moved on** to the next session.

그 문제에 대한 표결은 다음 회기로 넘어갔다.

통 move 움직이다

0895 **drop out**

중퇴하다, 탈퇴하다

He **dropped out** of school and joined the army.

그는 학교를 중퇴하고 입대했다.

통 drop 떨어지다; 떨어뜨리다

◣ Advanced

0896 **ethic**
[éθik]
e

명 윤리, 도덕

Ethics are moral beliefs about right and wrong.

윤리는 옳고 그름에 대한 도덕적 믿음이다.

형 ethical 윤리적인

0897 **census**
[sénsəs]
sus

명 인구 조사

A national **census** is taken every five years.

국가 인구 조사는 5년마다 실시된다.

0898 **prospect**
[práspekt]
pect

명 전망, 가능성

The **prospect** of the economic recovery is not rosy.

경기 회복 전망이 장밋빛은 아니다.

형 prospective 장래의, 유망한

0899 **circumstance**
[sə́ːrkəmstæ̀ns]
tance

명 환경, 상황, 정황

The **circumstance** of that town needs to be improved.

저 도시의 환경은 개선될 필요가 있다.

0900 **stereotype**
[stériətàip]
type

명 고정 관념

The **stereotype** that boys are better at math still exists.

남자아이들이 수학을 더 잘한다는 고정 관념은 여전히 존재한다.

A 영어는 우리말로, 우리말은 영어로 쓰시오.

01	right		16	정의로운, 공정한
02	justify		17	신뢰할 수 있는
03	differ		18	반대의; (정)반대
04	prospect		19	요인, 요소
05	proper		20	개혁, 개선; 개혁하다
06	acquire		21	자유, 해방
07	deserve		22	보답으로, 답례로
08	relate		23	이점, 유리한 점
09	tend		24	표준의; 표준, 기준
10	circumstance		25	중퇴하다, 탈퇴하다
11	establish		26	윤리, 도덕
12	move on		27	인구 조사
13	significant		28	기여하다
14	indicate		29	안전한; 안심하는
15	result in		30	고정 관념

B 다음 표현을 우리말로 쓰시오.

01 establish plans

02 a significant impact

03 related to social changes

04 the standard cost of living

05 many factors of social conflict

C 빈칸에 알맞은 단어를 쓰시오.

01 _____ : prospective = 전망 : 장래의

02 _____ : different = 다르다 : 다른

03 _____ : ethical = 윤리 : 윤리적인

04 indication : _____ = 암시 : 나타내다, 가리키다

05 _____ ↔ unreliable = 신뢰할 수 있는 ↔ 신뢰할 수 없는

06 l_____ ≒ freedom = 자유

D 암기한 단어를 이용하여 다음 문장을 완성하시오.

01 저 도시의 환경은 개선될 필요가 있다.

→ The _____ of that town needs to be improved.

02 이 데이터는 사회적 재난 해결에도 기여했다.

→ This data also _____ to solving social disasters.

'기여했다'이므로 -(e)d를 붙여서 동사의 과거형으로 써야 해요.

03 당신이 누구든지 간에, 당신은 다시 한 번의 기회를 가질 자격이 있다.

→ You _____ a second chance, no matter who you are.

04 그는 학교를 중퇴하고 입대했다.

→ He _____ _____ of school and joined the army.

drop으로 시작하는 표현이고, 과거형으로 써야 해요.

05 알 권리는 언론의 자유 못지않게 중요하다.

→ The _____ to know is as important as freedom of the press.

06 그 회장은 성원에 대한 보답으로 자신의 돈을 기부했다.

→ The chairman donated his money _____ _____ for the support.

Ⓐ 영어를 우리말로 쓰시오.

01 primary

02 vertical

03 password

04 foresee

05 biology

06 reform

07 flame

08 covered with

09 drop out

10 portable

11 efficiency

12 storage

13 means

14 burst

15 stereotype

16 enable

17 mankind

18 recognize

19 southern

20 contribute

Ⓑ 우리말을 영어로 쓰시오.

01 단계, 시기, 국면

02 층, 막

03 관찰하다, 관측하다

04 저장, 보관; 저장고

05 설치하다, 설비하다

06 요인, 요소

07 혼합물, 혼합

08 혁신하다

09 회전하다; 교대하다

10 관련시키다

11 동쪽의, 동쪽에 있는

12 산소

13 유지하다; 주장하다

14 수평선, 지평선

15 표준의; 표준, 기준

16 포유동물

17 원격의; 먼; 외진

18 나침반; 컴퍼스

19 유한한, 한정된

20 전망, 가능성

C 다음 표현을 우리말로 쓰시오.

01 the steep slope ....

02 a proper discussion ....

03 be made up of cells ....

04 the theory of evolution ....

05 infinite expansion capacity ....

06 significant progress in our field ....

D 암기한 단어를 이용하여 다음 문장을 완성하시오.

01 정확한 신체 측정이 필수적이다.

→ _____ measurements of body is necessary.

😀 문장 맨 앞 글자는 대문자로 써요.

02 그 두 물질은 화학 반응을 일으켰다.

→ The two _____ caused a chemical reaction.

😀 앞에 two가 있고, '물질'이라는 뜻으로 쓰일 때는 셀 수 있으므로 -s를 붙여 복수형으로 써요.

03 그 숫자들은 그 사회가 불안정하다는 것을 나타낸다.

→ The numbers _____ that the society is unstable.

04 적도는 북반구와 남반구를 나눈다.

→ The _____ divides the northern and southern hemispheres.

05 우리는 조만간 그것을 우리의 기술로 대체할 것이다.

→ We will replace it with our technology _____ or _____.

06 이 서비스는 현재의 것보다 5배 더 빠르게 정보를 전송할 수 있다.

→ This service can _____ information 5 times faster than the current one.

Economy

☑ 오늘은 경제 관련 단어를 집중해서 암기할 거예요.

stock

currency

0901	☐	economic	0916	☐	afford
0902	☐	annual	0917	☐	priceless
0903	☐	credit	0918	☐	currency
0904	☐	loss	0919	☐	decline
0905	☐	burden	0920	☐	property
0906	☐	worth	0921	☐	negotiate
0907	☐	demand	0922	☐	boost
0908	☐	rent	0923	☐	outcome
0909	☐	target	0924	☐	pay off
0910	☐	strategy	0925	☐	figure out
0911	☐	stock	0926	☐	temporary
0912	☐	finance	0927	☐	estimate
0913	☐	budget	0928	☐	possess
0914	☐	capital	0929	☐	potential
0915	☐	allowance	0930	☐	commerce

0901	**economic** [ì:kənámik] mic	형 경제의, 경제적인 The country is experiencing slow **economic** growth. 그 나라는 더딘 경제 성장을 경험하고 있다.	명 economy 경제
0902	**annual** [ǽnjuəl] al	형 연간의, 연례의; 일 년의 The company's **annual** sales reached 1 trillion won. 그 회사의 연간 매출액이 1조 원에 이르렀다.	부 annually 연간, 매년
0903	**credit** [krédit] dit	명 신용, 신뢰; 학점 You don't need cash because you can pay with **credit** cards. 신용카드로 결제할 수 있기 때문에 현금이 필요 없다.	
0904	**loss** [lɔːs] lo	명 손해, 손실; 분실 There's no way you can suffer a **loss** in this deal. 네가 이 거래에서 손해를 볼 일은 없다.	↔ profit 이익
0905	**burden** [bə́ːrdən] den	명 부담, 짐 동 부담을 지우다 Both buyers and sellers share the **burden** of taxes. 소비자와 판매자 모두 조세 부담을 분담한다.	
0906	**worth** [wəːrθ] th	형 ~의 가치가 있는 명 가치 Many experts say that it is **worth** investing in gold. 많은 전문가들은 금에 투자할 가치가 있다고 말한다.	be worth V-ing ~할 가치가 있다 be worthy of ~의 가치가 있다
0907	**demand** [dimǽnd] de	명 수요, 요구 동 요구하다 Companies are trying to satisfy their customers' **demands**. 기업들은 고객들의 요구를 만족시키기 위해 노력하고 있다.	↔ supply 공급
0908	**rent** [rent] r	명 집세, 임대료 동 임대하다, 임차하다 How much is the monthly **rent** for this house? 이 집의 월세가 얼마인가요?	

0909 target
[tá:rgit]
get

명 목표, (목표로 하는) 대상; 표적
The company's main **target** is the women in their 30's to 50's.
그 회사의 주요 목표 대상은 30대에서 50대까지의 여성이다.

Intermediate

0910 strategy
[strǽtədʒi]
st gy

명 전략
We need to have a smart **strategy** to survive in the market. 우리는 시장에서 살아남기 위해 현명한 전략이 있어야 한다.

형 strategic 전략적인

0911 stock
[stɑk]
ck

명 주식; 재고
Stock trading by individual investors is increasing every year.
개인 투자자의 주식 거래가 매년 늘고 있다.

0912 finance
[fáinæns]
ce

명 금융; 재정, 재무; 재원
The street is the center of global **finance**.
그 거리는 국제 금융의 중심지이다.

형 financial 금융(상)의, 재정(상)의

0913 budget
[bʌ́dʒit]
get

명 예산, 예산안 동 예산을 세우다
Next year's **budget** for the R&D is set at 20 billion won.
내년도 연구 개발 예산은 200억 원으로 책정되어 있다.

0914 capital
[kǽpitl]
tal

명 자본; 자본가
He started a business with a **capital** of $100,000.
그는 십만 달러의 자본금으로 사업을 시작했다.

'수도, 대문자'라는 뜻도 있어요.

0915 allowance
[əláuəns]
ance

명 용돈, 수당; 허용량
She made money without getting **allowance** from her parents. 그녀는 부모님으로부터 용돈을 받지 않고 돈을 벌었다.

동 allow 허락하다, 허용하다

0916 afford
[əfɔ́ːrd]

a ▧▧▧ d

동 (시간적·금전적) 여유(형편)가 되다

We can't **afford** to buy a new car now.

우리는 지금 새 차를 살 여유가 없다.

형 affordable 감당할 수 있는, (가격이) 알맞은

0917 priceless
[práislis]

▧▧▧ less

형 값을 매길 수 없는, 아주 귀중한

The experience of economic growth is **priceless**.

경제 성장의 경험은 값을 매길 수 없다.

동 price(값을 매기다)+ -less(~ 없는)

0918 currency
[kə́ːrənsi]

cu ▧▧▧ cy

명 통화, 화폐; 유통

Europe created a single **currency**, the euro.

유럽은 단일 통화인 유로를 만들었다.

0919 decline
[dikláin]

de ▧▧▧

동 하락하다, 감소하다; 거절하다

The company's stock value **declined** today.

그 회사의 주가는 오늘 하락했다.

≒ fall 떨어지다, 하락[감소]하다

0920 property
[prápərti]

pro ▧▧▧

명 재산, 소유물; 부동산

You can't damage other people's **property**.

다른 사람들의 재산에 피해를 입혀서는 안 된다.

0921 negotiate
[nigóuʃièit]

nego ▧▧▧

동 협상하다, 교섭하다

The two countries **negotiated** for a free trade agreement.

그 두 나라는 자유 무역 협정을 위해 협상했다.

명 negotiation 협상, 교섭, 절충

0922 boost
[buːst]

▧▧▧ st

동 부양하다, 신장시키다 명 부양책

The largest budget will be invested to **boost** the economy.

경제를 부양하기 위해 가장 큰 예산이 투자될 것이다.

0923 outcome
[áutkʌm]

out ▧▧▧

명 결과, (구체적인) 성과

We are waiting for the final **outcome** of the negotiations.

우리는 그 협상의 최종 결과를 기다리고 있다.

Voca Coach

| 0924 | pay off | 갚다, 청산하다; 결실을 맺다 | 통 pay 지불하다, 내다 |

0924 pay off
갚다, 청산하다; 결실을 맺다
I finally **paid off** all the debts I had.
나는 드디어 내가 가진 모든 부채를 갚았다.

통 pay 지불하다, 내다

0925 figure out
산출하다, 계산하다
The finance team **figured out** how much is needed for the new project. 재무팀은 새 프로젝트를 위해 얼마가 필요한지를 산출했다.

'알아내다, 이해하다'의 뜻으로도 많이 쓰여요.

◣ Advanced

0926 temporary
[témpərèri]
tem

형 일시적인, 임시의
That is a **temporary** solution for this economic situation.
그것은 이런 경제 상황에 대한 일시적인 해결책이다.

↔ permanent 영구적인

0927 estimate
[éstəmèit]
mate

동 추정하다, 평가하다 명 추정, 평가
It is **estimated** that the economy will suffer this year.
올해 경제가 악화될 것으로 추정된다.

0928 possess
[pəzés]
po ss

동 소유하다, 지니다
Who has the right to **possess** the property?
누가 그 재산을 소유할 권리를 가지고 있는가?

명 possession 소유, 소지, 보유

0929 potential
[pəténʃəl]
tial

형 잠재적인, 가능성이 있는 명 가능성
The next step is to attract **potential** customers.
다음 단계는 잠재 고객들을 유치하는 것이다.

0930 commerce
[kámərs]
ce

명 상업, 통상
Leaders of global **commerce** joined the conference.
국제 통상 지도자들이 그 회의에 참석했다.

형 commercial 상업의, 상업적인

A 영어는 우리말로, 우리말은 영어로 쓰시오.

01	pay off		16	여유(형편)가 되다
02	property		17	값을 매길 수 없는
03	negotiate		18	경제의, 경제적인
04	loss		19	하락하다, 감소하다
05	burden		20	연간의, 연례의
06	worth		21	신용, 신뢰; 학점
07	demand		22	부양하다; 부양책
08	target		23	결과, 성과
09	rent		24	주식; 재고
10	estimate		25	산출하다, 계산하다
11	currency		26	일시적인, 임시의
12	finance		27	예산; 예산을 세우다
13	possess		28	자본; 자본가
14	potential		29	전략
15	allowance		30	상업, 통상

B 다음 표현을 우리말로 쓰시오.

01 a smart strategy

02 the burden of taxes

03 pay with credit cards

04 slow economic growth

05 the company's main target

ⓒ 빈칸에 알맞은 단어를 쓰시오.

01 _____ : annually = 연간의 : 연간, 매년

02 supply ↔ _____ = 공급 ↔ 수요

03 _____ : financial = 금융, 재정 : 금융의, 재정의

04 _____ : negotiation = 협상하다 : 협상

05 _____ ↔ permanent = 일시적인 ↔ 영구적인

06 profit ↔ _____ = 이익 ↔ 손해, 손실

ⓓ 암기한 단어를 이용하여 다음 문장을 완성하시오.

01 우리는 지금 새 차를 살 여유가 없다.

→ We can't _____ to buy a new car now.

02 경제 성장의 경험은 값을 매길 수 없다.

→ The experience of economic growth is _____.

영어로 '값을 매기다'와 '~ 없는'이라는 뜻이 결합된 단어예요.

03 그는 십만 달러의 자본금으로 사업을 시작했다.

→ He started a business with a _____ of $100,000.

04 많은 전문가들은 금에 투자할 가치가 있다고 말한다.

→ Many experts say that it is _____ investing in gold.

05 그녀는 부모님으로부터 용돈을 받지 않고 돈을 벌었다.

→ She made money without getting _____ from her parents.

06 재무팀은 새 프로젝트를 위해 얼마가 필요한지를 산출했다.

→ The finance team _____ _____ how much is needed

for the new project.

figure로 시작하는 표현으로, '산출했다'이므로 동사를 과거형으로 써야 해요.

Industry

☑ 오늘은 산업 관련 단어를 집중해서 암기할 거예요.

mechanical

crane

PREVIEW 아는 단어에 체크해 보세요. 　　　　　　　　아는 단어 ▨▨▨ / 30개

0931	☐ earn		0946	☐ constant
0932	☐ material		0947	☐ enrich
0933	☐ aim		0948	☐ surplus
0934	☐ option		0949	☐ strike
0935	☐ scale		0950	☐ dealer
0936	☐ sector		0951	☐ crane
0937	☐ construct		0952	☐ pave
0938	☐ eventually		0953	☐ proportion
0939	☐ mechanical		0954	☐ cut off
0940	☐ manufacture		0955	☐ capable of
0941	☐ ensure		0956	☐ soar
0942	☐ agriculture		0957	☐ assemble
0943	☐ cultivate		0958	☐ collapse
0944	☐ concrete		0959	☐ prosper
0945	☐ utilize		0960	☐ withstand

0931

earn

[əːrn]

rn

통 (돈을) 벌다; (수익을) 올리다

What are the industries that **earn** the highest profits?

가장 높은 수익을 올리는 산업들은 무엇일까?

명 earning 소득, 수입

0932

material

[mətíəriəl]

rial

명 재료; 자료; 직물

Materials our company uses are 100% domestic.

우리 회사가 사용하는 재료들은 100퍼센트 국내산이다.

0933

aim

[eim]

m

명 목표, 목적 통 목표하다

The company's **aim** is to lead the space industry.

그 회사의 목표는 우주 산업을 선도하는 것이다.

0934

option

[ápʃən]

op

명 선택, 선택권, 옵션

The easy **option** isn't always the best one, especially in that industry. 특히 그 산업에서는, 쉬운 선택이 항상 최선의 것은 아니다.

형 optional 선택적인

0935

scale

[skeil]

le

명 규모; 등급; 저울

They promoted on a large **scale** to maximize profits.

그들은 수익을 극대화하기 위해 대규모로 홍보했다.

0936

sector

[séktər]

tor

명 분야, 영역

Service **sector** provides services such as repairs, training, or consulting.

서비스 분야는 수리, 교육, 또는 상담과 같은 서비스를 제공한다.

≒ field 분야

0937

construct

[kənstrʌ́kt]

truct

통 건설하다, 조립하다

They are **constructing** new factories in the industrial district. 그들은 공업 지구에 새 공장들을 건설하고 있다.

명 construction 건설

0938

eventually

[ivéntʃuəli]

even

부 결국

This industry will **eventually** need to be modernized.

이 산업은 결국 현대화될 필요가 있을 것이다.

0939 mechanical
[məkǽnikəl]
nical

형 기계의, 기계로 작동되는
The content industry leads the world, not the **mechanical** industry. 기계 산업이 아니라, 콘텐츠 산업이 세상을 이끈다.

명 mechanic 정비공; 기계학

0940 manufacture
[mænjəfǽktʃər]
manu

동 제조하다, 생산하다 명 제조, 생산
The company expects to **manufacture** hydrogen cars soon. 그 회사는 곧 수소 자동차를 생산할 예정이다.

명 manufacturer 제조자, 생산 회사

0941 ensure
[inʃúər]
en

동 보장하다, 반드시 ~하게 하다
You need to **ensure** the good service to your customers. 귀사의 고객들에게 좋은 서비스를 보장해야 합니다.

0942 agriculture
[ǽgrəkʌltʃər]
culture

명 농업
The number of people employed in **agriculture** has fallen. 농업에 종사하는 사람들의 수는 감소해 왔다.

형 agricultural 농업의, 농사의

0943 cultivate
[kʌ́ltəvèit]
vate

동 경작하다, 재배하다
AI robots will soon **cultivate** crops instead of humans. 인공 지능 로봇이 곧 사람 대신 작물을 재배할 것이다.

명 cultivation 경작, 재배, 개간

0944 concrete
[kànkríːt]
con

형 콘크리트로 된 명 콘크리트
A new **concrete** method was applied to the construction. 새로운 콘크리트 공법이 건설에 적용되었다.

0945 utilize
[júːtəlàiz]
ize

동 활용하다, 이용하다
Employers must **utilize** their employees more effectively. 고용주들은 직원들을 더 효과적으로 활용해야 한다.

0946 constant
[kánstənt]
con

형 끊임없는, 지속적인; 일정한
They are trying to find ways to ensure **constant** innovation.
그들은 지속적인 혁신을 보장할 방법들을 찾으려 노력하고 있다.

뷔 constantly 끊임없이

0947 enrich
[inrítʃ]
en

동 풍요롭게 하다, 부유하게 하다
The new factory will **enrich** the local economy.
새 공장은 지역 경제를 풍요롭게 할 것이다.

en-(~이 되게 하다)+
rich(부유한)

0948 surplus
[sə́ːrplʌs]
plus

명 흑자, 과잉
The trade **surplus** was $400 million this year.
올해 무역 흑자는 4억 달러였다.

↔ deficit 적자

0949 strike
[straik]
st

명 파업; 공격, 공습 동 (세게) 치다
The workers finally chose to go on **strike**.
노동자들은 결국 파업에 들어가기로 선택했다.

0950 dealer
[díːlər]
er

명 판매업자, 중개인, 딜러
There are many used car **dealers** in that area.
그 지역에는 중고차 판매업자들이 많이 있다.

동 deal 거래하다

0951 crane
[krein]
ne

명 크레인, 기중기
They are able to control the **crane** remotely.
그들은 크레인을 원격으로 제어할 수 있다.

0952 pave
[peiv]
ve

동 (도로·길 등을) 포장하다
They need to **pave** the road to improve the industry.
그들은 그 산업을 개선하기 위해 도로를 포장해야 한다.

명 pavement 포장도로

0953 proportion
[prəpɔ́ːrʃən]
pro tion

명 (전체에서 부분의) 비율
The **proportion** of imports in the country is higher than that of exports.
그 나라의 수입 비중이 수출 비중보다 더 높다.

0954 **cut off**

잘라내다, 차단하다

We should **cut off** the factors that threaten the industry.

우리는 그 산업을 위협하는 요소들을 잘라내야 한다.

0955 **capable of**

~할 수 있는

The company was the only one **capable of** building a spaceship. 그 회사는 우주선을 만들 수 있는 유일한 회사였다.

◤ Advanced

0956 **soar**

[sɔːr]

s___r

⟦동⟧ 급증하다, 급등하다

Electricity demand **soared** this summer due to the hot weather.

올여름 무더운 날씨 탓에 전력 수요가 급증했다.

≒ rise 상승하다, 오르다

0957 **assemble**

[əsémbl]

___ble

⟦동⟧ 조립하다; 모으다

The workers at the factory **assemble** computer chips.

그 공장의 근로자들은 컴퓨터 칩을 조립한다.

⟦명⟧ assembly 조립; 의회

0958 **collapse**

[kəlǽps]

co___se

⟦명⟧ 붕괴 ⟦동⟧ 무너지다, 붕괴되다

They will do anything to prevent the **collapse** of the industry.

그들은 그 산업의 붕괴를 막기 위해 무엇이든 할 것이다.

0959 **prosper**

[práspər]

___per

⟦동⟧ 번영하다, 번창하다, 번성하다

The industry is expected to **prosper** in near future.

그 산업은 머지않은 미래에 번창할 것으로 예상된다.

⟦명⟧ prosperity 번영, 번창, 번성

0960 **withstand**

[wiðstǽnd]

with___

⟦동⟧ 견뎌 내다, 감수하다

The company made a material that can **withstand** high temperatures.

그 회사는 고온을 견뎌 낼 수 있는 물질을 만들었다.

(과거형) -withstood -withstood

A 영어는 우리말로, 우리말은 영어로 쓰시오.

01	earn		16	재료; 자료; 직물
02	soar		17	풍요롭게 하다
03	aim		18	흑자, 과잉
04	strike		19	선택, 선택권, 옵션
05	scale		20	판매업자, 중개인
06	utilize		21	분야, 영역
07	construct		22	보장하다
08	constant		23	결국
09	proportion		24	잘라내다, 차단하다
10	manufacture		25	~할 수 있는
11	pave		26	기계의
12	withstand		27	조립하다; 모으다
13	collapse		28	경작하다, 재배하다
14	concrete		29	번영하다, 번창하다
15	crane		30	농업

B 다음 표현을 우리말로 쓰시오.

01 go on strike

02 on a large scale

03 the company's aim

04 the mechanical industry

05 ensure the good service

C 빈칸에 알맞은 단어를 쓰시오.

01 _____ : earning = (돈을) 벌다 : 소득, 수입

02 deal : _____ = 거래하다 : 판매업자, 중개인

03 _____ : optional = 선택, 선택권 : 선택적인

04 _____ : constantly = 끊임없는 : 끊임없이

05 _____ : construction = 건설하다 : 건설

06 field ≒ s_____ = 분야

D 암기한 단어를 이용하여 다음 문장을 완성하시오.

01 올해 무역 흑자는 4억 달러였다.

→ The trade _____ was $400 million this year.

02 새 공장은 지역 경제를 풍요롭게 할 것이다.

→ The new factory will _____ the local economy.

03 인공 지능 로봇이 곧 사람 대신 작물을 재배할 것이다.

→ AI robots will soon _____ crops instead of humans.

04 농업에 종사하는 사람들의 수는 감소해 왔다.

→ The number of people employed in _____ has fallen.

05 우리는 그 산업을 위협하는 요소들을 잘라내야 한다.

→ We should _____ _____ the factors that threaten the

industry.

cut으로 시작하는 표현이에요.

06 그 회사는 우주선을 만들 수 있는 유일한 회사였다.

→ The company was the only one _____ _____ building

a spaceship.

Politics

☑ 오늘은 정치 관련 단어를 집중해서 암기할 거예요.

election

council

| 0961 | **political** [pəlítikəl] tical | 혱 정치적인, 정치와 관련된
Everyone has a different **political** point of view.
모든 사람은 다른 정치적 관점을 가지고 있다. | 혱 politics 정치 |

| 0962 | **balance** [bǽləns] ce | 혱 균형; 평정 동 균형을 유지하다
In politics, it is important to keep the **balance** of your mind.
정치에서, 마음의 평정을 유지하는 것이 중요하다. | 혱 balanced 균형 잡힌, 안정된 |

| 0963 | **insist** [insíst] in | 동 고집하다, 주장하다
The government **insisted** on keeping the policy.
정부는 그 정책을 유지할 것을 고집했다. | insist on ~을 주장하다, ~을 고집하다 |

| 0964 | **union** [júːnjən] on | 혱 노동조합; 연합, 조합
Some political leaders will get together with the **union**.
몇몇 정치 지도자들이 노조와 만날 것이다. | 혱 reunion 재결합, 재통합; 동창회 |

| 0965 | **desire** [dizáiər] de | 혱 욕구, 갈망, 바람 동 바라다
I think politics is all about **desire** for power.
나는 정치란 권력에 대한 욕망이 전부라고 생각한다. | |

| 0966 | **permit** [pərmít] mit | 동 허가하다, 허락하다
The government **permitted** the construction in the new town.
정부는 신도시에서의 건설을 허가했다. | 혱 permission 허가, 허락, 승인 |

| 0967 | **mayor** [méiər] ma | 혱 시장
She was the first woman elected as a **mayor**.
그녀는 시장으로 선출된 첫 여성이었다. | |

| 0968 | **postpone** [poustpóun] pone | 동 연기하다, 뒤로 미루다
The election was **postponed** due to the emergency situation.
선거는 비상사태로 인해 연기되었다. | ≒ put off 연기하다, 미루다, 넘기다 |

0969 persuade

[pərswéid]

per

동 설득하다, 설득시키다

The local council tried to **persuade** the government.

지방 의회는 정부를 설득하기 위해 노력했다.

명 persuasion 설득

0970 approve

[əprúːv]

ap

동 승인하다; 찬성하다

The minister **approved** the plan for building a new park.

그 장관이 새로운 공원을 건설하는 계획을 승인했다.

명 approval 승인; 찬성

0971 election

[ilékʃən]

tion

명 선거; 당선

The presidential **election** is three months away.

대통령 선거가 3개월 앞으로 다가왔다.

동 elect 선출하다

0972 republic

[ripʌ́blik]

re lic

명 공화국

South Korea is a democratic **republic**.

대한민국은 민주 공화국이다.

0973 minister

[mínistər]

ster

명 장관; 성직자, 목사

She became the new **Minister** of Environment this year.

그녀는 올해 신임 환경부 장관이 되었다.

prime minister는 국무 총리, 수상을 말해요.

0974 council

[káunsəl]

cil

명 (지방) 의회; 협의회

The role of local **councils** is to serve people in their area.

지방 의회들의 역할은 그 지역 사람들에게 봉사하는 것이다.

0975 committee

[kəmíti]

co ttee

명 위원회

The **committee** refused to approve his plans.

그 위원회는 그의 계획을 승인하기를 거부했다.

0976 declare

[dikléər]

de _____

동 선언하다, 공표하다; 신고하다

The prime minister **declared** war on illegal downloading.

총리는 불법 다운로드에 대한 전쟁을 선포했다.

명 declaration 선언, 공표; 신고

0977 assume

[əsjú:m]

_____ me

동 추정하다, 가정하다

The government **assumes** that the economy will get better.

정부는 경제가 나아질 것이라고 추정한다.

명 assumption 추정, 상정, 가정

0978 oppose

[əpóuz]

_____ se

동 반대하다

They **opposed** the return of the death penalty.

그들은 사형 제도의 부활을 반대했다.

명 opposition 반대

0979 session

[séʃən]

se _____

명 기간; (국회 등의) 회기, 회의

It will be discussed during the regular **session**.

그것은 정기 국회 회기 동안 논의될 것이다.

0980 indifferent

[indífərənt]

in _____ rent

형 무관심한; 그저 그런

Do you think the younger generation is **indifferent** to politics? 젊은 세대들이 정치에 대해 무관심하다고 생각하니?

in-(~ 않은)+different (다른) → '다르지 않은(특출나지 않은)' → '그저 그런' → '무관심한'의 뜻으로 확장되었어요.

0981 convince

[kənvíns]

con _____ ce

동 납득시키다, 확신시키다

The public wasn't **convinced** why the policy was approved.

대중은 그 정책이 왜 승인되었는지 납득하지 못했다.

명 conviction 확신

0982 reputation

[rèpjətéiʃən]

_____ tation

명 평판, 명성

The politician has a good **reputation**.

그 정치인은 평판이 좋다.

0983 welfare

[wélfèər]

_____ fare

명 복지

Northern European countries are famous for their **welfare** system.

북유럽 국가들은 그들의 복지 제도로 유명하다.

0984 command
[kəmǽnd]
com ____

명 명령; 지휘, 통솔　동 명령하다
The president took the signal as a **command** from the public.
대통령은 그 신호를 대중으로부터의 명령으로 받아들였다.

명 commander 지휘관

0985 unify
[júːnəfài]
____ fy

동 통일하다, 통합하다, 단일화하다
New leaders hope to **unify** the country.
새 지도자들은 나라를 통합시키기를 희망한다.

DAY 33

◥ Advanced

0986 federal
[fédərəl]
____ ral

형 연방제의, 연방 정부의
Federal laws apply to everyone in the United States.
연방법은 미국의 모든 사람에게 적용된다.

0987 embassy
[émbəsi]
____ ssy

명 대사관
He works at the British **Embassy** in Seoul.
그는 서울 주재 영국 대사관에서 근무한다.

명 ambassador 대사

0988 conservative
[kənsə́ːrvətiv]
____ vative

형 보수적인; 보수당의
Her political views are **conservative** in a sense.
그녀의 정치적 견해는 어떤 면에서 보수적이다.

↔ liberal 진보적인, 진보주의의

0989 authority
[əθɔ́ːrəti]
____ rity

명 권한, 권위; 당국
The city council has the **authority** to make the decision.
시 의회가 그 결정을 내릴 권한을 가지고 있다.

동 authorize 권한을 부여하다

0990 accord
[əkɔ́ːrd]
a ____ d

명 일치, 부합, 합의　동 일치하다
The election results were mostly in **accord** with our expectations.
선거 결과는 대부분 우리의 예상과 일치했다.

in accord with ~와 일치하여, ~에 부합하는

A 영어는 우리말로, 우리말은 영어로 쓰시오.

01	declare		16	정치적인
02	balance		17	추정하다, 가정하다
03	insist		18	반대하다
04	convince		19	욕구; 바라다
05	session		20	무관심한; 그저 그런
06	permit		21	연기하다
07	embassy		22	평판, 명성
08	command		23	복지
09	persuade		24	노동조합; 연합, 조합
10	approve		25	통일하다, 통합하다
11	authority		26	연방제의
12	accord		27	시장
13	minister		28	보수적인; 보수당의
14	election		29	의회; 협의회
15	committee		30	공화국

B 다음 표현을 우리말로 쓰시오.

01 desire for power

02 keep the balance

03 a democratic republic

04 the presidential election

05 persuade the government

ⓒ 빈칸에 알맞은 단어를 쓰시오.

01 authorize : _____ = 권한을 부여하다 : 권한

02 _____ ↔ liberal = 보수적인 ↔ 진보적인

03 _____ : commander = 명령, 지휘 : 지휘관

04 approval : _____ = 승인, 찬성 : 승인하다, 찬성하다

05 politics : _____ = 정치 : 정치적인

06 _____ : reunion = 연합, 조합 : 재결합, 재통합

ⓓ 암기한 단어를 이용하여 다음 문장을 완성하시오.

01 그 정치인은 평판이 좋다.

→ The politician has a good _____.

02 그녀는 시장으로 선출된 첫 여성이었다.

→ She was the first woman elected as a _____.

03 정부는 그 정책을 유지할 것을 고집했다.

→ The government _____ on keeping the policy.

'고집했다'이므로 -ed를 붙여서 동사의 과거형으로 써야 해요.

04 정부는 경제가 나아질 것이라고 추정한다.

→ The government _____ that the economy will get better.

주어가 3인칭 단수이므로 -s를 붙여 써요.

05 정부는 신도시에서의 건설을 허가했다.

→ The government _____ the construction in the new town.

〈단모음+단자음〉으로 끝나는 동사의 경우, 보통 과거형을 만들 때 자음을 한 번 더 쓰고 -ed를 붙여요.

06 북유럽 국가들은 그들의 복지 제도로 유명하다.

→ Northern European countries are famous for their _____

system.

Crime & Law

☑️ 오늘은 범죄와 법 관련 단어를 집중해서 암기할 거예요.

court

forbid

PREVIEW 아는 단어에 체크해 보세요.　　　　　아는 단어 　 / 30개

0991 ☐ illegal	1006 ☐ inquire
0992 ☐ violate	1007 ☐ insult
0993 ☐ identify	1008 ☐ regulate
0994 ☐ clue	1009 ☐ forbid
0995 ☐ court	1010 ☐ appeal
0996 ☐ fine	1011 ☐ robbery
0997 ☐ sue	1012 ☐ disorder
0998 ☐ apologize	1013 ☐ exception
0999 ☐ criminal	1014 ☐ obey
1000 ☐ jury	1015 ☐ look up
1001 ☐ evidence	1016 ☐ turn in
1002 ☐ involve	1017 ☐ confess
1003 ☐ admit	1018 ☐ evident
1004 ☐ commit	1019 ☐ restrict
1005 ☐ offend	1020 ☐ deceive

Basic

0991 **illegal** [ilíːgəl] il	형 불법적인 It's **illegal** to sell cigarettes and alcohol to underaged kids. 미성년자에게 담배와 술을 파는 것은 불법이다.	↔ legal 합법적인; 법과 관련된
0992 **violate** [váiəlèit] late	동 위반하다, 어기다; 침해하다 Anyone who **violates** the law should be punished. 법을 위반하는 사람은 누구든지 처벌을 받아야 한다.	명 violation 위반; 침해
0993 **identify** [aidéntəfài] tify	동 (신원 등을) 확인하다, 알아보다 Police are trying to **identify** the criminal. 경찰은 범인의 신원을 확인하려고 노력 중이다.	명 identification 신원 확인, 신분 증명
0994 **clue** [kluː] c	명 단서, 실마리 Detectives gathered **clues** on the case from the people in the village. 형사들은 마을 사람들로부터 그 사건에 대한 단서들을 수집했다.	
0995 **court** [kɔːrt] c t	명 법정, 법원; 코트 The **court** will decide the fate of the four men. 법정이 그 네 남자의 운명을 결정할 것이다.	High Court 고등법원 Supreme Court 대법원
0996 **fine** [fain] f	명 벌금, 과태료 He paid a **fine** of 40,000 won for breaking traffic laws. 그는 교통 법규를 위반한 것에 대해 4만 원의 벌금을 지불했다.	'좋은, 훌륭한, 멋진'이라는 뜻의 형용사로도 많이 쓰이니 문맥을 잘 살펴봐야 해요.
0997 **sue** [sjuː] s	동 고소하다, 소송을 제기하다 They **sued** the tobacco company for damages from cancer. 그들은 담배 회사를 상대로 암으로 인한 손해 배상 소송을 제기했다.	damages는 '손해 배상금'이라는 뜻으로도 쓰여요.
0998 **apologize** [əpɑ́lədʒàiz] gize	동 사과하다 The judge told him to **apologize** to the victim. 판사는 그에게 피해자에게 사과하라고 말했다.	명 apology 사과

0999 criminal
[krímənl]

〿〿〿〿〿〿 nal

⟦명⟧ 범인, 범죄자 ⟦형⟧ 범죄의

The police are after escaped **criminals**.

경찰이 탈옥범들을 쫓고 있다.

⟦명⟧ crime 범죄

1000 jury
[dʒúəri]

〿〿〿〿〿 ry

⟦명⟧ 배심원단; 심사위원단

The **jury** thought that the man was guilty.

배심원단은 그 남자가 유죄라고 생각했다.

1001 evidence
[évidəns]

〿〿〿〿〿〿 dence

⟦명⟧ 증거, 흔적

This **evidence** will help us find the criminal.

이 증거는 우리가 범인을 찾는 데 도움이 될 것이다.

⟦형⟧ evident 분명한, 명백한, 눈에 띄는

1002 involve
[inválv]

in 〿〿〿〿〿 ve

⟦동⟧ 연루시키다; 수반하다, 포함하다

How many people are **involved** in the crime?

그 범죄에 몇 사람이 연루되어 있나요?

be involved in ~에 휘말리다, ~에 연루되다

1003 admit
[ədmít]

ad 〿〿〿〿〿〿

⟦동⟧ 인정하다, 시인하다

He refused to **admit** that he stole the bag.

그는 자신이 그 가방을 훔쳤다고 인정하기를 거부했다.

⟦명⟧ admission 인정; 가입, 입학

1004 commit
[kəmít]

com 〿〿〿〿〿

⟦동⟧ (죄 · 과실 등을) 범하다, 저지르다

A man was arrested by the police for **committing** a crime.

한 남자가 범죄를 저질러 경찰에 체포되었다.

commit a crime 죄를 짓다

1005 offend
[əfénd]

o 〿〿〿〿〿 d

⟦동⟧ 기분 상하게 하다, 불쾌하게 하다

Let's not **offend** each other and settle it in court.

서로 기분 상하게 하지 말고 법정에서 그것을 해결합시다.

⟦명⟧ offense 화나게 하는 행위; 공격; 범법 행위

1006	**inquire** [inkwáiər] in_____	동 묻다, 알아보다; 조사하다 The police **inquired** some questions about the accident. 경찰은 그 사고에 대해 몇 가지 질문을 했다.	명 inquiry 질문, 문의; 조사, 취조
1007	**insult** [insʌ́lt] in_____	동 모욕하다 명 모욕 He was sued for **insulting** another person. 그는 다른 사람을 모욕한 혐의로 고소당했다.	
1008	**regulate** [régjəlèit] _____late	동 규제하다, 통제하다 The distance between apartments is **regulated** by building law. 아파트 간의 거리는 건축법에 의해 규제된다.	명 regulation 규정; 규제
1009	**forbid** [fərbíd] _____bid	동 금하다; 못하게 하다 The business operation will be **forbidden** after 10 p.m. from tomorrow. 내일부터 오후 10시 이후에는 영업 활동이 금지될 것이다.	(과거형) -forbad/ forbade-forbid/ forbidden
1010	**appeal** [əpíːl] a___l	명 항소, 상고 동 항소(상고)하다 He said he would **appeal** to the High Court. 그는 고등법원에 항소하겠다고 말했다.	
1011	**robbery** [rɑ́bəri] rob_____	명 강도 (사건) The **robbery** surprisingly occurred in daylight. 그 강도 사건은 놀랍게도 대낮에 발생했다.	동 rob (사람·장소를) 털다, 도둑질하다
1012	**disorder** [disɔ́ːrdər] dis_____	명 혼란, 무질서; 장애 There will be **disorder** without the police. 경찰이 없다면 혼란이 일어날 것이다.	↔ order 질서
1013	**exception** [iksépʃən] _____tion	명 예외 No **exceptions** have been made to this law. 이 법에는 예외가 없었다.	전 except ~을 제외하고는, ~ 외에는

DAY 34

1014 obey [oubéi]
동 (명령·법 등을) 지키다, 복종하다
When you go to another country, you have to **obey** their laws.
다른 나라에 가면, 그들의 법을 지켜야 한다.

1015 look up
찾아보다; 올려보다
I **looked up** the laws to learn the case better.
나는 그 사건을 더 잘 알기 위해 법을 찾아봤다.
look down 내려다보다, 깔보다

1016 turn in
제출하다; 반납하다
She **turned in** evidence to prove the damage to the court.
그녀는 피해를 증명할 증거를 법원에 제출했다.

Advanced

1017 confess [kənfés]
동 자백하다, 고백하다
Her family persuaded her to **confess** to the crime quickly.
그녀의 가족은 그녀에게 빨리 범행을 자백하라고 설득했다.
명 confession 자백

1018 evident [évidənt]
형 분명한, 명백한
It is **evident** that the man committed the crime on purpose. 그 남자가 고의로 범행을 저질렀던 게 분명하다.
명 evidence 증거

1019 restrict [ristríkt]
동 제한하다, 한정하다
This law strictly **restricts** the collection of personal information.
이 법은 개인 정보의 수집을 엄격히 제한한다.
명 restriction 제한

1020 deceive [disíːv]
동 속이다, 기만하다
The shopping mall was **deceiving** customers.
그 쇼핑몰은 고객들을 속이고 있었다.

A 영어는 우리말로, 우리말은 영어로 쓰시오.

01	appeal		16	불법적인
02	violate		17	모욕하다; 모욕
03	identify		18	규제하다, 통제하다
04	robbery		19	금하다; 못하게 하다
05	court		20	단서, 실마리
06	deceive		21	벌금, 과태료
07	confess		22	혼란, 무질서; 장애
08	look up		23	예외
09	criminal		24	지키다, 복종하다
10	inquire		25	고소하다
11	restrict		26	제출하다; 반납하다
12	involve		27	사과하다
13	admit		28	분명한, 명백한
14	commit		29	증거, 흔적
15	offend		30	배심원단

B 다음 표현을 우리말로 쓰시오.

01 look up the laws

02 deceive customers

03 insult another person

04 apologize to the victim

05 be involved in the crime

C 빈칸에 알맞은 단어를 쓰시오.

01 _____ : inquiry = 묻다 : 질문, 문의

02 legal ↔ _____ = 합법적인 ↔ 불법적인

03 _____ ↔ order = 무질서 ↔ 질서

04 _____ : confession = 자백하다 : 자백

05 crime : _____ = 범죄 : 범인, 범죄자

06 _____ : violation = 위반하다 : 위반

D 암기한 단어를 이용하여 다음 문장을 완성하시오.

01 경찰은 범인의 신원을 확인하려고 노력 중이다.

→ Police are trying to _____ the criminal.

02 배심원단은 그 남자가 유죄라고 생각했다.

→ The _____ thought that the man was guilty.

03 법정이 그 네 남자의 운명을 결정할 것이다.

→ The _____ will decide the fate of the four men.

04 그는 교통 법규를 위반한 것에 대해 4만 원의 벌금을 지불했다.

→ He paid a _____ of 40,000 won for breaking traffic laws.

'좋은'이라는 뜻의 형용사로도 많이 쓰이는 단어예요.

05 다른 나라에 가면, 그들의 법을 지켜야 한다.

→ When you go to another country, you have to _____ their laws.

06 그녀는 피해를 증명할 증거를 법원에 제출했다.

→ She _____ _____ evidence to prove the damage to the court.

turn으로 시작하는 표현으로, '제출했다'이므로 동사를 과거형으로 써야 해요.

History

☑ 오늘은 역사 관련 단어를 집중해서 암기할 거예요.

antique

remains

1021	☐	origin	1036	☐	remains
1022	☐	myth	1037	☐	civilization
1023	☐	legend	1038	☐	settle
1024	☐	disappear	1039	☐	evaluate
1025	☐	modern	1040	☐	gradual
1026	☐	previous	1041	☐	mummy
1027	☐	prior	1042	☐	millennium
1028	☐	replace	1043	☐	slave
1029	☐	trap	1044	☐	necessarily
1030	☐	nowadays	1045	☐	be known as
1031	☐	destiny	1046	☐	heritage
1032	☐	antique	1047	☐	invade
1033	☐	decade	1048	☐	era
1034	☐	biography	1049	☐	contemporary
1035	☐	devote	1050	☐	deed

1021	**origin** [ɔ́(:)rədʒin] ori ▢▢▢	명 기원, 유래; 태생 The **origin** of bread started from Egypt in BC. 빵의 기원은 기원전 이집트에서 시작되었다.	동 originate 비롯하다, 유래되다

1022	**myth** [miθ] ▢▢ th	명 신화; (근거 없는) 믿음, 통념 There are many interesting **myths** in Greek and Roman mythology. 그리스 로마 신화에는 재미있는 신화들이 많이 있다.	명 mythology 신화, 신화학 myth는 신들과 관련된 하나의 이야기, mythology는 신화들 전체를 의미해요.

1023	**legend** [lédʒənd] le ▢▢▢	명 전설; 전설적인 인물 The heroes in myth and **legend** appear in the game. 신화와 전설 속 영웅들이 그 게임에 등장한다.	형 legendary 전설적인

1024	**disappear** [dìsəpíər] dis ▢▢▢	동 사라지다, 보이지 않게 되다 Why did some ancient cities **disappear** from history? 왜 몇몇 고대 도시들은 역사에서 사라졌는가?	↔ appear 나타나다

1025	**modern** [mádərn] mo ▢▢▢	형 현대의, 근대의; 현대적인 She is interested in **modern** European history. 그녀는 유럽 현대사에 관심이 있다.	↔ ancient 고대의

1026	**previous** [prí:viəs] ▢▢▢ vious	형 이전의; 앞의 Sometimes, **previous** history can give hints on current issues. 때때로, 이전의 역사가 현재의 쟁점들에 대한 암시를 줄 수 있다.	부 previously 이전에

1027	**prior** [práiər] p ▢▢▢ r	형 ~ 앞의; (~보다) 우선하는 It was one of the most peaceful countries **prior** to the war. 전쟁 전에는 그곳이 가장 평화로운 나라들 중 하나였다.	명 priority 우선 사항; 우선(권)

1028	**replace** [ripléis] re ▢▢▢	동 대체하다, 대신하다 If it disappears into history from today, what can **replace** it? 오늘부터 그것이 역사 속으로 사라진다면, 무엇이 그것을 대체할 수 있을까?	명 replacement 대체, 교체

1029 **trap** [træp] t	명 덫, 함정 He was caught in a **trap**, so he failed to change the history. 그는 덫에 걸려 역사를 바꾸는 데 실패했다.	
1030 **nowadays** [náuədèiz] days	부 요즘에는 History used to be boring, but it's interesting **nowadays**. 예전에는 역사가 지루했지만, 요즘은 그것이 재미있다.	≒ these days 요즘에는

◤ Intermediate

1031 **destiny** [déstəni] des	명 운명 History is not made with **destiny**, it's made with effort. 역사는 운명으로 만들어지는 것이 아니라, 노력으로 만들어진다.	≒ fate 운명, 숙명
1032 **antique** [æntíːk] que	명 골동품, 고미술품 형 골동품인 **Antiques** sometimes have very important historical meaning. 골동품들은 때때로 매우 중요한 역사적 의미를 지닌다.	
1033 **decade** [dékeid] de	명 10년 If you look into the history every **decade**, you can find the trend. 10년마다 역사를 들여다보면, 유행을 찾을 수 있다.	
1034 **biography** [baiágrəfi] bio	명 전기, 일대기 I like to read **biographies** of great people who teach me life lessons. 나는 나에게 삶의 교훈을 가르쳐 주는 위인들의 전기를 읽는 것을 좋아한다.	명 autobiography 자서전
1035 **devote** [divóut] de	동 바치다, 헌신하다 Many heroes **devoted** their lives to our country. 많은 영웅이 우리나라에 목숨을 바쳤다.	명 devotion 헌신

| 1036 | **remains** [riméinz] re____s | 명 유해, 유적; 나머지 The Roman **remains** are now covered under buildings. 로마 유적은 현재 건물들 밑에 가려져 있다. | |

1037 civilization [sìvəlizéiʃən] ____zation
명 문명; 문명사회
The birthplace of Western **civilization** is the Greek island of Crete.
서구 문명의 발상지는 그리스 크레타섬이다.
형 civil 시민의

1038 settle [sétl] se____
동 정착하다; 해결하다
The Spanish **settled** in South America in the 16th century.
스페인인들은 16세기에 남미에 정착했다.
명 settlement 정착(지); 해결

1039 evaluate [ivǽljuèit] ____ate
동 평가하다, 감정하다
We should **evaluate** the historical value of this event.
우리는 이 사건의 역사적 가치를 평가해야 한다.
명 evaluation 평가, 감정

1040 gradual [grǽdʒuəl] gra____
형 점차적인, 서서히 일어나는
There are **gradual** changes in the relationship between two countries.
양국 간의 관계에 점진적인 변화들이 있다.
부 gradually 점진적으로, 서서히

1041 mummy [mʌ́mi] mu____
명 미라
The museum displays **mummies** of Egyptian kings.
그 박물관은 이집트 왕들의 미라를 전시한다.

1042 millennium [miléniəm] ____nnium
명 천 년; 새로운 천 년이 시작되는 시기
We watched a film called *The Millennium of the Silla Dynasty*.
우리는 '신라 왕조의 천 년'이라는 영화를 봤다.

1043 slave [sleiv] ____ve
명 노예
In 1862, Lincoln made a public announcement to free **slaves**.
1862년, 링컨은 노예를 해방하라고 공표했다.
명 slavery 노예 상태, 노예 제도

| 1044 | **necessarily**
[nèsəsérəli]
nece ___ ly | 男 필연적으로
Every end in history **necessarily** leads to a new beginning. 역사에서 모든 종말은 필연적으로 새로운 시작으로 이어진다. | 國 necessary 필요한 |

| 1045 | **be known as** | ~으로 알려져 있다
Napoleon **is known as** a hero, but other views of him are also interesting. 나폴레옹은 영웅으로 알려져 있지만, 그에 대한 다른 견해들도 흥미롭다. | |

◤ Advanced

| 1046 | **heritage**
[héritidʒ]
___ tage | 圐 유산, 전통
The entire city became a World **Heritage** Site in 2000. 그 도시 전체가 2000년에 세계 문화유산 보호 지역이 되었다. | 圄 inherit 상속받다, 물려받다 |

| 1047 | **invade**
[invéid]
in ___ | 墂 침략하다, 침입하다
The Vikings **invaded** England, taking half of the country at first. 바이킹은 영국을 침략하여, 처음에는 그 나라의 절반을 차지했다. | 圐 invasion 침략, 침입 |

| 1048 | **era**
[íərə]
e ___ | 圐 시대
In the Victorian **era**, England was called a country where the sun never sets. 빅토리아 시대에, 영국은 해가 지지 않는 나라로 불렸다. | |

| 1049 | **contemporary**
[kəntémpərèri]
con ___ rary | 圀 동시대의; 당대의, 현대의
I need **contemporary** documents to investigate the event. 나는 그 사건을 조사하기 위해 동시대의 문서들이 필요하다. | ≒ modern 현대의 |

| 1050 | **deed**
[di:d]
d ___ | 圐 업적, 행위
His heroic **deeds** can easily be found throughout history. 그의 영웅적인 업적은 역사 전반에 걸쳐 쉽게 찾아볼 수 있다. | |

DAY 35

Ⓐ 영어는 우리말로, 우리말은 영어로 쓰시오.

01	settle		16	기원, 유래; 태생
02	myth		17	문명; 문명사회
03	gradual		18	전설; 전설적인 인물
04	remains		19	평가하다, 감정하다
05	modern		20	사라지다
06	previous		21	미라
07	prior		22	천 년
08	invade		23	노예
09	trap		24	대체하다, 대신하다
10	nowadays		25	~으로 알려져 있다
11	destiny		26	유산, 전통
12	necessarily		27	골동품; 골동품인
13	decade		28	시대
14	contemporary		29	전기, 일대기
15	devote		30	업적, 행위

Ⓑ 다음 표현을 우리말로 쓰시오.

01 every decade

02 his heroic deeds

03 gradual changes

04 the Roman remains

05 modern European history

ⓒ 빈칸에 알맞은 단어를 쓰시오.

01 devotion : _____ = 헌신 : 바치다, 헌신하다

02 appear ↔ _____ = 나타나다 ↔ 사라지다

03 _____ : priority = 우선하는 : 우선 사항

04 civil : _____ = 시민의 : 문명

05 _____ : autobiography = 전기 : 자서전

06 d_____ ≒ fate = 운명

ⓓ 암기한 단어를 이용하여 다음 문장을 완성하시오.

01 빵의 기원은 기원전 이집트에서 시작되었다.

→ The _____ of bread started from Egypt in BC.

02 우리는 이 사건의 역사적 가치를 평가해야 한다.

→ We should _____ the historical value of this event.

03 예전에는 역사가 지루했지만, 요즘은 그것이 재미있다.

→ History used to be boring, but it's interesting _____.

비슷한 표현으로 these days가 있어요.

04 스페인인들은 16세기에 남미에 정착했다.

→ The Spanish _____ in South America in the 16th century.

'정착했다'이므로 -(e)d를 붙여서 동사의 과거형으로 써야 해요.

05 그는 덫에 걸려 역사를 바꾸는 데 실패했다.

→ He was caught in a _____, so he failed to change the history.

06 빅토리아 시대에, 영국은 해가 지지 않는 나라로 불렸다.

→ In the Victorian _____, England was called a country where

the sun never sets.

Ⓐ 영어를 우리말로 쓰시오.

01	annual		11	command
02	declare		12	finance
03	assemble		13	turn in
04	evident		14	cultivate
05	jury		15	replace
06	demand		16	constant
07	devote		17	gradual
08	scale		18	negotiate
09	modern		19	criminal
10	desire		20	election

Ⓑ 우리말을 영어로 쓰시오.

01	경제의, 경제적인		11	농업
02	불법적인		12	단서, 실마리
03	고집하다, 주장하다		13	손해, 손실; 분실
04	재료; 자료; 직물		14	공화국
05	전략		15	혼란, 무질서; 장애
06	기원, 유래; 태생		16	예산; 예산을 세우다
07	기계의		17	사라지다
08	운명		18	흑자, 과잉
09	대사관		19	증거, 흔적
10	전기, 일대기		20	평판, 명성

ⓒ 다음 표현을 우리말로 쓰시오.

01 violate the law

02 prior to the war

03 boost the economy

04 a temporary solution

05 keep the balance of your mind

06 prevent the collapse of the industry

ⓓ 암기한 단어를 이용하여 다음 문장을 완성하시오.

01 그 위원회는 그의 계획을 승인하기를 거부했다.

→ The _____ refused to approve his plans.

02 유럽은 단일 통화인 유로를 만들었다.

→ Europe created a single _____, the euro.

03 누가 그 재산을 소유할 권리를 가지고 있는가?

→ Who has the right to _____ the property?

04 그 범죄에 몇 사람이 연루되어 있나요?

→ How many people are _____ in the crime?

〈be+과거분사형+in〉의 형태로 '~에 휘말리다, ~에 연루되다'의 뜻으로 많이 쓰여요.

05 그 지역에는 중고차 판매업자들이 많이 있다.

→ There are many used car _____ in that area.

앞에 many가 있으므로 -s를 붙여 복수형으로 써요.

06 때때로, 이전의 역사가 현재의 쟁점들에 대한 암시를 줄 수 있다.

→ Sometimes, _____ history can give hints on current issues.

Religion

☑ 오늘은 종교 관련 단어를 집중해서 암기할 거예요.

choir

meditate

PREVIEW 아는 단어에 체크해 보세요.   아는 단어 [   ] / 30개

1051 ☐ religion	1066 ☐ responsible
1052 ☐ bless	1067 ☐ mercy
1053 ☐ holy	1068 ☐ eternal
1054 ☐ limit	1069 ☐ sin
1055 ☐ faith	1070 ☐ taboo
1056 ☐ toward	1071 ☐ vow
1057 ☐ evil	1072 ☐ priest
1058 ☐ idol	1073 ☐ ritual
1059 ☐ choir	1074 ☐ marvel
1060 ☐ totally	1075 ☐ existence
1061 ☐ sacred	1076 ☐ ask for
1062 ☐ sincere	1077 ☐ sacrifice
1063 ☐ warmth	1078 ☐ missionary
1064 ☐ virtue	1079 ☐ meditate
1065 ☐ worship	1080 ☐ superstition

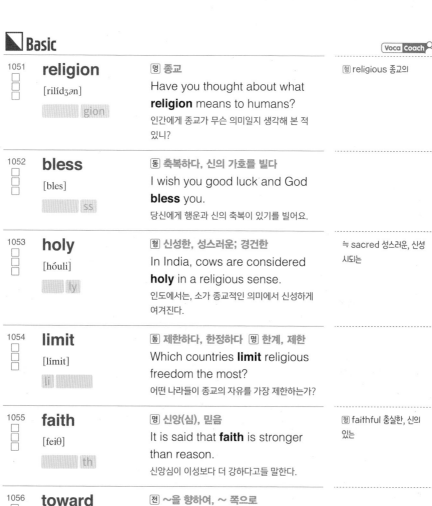

1051	**religion** [rilídʒən] gion	명 종교 Have you thought about what **religion** means to humans? 인간에게 종교가 무슨 의미일지 생각해 본 적 있니?	형 religious 종교의
1052	**bless** [bles] ss	동 축복하다, 신의 가호를 빌다 I wish you good luck and God **bless** you. 당신에게 행운과 신의 축복이 있기를 빌어요.	
1053	**holy** [hóuli] ly	형 신성한, 성스러운; 경건한 In India, cows are considered **holy** in a religious sense. 인도에서는, 소가 종교적인 의미에서 신성하게 여겨진다.	≒ sacred 성스러운, 신성 시되는
1054	**limit** [límit] li	동 제한하다, 한정하다 명 한계, 제한 Which countries **limit** religious freedom the most? 어떤 나라들이 종교의 자유를 가장 제한하는가?	
1055	**faith** [feiθ] th	명 신앙(심), 믿음 It is said that **faith** is stronger than reason. 신앙심이 이성보다 더 강하다고들 말한다.	형 faithful 충실한, 신의 있는
1056	**toward** [təwɔ́ːrd] to	전 ~을 향하여, ~ 쪽으로 Sometimes the public's view **toward** the religion is not good. 가끔 그 종교에 대한 대중의 시각이 좋지 않을 때가 있다.	
1057	**evil** [íːvəl] e	명 악 형 사악한 It was seen as an **evil** in some religions. 몇몇 종교에서는 그것이 악으로 여겨졌다.	명 devil 악마
1058	**idol** [áidəl] i	명 우상; 아이돌 Except for their god, everything else was considered an **idol**. 그들의 신을 제외하고는, 다른 모든 것이 우상으로 여겨졌다.	신으로 숭배되는 종교적 의미의 우상에서 뜻이 확장되어, 열광하고 사랑하는 대상도 '우상, 아이돌'로 불리게 되었어요.

Voca Coach

| 1059 | **choir** | 명 성가대, 합창단 | 명 chorus 코러스, 후렴 |

1059 choir
[kwáiər]
ch___r

명 성가대, 합창단
We gathered in the church **choir** every Sunday.
우리는 매주 일요일 교회 성가대에 모였다.

명 chorus 코러스, 후렴

1060 totally
[tóutəli]
___ly

부 완전히, 전적으로
Freedom of religion is **totally** ignored in this country.
종교의 자유가 이 나라에서는 완전히 묵살된다.

≒ completely 완전히

◤Intermediate

1061 sacred
[séikrid]
sa___

형 신성한; 성스러운, 종교적인
This is a **sacred** place for people who believe in the religion. 이곳은 그 종교를 믿는 사람들에게 신성한 장소이다.

1062 sincere
[sinsíər]
sin___

형 진실된, 진심의
They believe that they will be saved by having **sincere** faith.
그들은 진실된 믿음을 가짐으로써 자신들이 구원을 받게 될 것이라고 믿는다.

부 sincerely 진심으로

1063 warmth
[wɔːrmθ]
___th

명 온기, 따뜻함
Join us for Sunday worship and feel the **warmth** of God.
일요 예배에 동참하여 신의 온기를 느껴 보세요.

형 warm 따뜻한

1064 virtue
[vɚːrtʃuː]
vir___

명 선, 선행; 미덕
He lived a life of **virtue** until he died in 1985.
그는 1985년에 사망할 때까지 선한 삶을 살았다.

↔ vice 악, 악덕 행위

1065 worship
[wɚːrʃip]
wor___

명 예배, 숭배 동 예배하다, 숭배하다
He decided to attend morning **worship** from next week.
그는 다음 주부터 아침 예배에 참석하기로 결심했다.

1066	**responsible** [rispánsəbl] ___sible	형 책임지고 있는, 책임이 있는 He is **responsible** for the construction of the church. 그는 그 교회의 건설을 책임지고 있다.	명 responsibility 책임, 책무
1067	**mercy** [mə́:rsi] ___cy	명 자비; (신의) 은총 The Pope prays every day for **mercy** and love. 교황은 자비와 사랑을 위해 매일 기도한다.	
1068	**eternal** [itə́:rnəl] ___nal	형 영원한 Is it true that ancient Egyptians believed in **eternal** life? 고대 이집트인들이 영생을 믿었다는 것이 사실일까?	명 eternity 영원, 영겁 (의 시간)
1069	**sin** [sin] s___	명 (종교적·도덕적) 죄 There is a saying, "Hate the **sin** and not the sinner." "죄인이 아니라 죄를 미워하라."라는 말이 있다.	
1070	**taboo** [təbú:] ta___	명 금기 (사항); 금기시되는 것 Many different foods are **taboo** for religious reasons. 많은 다양한 음식이 종교적인 이유들로 금기시 되고 있다.	religious taboo 종교적 금기
1071	**vow** [vau] v___	동 맹세하다, 서약하다 명 맹세, 서약 I **vowed** not to commit a sin in the name of God. 나는 신의 이름으로 죄를 저지르지 않겠다고 맹세했다.	명 vower 맹세하는 사람, 서약자
1072	**priest** [pri:st] ___st	명 사제, 성직자 The **priest** blessed the marriage of the happy couple. 목사는 그 행복한 한 쌍의 결혼을 축복했다.	명 bishop 주교
1073	**ritual** [rítʃuəl] ri___	명 (종교) 의식, 의례 In the ancient religious **ritual**, clothing played an important role. 고대의 종교 의식에서는, 의복이 중요한 역할을 했다.	

1074	**marvel** [máːrvəl] vel	명 경이, 경이로운 사람·것·결과 Whenever I look at religious architecture, I think it is a **marvel**. 종교 건축물을 볼 때마다, 나는 그것이 경이롭다고 생각한다.	형 marvelous 경이로운, 놀라운
1075	**existence** [igzístəns] tence	명 존재, 실재 Many things make us question the **existence** of God. 많은 것이 우리가 신의 존재에 의문을 갖게 만든다.	통 exist 존재하다
1076	**ask for**	~을 요청하다, 부탁하다 He **asked** God **for** wisdom and strength. 그는 신에게 지혜와 힘을 청했다.	

◣ Advanced

1077	**sacrifice** [sǽkrəfàis] fice	통 희생하다 명 희생, 제물 The Bible says that Jesus **sacrificed** himself on the cross. 성경에 이르기를 예수님이 십자가에서 자신을 희생하셨다고 나온다.	
1078	**missionary** [míʃənèri] nary	명 선교사 He went to Cambodia as a **missionary** and spent 10 years there. 그는 선교사로 캄보디아에 가서 그곳에서 10년을 보냈다.	
1079	**meditate** [médətèit] tate	통 명상하다, 묵상하다 Monks **meditate** to calm the mind. 수도승들은 마음을 진정시키기 위해 명상한다.	명 meditation 명상, 묵상; 심사숙고
1080	**superstition** [sjùːpərstíʃən] tition	명 미신 In Western **superstitions**, Friday the 13th is considered unlucky. 서양 미신에서는, 13일의 금요일이 불길하다고 여겨진다.	형 superstitious 미신을 믿는

Ⓐ 영어는 우리말로, 우리말은 영어로 쓰시오.

01	sin		16	신앙(심), 믿음
02	eternal		17	온기, 따뜻함
03	holy		18	축복하다
04	limit		19	우상; 아이돌
05	religion		20	금기 (사항)
06	toward		21	맹세하다; 맹세
07	evil		22	완전히, 전적으로
08	superstition		23	의식, 의례
09	missionary		24	경이
10	ask for		25	사제, 성직자
11	existence		26	진실된, 진심의
12	choir		27	희생하다; 희생
13	sacred		28	자비; 은총
14	virtue		29	명상하다, 묵상하다
15	worship		30	책임지고 있는

DAY 36

Ⓑ 다음 표현을 우리말로 쓰시오.

01 eternal life

02 a sacred place

03 mercy and love

04 the church choir

05 limit religious freedom

C 빈칸에 알맞은 단어를 쓰시오.

01 _____ : faithful   =   신앙(심), 믿음 : 충실한

02 vice ↔ _____   =   악, 악덕 행위 ↔ 선, 선행

03 _____ : devil   =   악 : 악마

04 exist : _____   =   존재하다 : 존재

05 warm : _____   =   따뜻한 : 온기, 따뜻함

06 t_____ ≒ completely   =   완전히

D 암기한 단어를 이용하여 다음 문장을 완성하시오.

01 당신에게 행운과 신의 축복이 있기를 빌어요.

→ I wish you good luck and God _____ you.

02 많은 다양한 음식이 종교적인 이유들로 금기시되고 있다.

→ Many different foods are _____ for religious reasons.

03 인간에게 종교가 무슨 의미일지 생각해 본 적 있니?

→ Have you thought about what _____ means to humans?

04 인도에서는, 소가 종교적인 의미에서 신성하게 여겨진다.

→ In India, cows are considered _____ in a religious sense.

💬 비슷한 뜻의 어휘로 sacred가 있어요.

05 그는 선교사로 캄보디아에 가서 그곳에서 10년을 보냈다.

→ He went to Cambodia as a _____ and spent 10 years there.

06 고대의 종교 의식에서는, 의복이 중요한 역할을 했다.

→ In the ancient religious _____, clothing played an important role.

Social Problems

☑ 오늘은 사회 문제 관련 단어를 집중해서 암기할 거예요.

security

unite

SECURITY

PREVIEW 아는 단어에 체크해 보세요. ---------------------- 아는 단어 [ ] / 30개

1081	☐ lack	1096	☐ incident
1082	☐ solution	1097	☐ poverty
1083	☐ violent	1098	☐ unite
1084	☐ harm	1099	☐ abuse
1085	☐ properly	1100	☐ mislead
1086	☐ avoid	1101	☐ defect
1087	☐ importance	1102	☐ haste
1088	☐ dislike	1103	☐ exceed
1089	☐ homeless	1104	☐ abnormal
1090	☐ divorce	1105	☐ seek
1091	☐ security	1106	☐ journalism
1092	☐ addict	1107	☐ in order to V
1093	☐ aspect	1108	☐ isolate
1094	☐ abandon	1109	☐ obstacle
1095	☐ arise	1110	☐ prejudice

1081	**lack** [læk] la▨▨	명 부족, 결핍 동 부족하다 A **lack** of trust makes people feel hopeless. 신뢰 부족은 사람들을 희망이 없다고 느끼게 만든다.	lack of ~이 부족한
1082	**solution** [səlúːʃən] ▨▨tion	명 해법, 해결(책) What can be a **solution** to the social problem? 무엇이 그 사회 문제의 해결책이 될 수 있을까?	동 solve 해결하다, 풀다
1083	**violent** [váiələnt] ▨▨lent	형 폭력적인, 난폭한; 격렬한 The film showed the dark and **violent** side of our society. 그 영화는 우리 사회의 어둡고 폭력적인 면을 보여 주었다.	명 violence 폭행, 폭력
1084	**harm** [hɑːrm] ▨▨m	동 해치다, 해를 끼치다 명 해, 피해 Drunk driving **harms** oneself, family, and society. 음주 운전은 자신, 가족, 그리고 사회에 해를 끼친다.	형 harmful 해로운
1085	**properly** [prɑ́pərli] ▨▨ly	부 제대로, 적절히 There are people who don't behave **properly** in public. 사람들 앞에서 제대로 행동하지 않는 사람들이 있다.	형 proper 제대로 된, 적절한
1086	**avoid** [əvɔ́id] a▨▨d	동 피하다; 방지하다, 막다 We should not **avoid** healthy debates for society. 우리는 사회를 위한 건전한 토론을 피해서는 안 된다.	형 avoidable 피할 수 있는, 막을 수 있는
1087	**importance** [impɔ́ːrtəns] ▨▨tance	명 중요성 Do not forget the **importance** of proper education. 올바른 교육의 중요성을 잊지 마라.	형 important 중요한
1088	**dislike** [disláik] dis▨▨	명 반감, 싫음 동 싫어하다 These behaviors can cause social **dislike** in the end. 이러한 행동들은 결국 사회적 반감을 유발할 수 있다.	↔ like 좋아하다

| 1089 | **homeless** [hóumlis] home | 혱 노숙자의, 집이 없는 몡 노숙자 The local community provides shelters for the **homeless**. 지역 사회는 노숙자들을 위한 보호 시설들을 제공한다. | |

Intermediate

| 1090 | **divorce** [divɔ́:rs] ce | 몡 이혼 동 이혼하다 **Divorces** within a year of marriage have increased recently. 결혼 1년 이내의 이혼이 최근 증가했다. | |

| 1091 | **security** [sikjúərəti] rity | 몡 보안, 경비, 안보 We need to hire more **security** guards in schools. 우리는 학교에 더 많은 보안 요원을 채용할 필요가 있다. | 혱 secure 안심하는; 안전한 |

| 1092 | **addict** [ǽdikt] ad | 몡 중독자 He said Internet **addicts** may have mental health problems. 그는 인터넷 중독자들이 정신 건강 문제를 가지고 있을지도 모른다고 말했다. | 혱 addictive 중독성의, 중독성이 있는 |

| 1093 | **aspect** [ǽspekt] as | 몡 (측)면; 양상 We should look at the social problem from every **aspect**. 우리는 그 사회 문제를 모든 측면에서 살펴봐야 한다. | |

| 1094 | **abandon** [əbǽndən] don | 동 버리다, 포기하다 It's a big problem that lots of people **abandon** their pets. 많은 사람이 자신들의 반려동물을 버리는 것은 큰 문제이다. | 혱 abandoned 버려진 |

| 1095 | **arise** [əráiz] a | 동 발생하다; 유발되다 Problems often **arise** from simple misunderstandings. 종종 단순한 오해들로부터 문제들이 발생한다. | (과거형) -arose -arisen |

DAY 37

1096	**incident**	몡 일, 사건	
	[ínsidənt]	There are **incidents** that change our lives.	
	dent	우리의 삶을 바꾸는 사건들이 있다.	

1097 poverty
[pávərti]
ty

몡 가난, 빈곤
It is reported that many elderly people live in **poverty**.
많은 노인이 가난하게 산다고 보도되었다.

혱 poor 가난한

1098 unite
[juːnáit]
te

통 통합하다, 연합하다
It is time for all of us to **unite** instead of getting divided.
우리 모두가 분열하는 대신 통합할 때이다.

↔ divide 분열시키다
혱 united 연합한, 통합된

1099 abuse
[əbjúːs]
se

몡 남용, 학대 통 남용하다, 학대하다
The government is taking action against drug **abuse**.
정부가 약물 남용에 대한 조치를 취하고 있다.

통 [əbjúːz]

1100 mislead
[mislíːd]
mis

통 호도하다, 잘못 인도하다
The media can **mislead** us about the social problem.
매체가 그 사회 문제에 대해 우리를 호도할 수 있다.

혱 misleading 호도하는, 오해의 소지가 있는

1101 defect
[díːfekt]
de

몡 결점, 결함, 단점
Societies we live in are not perfect and they create **defects** in their systems.
우리가 살고 있는 사회들은 완벽하지 않아서 자신들의 시스템에 결함들을 만들어 낸다.

혱 defective 결함이 있는, 불완전한

1102 haste
[heist]
te

몡 서두름, 급함
Policies made in **haste** will never work properly.
급하게 만들어진 정책들은 절대 제대로 작동하지 않을 것이다.

1103 exceed
[iksíːd]
ex

통 넘어서다, 초과하다
Single-person households **exceeded** 30% of all households.
1인 가구가 전체 가구의 30퍼센트를 넘었다.

몡 excess 지나침, 과잉

| 1104 | **abnormal** [æbnɔ́ːrməl] ab ▨ mal | 형 비정상적인 If you don't follow the social rules, your behavior is considered **abnormal**. 당신이 사회의 규칙을 따르지 않으면, 당신의 행동은 비정상적으로 여겨진다. | ↔ normal 정상적인 |

| 1105 | **seek** [siːk] s ▨ k | 동 추구하다, 구하다; 찾다 The new generations **seek** social change in their everyday lives. 새로운 세대는 자신들의 일상생활에서 사회적 변화를 추구한다. | (과거형) –sought –sought |

| 1106 | **journalism** [dʒə́ːrnəlìzm] ▨ ism | 형 저널리즘, 언론 **Journalism** is collecting news and writing about it for the media. 저널리즘은 매체를 위해 소식을 수집하고 그것에 관해 쓰는 것이다. | 명 journal 신문, 잡지 |

| 1107 | **in order to V** | ~하기 위해 Various plans were made **in order to** solve social problems. 다양한 계획들이 사회 문제들을 해결하기 위해 만들어졌다. | ≒ so as to V ~하기 위해 |

Advanced

| 1108 | **isolate** [áisəlèit] i ▨ te | 동 고립시키다, 격리시키다 Modern society **isolates** more and more people socially. 현대 사회는 점점 더 많은 사람을 사회적으로 고립시킨다. | 명 isolation 고립, 격리, 분리 |

| 1109 | **obstacle** [ábstəkl] obs ▨ | 명 장애, 장애물 Poverty was an **obstacle** in their lives. 가난이 그들의 삶의 장애물이었다. | |

| 1110 | **prejudice** [prédʒədis] pre ▨ | 명 편견, 선입견 They fought a long battle against social **prejudice**. 그들은 사회적 편견에 맞서 오랜 투쟁을 벌였다. | |

A 영어는 우리말로, 우리말은 영어로 쓰시오.

01	defect		16	부족, 결핍; 부족하다
02	incident		17	해법, 해결(책)
03	violent		18	버리다, 포기하다
04	harm		19	남용, 학대; 남용하다
05	addict		20	호도하다
06	seek		21	제대로, 적절히
07	importance		22	비정상적인
08	dislike		23	넘어서다, 초과하다
09	homeless		24	서두름, 급함
10	divorce		25	피하다; 방지하다
11	obstacle		26	(측)면; 양상
12	prejudice		27	~하기 위해
13	journalism		28	고립시키다
14	unite		29	보안, 경비, 안보
15	arise		30	가난, 빈곤

B 다음 표현을 우리말로 쓰시오.

01 social dislike

02 a lack of trust

03 behave properly

04 shelters for the homeless

05 action against drug abuse

ⓒ 빈칸에 알맞은 단어를 쓰시오.

01 solve : _____ = 해결하다 : 해법, 해결(책)

02 normal ↔ _____ = 정상적인 ↔ 비정상적인

03 _____ : harmful = 해, 피해 : 해로운

04 poor : _____ = 가난한 : 가난, 빈곤

05 _____ : addictive = 중독자 : 중독성의

06 _____ : excess = 초과하다 : 과잉

ⓓ 암기한 단어를 이용하여 다음 문장을 완성하시오.

01 그들은 사회적 편견에 맞서 오랜 투쟁을 벌였다.

→ They fought a long battle against social _____.

02 급하게 만들어진 정책들은 절대 제대로 작동하지 않을 것이다.

→ Policies made in _____ will never work properly.

03 현대 사회는 점점 더 많은 사람을 사회적으로 고립시킨다.

→ Modern society _____ more and more people socially.

 😮 주어가 3인칭 단수이므로 -s를 붙여 써요.

04 우리는 그 사회 문제를 모든 측면에서 살펴봐야 한다.

→ We should look at the social problem from every _____.

05 그 영화는 우리 사회의 어둡고 폭력적인 면을 보여 주었다.

→ The film showed the dark and _____ side of our society.

06 다양한 계획들이 사회 문제들을 해결하기 위해 만들어졌다.

→ Various plans were made _____ _____ to solve social

problems.

Nation & Race

☑ 오늘은 국가와 민족 관련 단어를 집중해서 암기할 거예요.

racial

cooperate

PREVIEW 아는 단어에 체크해 보세요.   아는 단어 ▢▢▢ / 30개

1111	☐	nation	1126	☐	racial
1112	☐	civil	1127	☐	attempt
1113	☐	inner	1128	☐	resist
1114	☐	equal	1129	☐	cooperate
1115	☐	general	1130	☐	globalize
1116	☐	peaceful	1131	☐	distinctive
1117	☐	custom	1132	☐	barrier
1118	☐	particular	1133	☐	comparison
1119	☐	domestic	1134	☐	similarity
1120	☐	international	1135	☐	have ~ in common
1121	☐	reside	1136	☐	bring back
1122	☐	initial	1137	☐	interfere
1123	☐	occasion	1138	☐	dominate
1124	☐	intend	1139	☐	territory
1125	☐	emigrate	1140	☐	descend

| 1111 | **nation** [néiʃən] na | 몡 국가; 국민 Brazil was the host **nation** for the 2014 World Cup. 브라질은 2014년 월드컵의 개최국이었다. | 몡 nationality 국적 |

| 1112 | **civil** [sívəl] vil | 혱 시민의; 민사상의 Martin Luther King led the **civil** rights movement in 1960's. 마틴 루서 킹은 1960년대 시민 권리 운동을 이끌었다. | 몡 civilian 민간인 |

| 1113 | **inner** [ínər] ner | 혱 내부의, 안쪽의 The government should focus on solving **inner** problems. 정부는 내부의 문제들을 해결하는 데 집중해야 한다. | ↔ outer 외부의 |

| 1114 | **equal** [í:kwəl] e　　l | 혱 평등한, 동등한; 동일한 All people are **equal** before the law. 모든 사람은 법 앞에 평등하다. | 몡 equality 평등 |

| 1115 | **general** [dʒénərəl] ral | 혱 일반적인, 보편적인 The **general** public must be informed with the new law. 일반 대중에게 새 법을 알려야 한다. | 믷 generally 일반적으로 |

| 1116 | **peaceful** [pí:sfəl] ful | 혱 평화적인; 평화로운 I wish for a **peaceful** relationship between the two countries. 나는 양국 간의 평화적인 관계를 바란다. | 몡 peace 평화 |

| 1117 | **custom** [kʌ́stəm] tom | 몡 관습, 풍습 The **custom** has been around for hundreds of years. 그 관습은 수백 년 동안 존재해 왔다. | 몡 customs 세관; 관세 |

Intermediate

| 1118 | **particular** [pərtíkjələr] cular | 혱 특정한, 특별한 It is not just a matter for **particular** countries. 그것이 특정 국가들의 문제만은 아니다. | 믷 particularly 특히, 특별히 |

DAY 38

1119 domestic
[dəméstik]
_____tic

형 국내의; 가정의
These graphs show the **domestic** economy is recovering. 이 그래프들은 국내 경제가 회복되고 있다는 것을 보여 준다.

↔ international 국제의

1120 international
[ìntərnǽʃənəl]
inter_____

형 국제의, 국제적인
The agreement will open the door to **international** trade. 그 합의는 국제 무역으로 나아가는 길을 열어 줄 것이다.

↔ domestic 국내의

1121 reside
[rizáid]
re_____

동 거주하다, 살다
Everyone **residing** in a country has to pay taxes. 한 나라에 거주하는 모든 사람은 세금을 내야 한다.

명 resident 거주자, 주민

1122 initial
[iníʃəl]
ini_____

형 초기의, 처음의
The poor **initial** response caused the national spread of the virus. 미숙한 초기 대응이 전국적인 바이러스 확산을 초래했다.

부 initially 처음에

1123 occasion
[əkéiʒən]
_____sion

명 (특수한) 경우; 특별한 일, 행사
That behavior of the minister was not proper for the **occasion**. 장관의 그러한 행동은 그 경우에 적절하지 않았다.

부 occasionally 가끔

1124 intend
[inténd]
in_____

동 의도(작정)하다, ~하려고 하다
The country **intended** to receive support from other countries. 그 나라는 다른 나라들의 지원을 받을 작정이었다.

명 intention 의도, 목적

1125 emigrate
[éməgrèit]
_____grate

동 이민을 가다, (타국으로) 이주하다
Many people **emigrate** to other countries for a better life. 많은 사람이 더 나은 삶을 위해 다른 나라들로 이민을 간다.

명 emigration 이주; 이민; 이주자

1126 racial
[réiʃəl]
.ra

형 인종의; 인종 간의
The violence was the result of **racial** conflicts.
그 폭력은 인종 갈등의 결과였다.

명 race 인종
명 racism 인종 차별주의
[정책]

1127 attempt
[ətémpt]
pt

동 시도하다 명 시도
The two leaders met in an **attempt** to solve the problem.
그 문제를 해결하려는 시도로 두 지도자가 만났다.

1128 resist
[rizíst]
re

동 저항하다
They would **resist** any limitation of their rights.
그들은 자신들의 권리를 제한하는 어떤 것에도 저항할 것이다.

명 resistance 저항

1129 cooperate
[kouápərèit]
co rate

동 협력하다, 협동하다
All the countries must **cooperate** to slow down the climate change. 모든 나라가 기후 변화를 늦추기 위해 협력해야 한다.

명 cooperation 협력, 협동

1130 globalize
[glóubəlàiz]
ize

동 세계화하다
They are putting effort to **globalize** Hangeul.
그들은 한글을 세계화하기 위해 노력하고 있다.

형 global 세계적인, 지구(상)의

1131 distinctive
[distíŋktiv]
dis

형 (확실히 구별되어) 독특한
An island country has **distinctive** features, compared to other countries. 섬나라는 다른 나라들과 비교해서 독특한 특징들을 가지고 있다.

≒ unique 독특한

1132 barrier
[bǽriər]
ba

명 장벽, 장애물
The organization tries to remove trade **barriers**.
그 기구는 무역 장벽을 없애려고 노력한다.

1133 comparison
[kəmpǽrisən]
rison

명 비교, 비유
Look at the **comparison** of the rail systems in two countries.
두 나라의 철도 체계를 비교해 봐라.

동 compare 비교하다

DAY 38

1134	**similarity** [sìməlǽrəti] ▢▢▢ ity	몡 유사성, 닮음 The two countries have historical and cultural **similarities**. 그 두 나라는 역사적, 문화 적 유사성을 가지고 있다.	혱 similar 비슷한, 유사한
1135	**have ~ in common**	**공통점이 있다, 공통점으로 지니다** These countries **have** many things **in common**. 이 나라들은 많은 공통점이 있다.	
1136	**bring back**	**상기시키다, 돌려주다** That incident **brought back** some bad memories for the country. 그 사건은 몇 가지 나쁜 기억들을 그 나라에 상기시켰다.	

◣ Advanced

1137	**interfere** [ìntərfíər] inter	동 간섭하다, 개입하다 It is not right for the government to **interfere** the market. 정부가 시장에 간섭하는 것은 옳지 않다.	interfere with ~을 방 해하다
1138	**dominate** [dámənèit] nate	동 지배하다, ~보다 우세하다 The dictator's intention was to **dominate** all of Europe. 그 독재자의 의도는 전 유럽을 지배하려는 것이 었다.	혱 dominant 지배적인, 우세한
1139	**territory** [térətɔ̀:ri] tory	몡 영토, 영역 A war destroyed 60 percent of the country's **territory**. 전쟁이 그 나라 국토의 60퍼센트를 파괴했다.	
1140	**descend** [disénd] de.	동 내려오다, 내려가다 Traditions of a nation **descend** to next generations to form culture. 한 나라의 전통들은 다음 세대들 로 내려가 문화를 형성한다.	몡 descent 내려오기, 내 려가기, 하강

A 영어는 우리말로, 우리말은 영어로 쓰시오.

01	barrier	16	국가; 국민
02	civil	17	시도하다; 시도
03	inner	18	저항하다
04	globalize	19	평등한, 동등한
05	general	20	인종의; 인종 간의
06	peaceful	21	독특한
07	cooperate	22	관습, 풍습
08	initial	23	국내의; 가정의
09	similarity	24	비교, 비유
10	international	25	공통점이 있다
11	reside	26	특정한, 특별한
12	bring back	27	간섭하다, 개입하다
13	occasion	28	지배하다
14	territory	29	의도[작정]하다
15	descend	30	이민을 가다

B 다음 표현을 우리말로 쓰시오.

01 particular countries

02 equal before the law

03 the domestic economy

04 the poor initial response

05 the civil rights movement

C 빈칸에 알맞은 단어를 쓰시오.

01 compare : _____ = 비교하다 : 비교

02 _____ ↔ outer = 내부의 ↔ 외부의

03 peace : _____ = 평화 : 평화적인

04 _____ : resident = 거주하다 : 거주자, 주민

05 _____ : intention = 의도하다 : 의도

06 global : _____ = 세계적인 : 세계화하다

D 암기한 단어를 이용하여 다음 문장을 완성하시오.

01 그 폭력은 인종 갈등의 결과였다.

→ The violence was the result of _____ conflicts.

💬人 race(인종)의 형용사형이에요.

02 그들은 자신들의 권리를 제한하는 어떤 것에도 저항할 것이다.

→ They would _____ any limitation of their rights.

03 그 합의는 국제 무역으로 나아가는 길을 열어 줄 것이다.

→ The agreement will open the door to _____ trade.

💬人 반의어는 domestic이에요.

04 브라질은 2014년 월드컵의 개최국이었다.

→ Brazil was the host _____ for the 2014 World Cup.

05 전쟁이 그 나라 국토의 60퍼센트를 파괴했다.

→ A war destroyed 60 percent of the country's _____.

06 많은 사람이 더 나은 삶을 위해 다른 나라들로 이민을 간다.

→ Many people _____ to other countries for a better life.

International Issues

☑ 오늘은 국제 문제 관련 단어를 집중해서 암기할 거예요.

preserve

explode

PREVIEW 아는 단어에 체크해 보세요. ⋯⋯⋯⋯⋯⋯⋯⋯⋯⋯⋯⋯ 아는 단어 ▧▧▧ / 30개

1141 ☐ universal	1156 ☐ widespread
1142 ☐ aware	1157 ☐ complicated
1143 ☐ awake	1158 ☐ preserve
1144 ☐ issue	1159 ☐ explode
1145 ☐ urge	1160 ☐ worsen
1146 ☐ remark	1161 ☐ undergo
1147 ☐ drug	1162 ☐ birth rate
1148 ☐ approach	1163 ☐ starve
1149 ☐ conflict	1164 ☐ loan
1150 ☐ associate	1165 ☐ complaint
1151 ☐ interpret	1166 ☐ not only A but also B
1152 ☐ alternative	1167 ☐ refuge
1153 ☐ assist	1168 ☐ dense
1154 ☐ affair	1169 ☐ famine
1155 ☐ external	1170 ☐ hostile

1141	**universal** [jùːnəvɔ́ːrsəl] sal	형 보편적인; 일반적인, 전 세계적인 It is a matter of the **universal** values of mankind. 그것은 인류의 보편적 가치의 문제이다.	부 universally 보편적으로; 일반적으로
1142	**aware** [əwέər] a re	형 인식하고 있는, 알고 있는 The whole world is **aware** of the poor conditions of the country. 전 세계가 그 나라의 열악한 상황을 알고 있다.	be aware of ~을 인식하다, ~을 알다
1143	**awake** [əwéik] a	동 일깨우다; 깨우다 형 깨어 있는 His speech **awoke** the interest of people around the world. 그의 연설은 전 세계 사람들의 관심을 일깨웠다.	(과거형) -awoke -awaken 같은 뜻으로 awaken이라는 동사도 있으니 함께 외워두세요.
1144	**issue** [íʃuː] i	명 문제(점); 쟁점, 논쟁 The biggest international **issue** this year was terrorist attacks. 올해 가장 큰 국제 문제는 테러 공격들이었다.	
1145	**urge** [əːrdʒ] ge	동 (강력히) 촉구하다; 재촉하다 The country **urged** support from the international community. 그 나라는 국제 사회의 지지를 촉구했다.	형 urgent 긴급한, 시급한
1146	**remark** [rimáːrk] re	동 언급하다, 논평하다 명 발언, 논평 The ambassador **remarked** that actions should be taken. 그 대사는 조치가 취해져야 한다고 언급했다.	'비고(란)'를 영어로 remarks라고 해요.
1147	**drug** [drʌg] d	명 약물, 마약 Some **drugs** are illegal in some countries, but legal in others. 몇몇 약물들은 어떤 나라들에서는 불법이지만, 다른 나라들에서는 합법이다.	
1148	**approach** [əpróutʃ] app ch	명 접근(법) 동 접근하다, 다가가다 They took the wrong **approach** to the international problem. 그들은 그 국제 문제에 대해 잘못된 접근법을 취했다.	

1149	**conflict** [kánflikt] con	몡 갈등, 충돌 동 충돌하다, 상충하다 There is an international **conflict** on the territory. 그 영토에 대한 국제적 갈등이 있다.	동 [kənflíkt]

1150	**associate** [əsóuʃièit] ciate	동 연관 짓다; 어울리다 형 제휴한 The issue is closely **associated** with many countries. 그 문제는 많은 나라와 밀접하게 연관되어 있다.	몡 association 연계, 유대, 제휴

1151	**interpret** [intə́ːrprit] inter	동 해석하다; 통역하다 His visit to Asia can be **interpreted** in many different ways. 그의 아시아 순방은 여러 가지 다른 방식으로 해석될 수 있다.	몡 interpreter 통역사

1152	**alternative** [ɔːltə́ːrnətiv] native	몡 대안, 선택 가능한 것 형 대안이 되는 There is no clear **alternative** to stopping climate change. 기후 변화를 멈출 뚜렷한 대안이 없다.	동 alter 달라지다, 바꾸다

1153	**assist** [əsíst] st	동 원조하다, 돕다 The international community **assisted** the country until recently. 국제 사회는 최근까지 그 나라를 원조했다.	몡 assistance 도움, 원조, 지원

1154	**affair** [əfɛ́ər] a r	몡 일, 문제, 사건 Foreign **affairs** should be approached carefully. 외교 문제는 신중하게 접근되어야 한다.	

1155	**external** [ikstə́ːrnəl] nal	형 외부의, 밖의; 외부에서 작용하는 They brought **external** experts to solve internal problems. 그들은 내부 문제들을 해결하기 위해 외부 전문가들을 데려왔다.	↔ internal 내부의

DAY 39

1156	**widespread** [wáidspréd] wide	혱 널리 퍼진, 광범위한 The new virus has been already **widespread** around the world. 신종 바이러스는 이미 전 세계에 널리 퍼졌다.	

1157 complicated [kámpləkèitid] cated
혱 복잡한
The relationship between the countries is **complicated**.
그 나라들 간의 관계는 복잡하다.
동 complicate 복잡하게 만들다

1158 preserve [prizə́ːrv] ve
동 보존하다, 지키다
The team **preserves** the genes of crops around the world.
그 팀은 전 세계 농작물의 유전자들을 보존한다.
혱 preservation 보존

1159 explode [iksplóud] ex de
동 폭발하다, 터지다
A nuclear power plant **exploded** and it is affecting many countries. 원자력 발전소 한 곳이 폭발하여 많은 나라에 영향을 미치고 있다.
혱 explosion 폭발

1160 worsen [wə́ːrsən] sen
동 악화시키다, 악화되다
A few complicated issues **worsen** the US-Chinese relations. 몇 가지 복잡한 문제가 미·중 관계를 악화시킨다.
혱 worse 더 나쁜

1161 undergo [ʌndərgóu] go
동 겪다, 받다
The country has **undergone** a civil war for three years.
그 나라는 3년 동안 내전을 겪었다.
(과거형) –underwent –undergone

1162 birth rate
출생률
Korea has the lowest **birth rate** among OECD countries.
한국은 OECD 국가들 중 출산율이 가장 낮다.

1163 starve [stɑːrv] ve
동 굶주리다, 굶어 죽다
There are many children who **starve** around the world.
전 세계에는 굶주리는 아이들이 많이 있다.
starve to death 굶어 죽다

1164	**loan** [loun] l █████ n	명 대출(금); 대여 The country paid back the **loan** over a period of three years. 그 나라는 3년이라는 기간에 걸쳐 융자금을 상환했다.	

| 1165 | **complaint**
[kəmpléint]
com █████ t | 명 불평, 항의
The company received letters of **complaint** from all over the world. 그 회사는 전 세계로부터 항의 편지들을 받았다. | 동 complain 불평하다, 항의하다 |

| 1166 | **not only A but also B** | A뿐만 아니라 B도
It's **not only** a national economic issue **but also** an international economic issue.
그것은 국가 경제 문제일 뿐만 아니라 국제 경제 문제이기도 하다. | ≒ B as well as A
A뿐만 아니라 B도 |

◥ Advanced

1167	**refuge** [réfjuːdʒ] re █████	명 피난(처), 도피(처) Some countries agreed to provide **refuge** for the people. 몇몇 나라들이 그 사람들에게 피난처를 제공하기로 합의했다.	명 refugee 난민

| 1168 | **dense**
[dens]
█████ se | 형 빽빽한, 밀집한
They first sent the vaccines to the countries with **dense** population. 그들은 우선 인구 밀도가 높은 나라들에 백신을 보냈다. | 명 density 밀도 |

| 1169 | **famine**
[fǽmin]
fa █████ | 명 기근, 굶주림
The country suffered from poverty and **famine** due to a war. 그 나라는 전쟁 때문에 가난과 기근에 시달렸다. | |

| 1170 | **hostile**
[hástil]
hos █████ | 형 적대적인
They were not **hostile** toward people from other countries.
그들은 다른 나라들에서 온 사람들에게 적대적이지 않았다. | 명 hostility 적대심 |

DAY 39

A 영어는 우리말로, 우리말은 영어로 쓰시오.

01	complaint		16	갈등, 충돌; 충돌하다	
02	aware		17	외부의, 밖의	
03	awake		18	대안; 대안이 되는	
04	dense		19	문제(점); 쟁점, 논쟁	
05	urge		20	악화시키다, 악화되다	
06	remark		21	겪다, 받다	
07	drug		22	출생률	
08	refuge		23	접근(법); 접근하다	
09	universal		24	대출(금); 대여	
10	associate		25	해석하다; 통역하다	
11	preserve		26	A뿐만 아니라 B도	
12	explode		27	원조하다, 돕다	
13	widespread		28	일, 문제, 사건	
14	starve		29	기근, 굶주림	
15	complicated		30	적대적인	

B 다음 표현을 우리말로 쓰시오.

01 foreign affairs

02 the lowest birth rate

03 the universal values

04 the wrong approach

05 suffer from poverty and famine

C 빈칸에 알맞은 단어를 쓰시오.

01 worse : _____ = 더 나쁜 : 악화되다

02 _____ ↔ internal = 외부의 ↔ 내부의

03 complain : _____ = 불평하다 : 불평

04 _____ : refugee = 피난(처) : 난민

05 _____ : density = 빽빽한, 밀집한 : 밀도

06 preservation : _____ = 보존 : 보존하다

D 암기한 단어를 이용하여 다음 문장을 완성하시오.

01 그 영토에 대한 국제적 갈등이 있다.

→ There is an international _____ on the territory.

02 그 나라들 간의 관계는 복잡하다.

→ The relationship between the countries is _____.

03 그 대사는 조치가 취해져야 한다고 언급했다.

→ The ambassador _____ that actions should be taken.

💬 '언급했다'이므로 -ed를 붙여서 동사의 과거형으로 써야 해요.

04 신종 바이러스는 이미 전 세계에 널리 퍼졌다.

→ The new virus has been already _____ around the world.

05 그들은 다른 나라들에서 온 사람들에게 적대적이지 않았다.

→ They were not _____ toward people from other countries.

06 그 나라는 국제 사회의 지지를 촉구했다.

→ The country _____ support from the international community.

💬 '촉구했다'이므로 -(e)d를 붙여서 동사의 과거형으로 써야 해요.

War & Peace

☑ 오늘은 전쟁과 평화 관련 단어를 집중해서 암기할 거예요.

military

flag

PREVIEW 아는 단어에 체크해 보세요.　　　　아는 단어 [＿＿] / 30개

1171	☐	bomb	1186	☐	resolve
1172	☐	arrow	1187	☐	bullet
1173	☐	military	1188	☐	hazard
1174	☐	grave	1189	☐	restore
1175	☐	navy	1190	☐	endanger
1176	☐	flag	1191	☐	defense
1177	☐	divide	1192	☐	anxiety
1178	☐	treatment	1193	☐	awkward
1179	☐	continue	1194	☐	swear
1180	☐	caution	1195	☐	unreasonable
1181	☐	independent	1196	☐	break out
1182	☐	conquer	1197	☐	paralyze
1183	☐	occupy	1198	☐	ally
1184	☐	struggle	1199	☐	despair
1185	☐	terribly	1200	☐	collide

1171	**bomb** [bɑm] ▨▨▨▨ b	몡 폭탄 图 폭격하다 The war began as the **bomb** exploded at the center of the capital. 폭탄이 수도의 중심에서 폭발하면서 전쟁이 시작되었다.	

| 1172 | **arrow** [ǽrou] a ▨▨▨▨ | 몡 화살; 화살표 **Arrows** were the best weapon in the 14th century. 화살은 14세기에 최고의 무기였다. | 몡 bow 활 |

| 1173 | **military** [mílitèri] ▨▨▨ tary | 몡 군대, 군인(들) 혱 군사의, 무력의 Large **military** participated in the war as they were ordered. 대규모 군대가 명령을 받은 대로 참전했다. | military는 항상 복수 취급을 해요. |

| 1174 | **grave** [greiv] ▨▨▨ ve | 몡 묘, 무덤 I visited the **graves** of those killed in battles on Memorial Day. 나는 현충일에 전사자들의 묘를 방문했다. | |

| 1175 | **navy** [néivi] ▨▨ vy | 몡 해군 The country raised its **navy** in preparation for sea battle. 그 나라는 해전에 대비하여 해군을 모집했다. | navy blue 남색 (해군의 제복 색깔) |

| 1176 | **flag** [flæg] ▨▨▨ g | 몡 기, 깃발 图 표시를 하다 They put a **flag** on the enemy's land when they win the war. 그들은 전쟁에서 이기면 적지에 깃발을 꽂는다. | |

| 1177 | **divide** [diváid] di ▨▨▨ | 图 나누다, 나뉘다, 가르다; 분배하다 Our country was **divided** into two due to the war. 우리나라는 전쟁으로 인해 둘로 나뉘었다. | 몡 division 분할, 분배; 나누기 |

| 1178 | **treatment** [trí:tmənt] ▨▨▨ ment | 몡 치료, 처치; 대우, 처리 **Treatment** for injured people was the most urgent above all. 무엇보다도 부상자들에 대한 치료가 가장 시급했다. | 图 treat 치료[처치]하다; 대하다, 다루다 |

1179	**continue** [kəntínjuː] nue	통 계속되다, 계속하다 The war between France and England had **continued** for 100 years. 프랑스와 영국 간의 전쟁은 100년 동안 계속되었다.	형 continuous 계속되는, 지속적인
1180	**caution** [kɔ́ːʃən] tion	명 경고; 조심 First of all, they sent a note of **caution** before taking any actions. 우선, 그들은 어떠한 조치를 취하기 전에 경고문을 보냈다.	형 cautious 조심스러운

Intermediate

1181	**independent** [ìndipéndənt] in dent	형 독립된, 독립적인 It became an **independent** country after a long colonial period. 그 나라는 오랜 식민지 시대 후 독립 국가가 되었다.	명 independence 독립
1182	**conquer** [káŋkər] con	통 정복하다; 이기다, 물리치다 The British Empire **conquered** almost all countries. 대영 제국은 거의 모든 나라를 정복했다.	
1183	**occupy** [ákjəpài] py	통 차지하다; 점령하다; 사용하다 The capital was **occupied** by the army of the enemy. 수도가 적군에게 점령당했다.	형 occupied 점령된; 사용 중인
1184	**struggle** [strʌ́gl] stru	통 투쟁하다, 싸우다 명 투쟁 The country is **struggling** for independence. 그 나라는 독립을 위해 투쟁하고 있다.	
1185	**terribly** [térəbli] bly	부 끔찍하게, 극심하게, 지독히 Every city was **terribly** destroyed due to a long war. 모든 도시가 긴 전쟁으로 인해 끔찍하게 파괴되었다.	형 terrible 끔찍한, 지독한, 심한

1186	**resolve** [rizálv] re	동 해결하다, 다짐하다 The country was urged to **resolve** the war crimes. 그 나라는 전쟁 범죄를 해결하도록 촉구받았다.	명 resolution 결심, 다짐
1187	**bullet** [búlit] bu	명 총알 **Bullets** kept going back and forth like fireworks in the battle. 전투에서 총알들이 불꽃처럼 계속 오갔다.	
1188	**hazard** [hǽzərd] ha	명 위험 (요소) He rescued other soldiers at the **hazard** of his life. 그는 자신의 목숨을 걸고 다른 군인들을 구했다.	at the hazard of ~을 걸고, ~의 위험을 무릅쓰고
1189	**restore** [ristɔ́:r] re	동 복구하다; 회복시키다, 되찾다 It takes a lot of time to **restore** everything after a war. 전쟁 후에 모든 것을 복구하는 데는 많은 시간이 걸린다.	명 restoration 복구(복원), 회복
1190	**endanger** [indéindʒər] en ger	동 위태롭게 하다, 위험에 빠뜨리다 The country's nuclear test **endangers** the international peace. 그 나라의 핵 실험은 국제 평화를 위태롭게 한다.	형 endangered 위험에 빠진; 멸종 위기에 처한
1191	**defense** [diféns] se	명 방어, 방위, 수비 Our **defense** must be strong in the sea in case of emergency. 우리의 방어는 유사시를 대비하여 바다에서 강력해야 한다.	동 defend 방어하다, 수비하다
1192	**anxiety** [æŋzáiəti] an ty	명 불안, 염려 The war ended, but people's **anxiety** lasted for a while. 전쟁은 끝났지만, 사람들의 불안은 한동안 지속되었다.	형 anxious 불안해하는, 염려하는
1193	**awkward** [ɔ́:kwərd] aw	형 어색한, 곤란한; 불편한 The two countries had an **awkward** meeting after the war. 그 두 나라는 전쟁 후 어색한 회담을 가졌다.	

DAY 40

1194	**swear** [swɛər] sw	동 맹세하다, 욕을 하다 The country **swore** revenge on the terrorist that killed its people. 그 나라는 자국민들을 죽인 테러리스트에게 복수를 맹세했다.	(과거형) -swore -sworn
1195	**unreasonable** [ʌnríːzənəbl] unre	형 불합리한, 부당한 They did not follow **unreasonable** demands despite the attack. 그들은 공격에도 불구하고 불합리한 요구를 따르지 않았다.	↔ reasonable 타당한, 합리적인
1196	**break out**	(전쟁·질병 등이) 발발하다, 일어나다 The Korean War **broke out** on June 25, 1950. 한국 전쟁은 1950년 6월 25일에 발발했다.	

◣ Advanced

1197	**paralyze** [pǽrəlàiz] yze	동 마비시키다; 무력하게 만들다 The cyber war has **paralyzed** the Internet network around the world. 사이버 전쟁이 전 세계 인터넷망을 마비시켰다.	형 paralyzed 마비된
1198	**ally** [əlái] a	명 동맹국 동 동맹하다, 연합하다 We joined our **allies** and the war finally ended in victory for us. 우리는 동맹국들에 합류했고 전쟁은 마침내 우리의 승리로 끝났다.	
1199	**despair** [dispéər] des	명 절망 동 절망하다 How can we cure the **despair** and anxiety of the people? 사람들의 절망과 불안을 우리가 어떻게 치유할 수 있을까?	형 desperate 절망적인
1200	**collide** [kəláid] col	동 충돌하다, 부딪치다 They **collided** by force because they couldn't reach agreement. 그들은 합의에 이르지 못했기 때문에 무력으로 충돌했다.	명 collision 충돌

Ⓐ 영어는 우리말로, 우리말은 영어로 쓰시오.

01	resolve		16	폭탄; 폭격하다	
02	arrow		17	총알	
03	continue		18	위험 (요소)	
04	restore		19	군대; 군사의	
05	endanger		20	해군	
06	flag		21	방어, 방위, 수비	
07	divide		22	불안, 염려	
08	paralyze		23	어색한, 곤란한	
09	break out		24	맹세하다, 욕을 하다	
10	treatment		25	불합리한, 부당한	
11	collide		26	경고; 조심	
12	conquer		27	묘, 무덤	
13	occupy		28	동맹국; 동맹하다	
14	despair		29	투쟁하다; 투쟁	
15	terribly		30	독립된, 독립적인	

Ⓑ 다음 표현을 우리말로 쓰시오.

01 put a flag

02 large military

03 terribly destroyed

04 restore everything

05 resolve the war crimes

C 빈칸에 알맞은 단어를 쓰시오.

01 _____ : continuous　　=　계속되다 : 계속되는

02 treat : _____　　=　치료하다 : 치료, 처치

03 _____ : anxious　　=　불안, 염려 : 불안해하는

04 reasonable ↔ _____　　=　합리적인 ↔ 불합리한

05 defend : _____　　=　방어하다 : 방어

06 _____ : division　　=　나누다 : 분할, 분배

D 암기한 단어를 이용하여 다음 문장을 완성하시오.

01 대영 제국은 거의 모든 나라를 정복했다.

→ The British Empire _____ almost all countries.

💬 '정복했다'이므로 -ed를 붙여서 동사의 과거형으로 써야 해요.

02 그는 자신의 목숨을 걸고 다른 군인들을 구했다.

→ He rescued other soldiers at the _____ of his life.

03 그 두 나라는 전쟁 후 어색한 회담을 가졌다.

→ The two countries had an _____ meeting after the war.

04 사람들의 절망과 불안을 우리가 어떻게 치유할 수 있을까?

→ How can we cure the _____ and anxiety of the people?

05 그 나라는 해전에 대비하여 해군을 모집했다.

→ The country raised its _____ in preparation for sea battle.

06 폭탄이 수도의 중심에서 폭발하면서 전쟁이 시작되었다.

→ The war began as the _____ exploded at the center of the capital.

누적 테스트 * 꼭 암기해야 하는 중요도 최상의 단어들을 확인하세요.

Ⓐ 영어를 우리말로 쓰시오.

01	seek		11	eternal
02	interfere		12	refuge
03	faith		13	distinctive
04	undergo		14	sincere
05	meditate		15	aware
06	divide		16	conquer
07	emigrate		17	avoid
08	abandon		18	restore
09	anxiety		19	initial
10	preserve		20	abuse

Ⓑ 우리말을 영어로 쓰시오.

01	종교		11	폭력적인, 난폭한
02	대안; 대안이 되는		12	기근, 굶주림
03	부족, 결핍; 부족하다		13	국제의, 국제적인
04	저항하다		14	신성한, 성스러운
05	불평, 항의		15	널리 퍼진, 광범위한
06	온기, 따뜻함		16	인종의; 인종 간의
07	화살; 화살표		17	사제, 성직자
08	비정상적인		18	독립된, 독립적인
09	평화적인; 평화로운		19	가난, 빈곤
10	방어, 방위, 수비		20	투쟁하다; 투쟁

C 다음 표현을 우리말로 쓰시오.

01 a sacred place --

02 equal before the law --

03 limit religious freedom --

04 against social prejudice --

05 an international conflict --

06 paralyze the Internet network --

D 암기한 단어를 이용하여 다음 문장을 완성하시오.

01 당신에게 행운과 신의 축복이 있기를 빌어요.

→ I wish you good luck and God _____ you.

02 그는 그 교회의 건설을 책임지고 있다.

→ He is _____ for the construction of the church.

03 이 그래프들은 국내 경제가 회복되고 있다는 것을 보여 준다.

→ These graphs show the _____ economy is recovering.

04 그 나라의 핵 실험은 국제 평화를 위태롭게 한다.

→ The country's nuclear test _____ the international peace.

주어가 3인칭 단수이므로 -s를 붙여 써요.

05 그 나라는 국제 사회의 지지를 촉구했다.

→ The country _____ support from the international community.

'촉구했다'이므로 -(e)d를 붙여서 동사의 과거형으로 써야 해요.

06 다양한 계획들이 사회 문제들을 해결하기 위해 만들어졌다.

→ Various plans were made _____ _____ _____

solve social problems.

비슷한 표현으로 so as to V가 있어요.

Answer Key

MY VOCA COACH | 중학 실력 | 정답

DAY 01

A (표제어 참고) **B 01** 당신의 배우자 **02** 고아를 입양하다 **03** 그의 평생 동안 **04** 강력한 영향력 **05** 결혼기념일 **C 01** niece **02** childhood **03** interact **04** mature **05** pregnant **06** (f)ate **D 01** accompany **02** funeral **03** homesick **04** depend **05** resemble **06** day care

DAY 02

A (표제어 참고) **B 01** 찰랑거리는 금발 **02** 같은 키 **03** 그의 가족에게 충실한 **04** 좋은 인상 **05** 그녀의 선명한 파란 눈 **C 01** identity **02** healthy **03** ideal **04** respectful **05** facial **06** (q)uite **D 01** jewelry **02** exhausted **03** successful **04** confidence **05** show off **06** stay away

DAY 03

A (표제어 참고) **B 01** 진짜인지 가짜인지 **02** 가장 유능한 **03** 정치에 대해 무지한 **04** 공격적인 행동 **05** 매우 탐욕스러운 사람 **C 01** passive **02** diligent **03** charm **04** ambitious **05** careless **06** (h)ardly **D 01** rather **02** sort **03** competitive **04** meaningful **05** take, for granted **06** Most of all

DAY 04

A (표제어 참고) **B 01** 긴장감을 느끼다 **02** 다양한 이유들 **03** 음악으로 우리를 즐겁게 해 주다 **04** 즐거운 경험 **05** 갓난아이들을 질투하는 **C 01** amaze **02** critical **03** pride **04** pleasant **05** imagination **06** relieve **D 01** scream **02** sorrow **03** miserable **04** weep **05** annoys **06** put up with

DAY 05

A (표제어 참고) **B 01** 긍정적인 신호 **02** 방해해서 미안한 **03** 긴 대화 **04** 그 문제를 처리하다 **05** 더 구체적인 정보 **C 01** frankly **02** require **03** response **04** impress **05** hesitate **06** combine **D 01** comment **02** willing **03** neutral **04** pause **05** determine **06** distinguish

DAY 01~05 누적 테스트

A 01 어린 시절 **02** 우울하게 하다 **03** 건강한; 건강에 좋은 **04** 검소한, 겸손한 **05** 의존하다, 의지하다 **06** 솔직하게 **07** 매력; 매혹하다 **08** 망설이다, 주저하다 **09** 비판적인; 중요한 **10** 선명한, 강렬한 **11** 배우자, 남편, 아내 **12** 놀라게 하다 **13** 논쟁; 토론하다 **14** 형제자매 **15** 경쟁하는 **16** 보석, 보석류 **17** 응답, 회신; 반응 **18** 긴장, 긴장 상태 **19** 소극적인, 수동적인 **20** 충실한, 충성스러운 **B 01** confidence **02** miserable **03** arrogant **04** funeral **05** twisted **06** prefer **07** ancestor **08** jealous **09** neutral **10** height **11** wrinkle **12** aggressive **13** pregnant **14** careless **15** adopt **16** sorrow **17** conversation **18** identity **19** combine **20** imagination **C 01** 그녀의 의견을 묵살하다 **02** 강력한 영향력 **03** 즐거운 경험 **04** 좋은 인상을 주다 **05** 의미 있는 관계를 유지하다 **06** 육체적으로나 정신적으로 지친 **D 01** ambitious **02** willing **03** depend **04** ideal **05** put up with **06** stay away

DAY 06

A (표제어 참고) **B 01** 아기를 눕히다 **02** 요란하게 코를 골다 **03** 우리의 제안을 거절하다 **04** 그 보물들을 던지다 **05** 서로를 응시하다 **C 01** movement **02** discourage **03** detect **04** breathe **05** pursue **06** slip **D 01** encountered **02** lie **03** remove **04** Turn over **05** shut **06** skip

DAY 07

A (표제어 참고) **B 01** 칠면조를 굽다 **02** 칼로리가 낮은 **03** 카페인을 함유하다 **04** 초콜릿 맛 **05** 다양한 즉석식품들 **C 01** grind **02** (c)uisine **03** appetite **04** nutrition **05** vegetarian **06** (b)everage **D 01** wheat

02 squeezed **03** seasoning **04** edible
05 plenty **06** Split

DAY 08

A (표제어 참고) **B 01** 칼라(깃)가 달린 **02** 이
재킷을 고치다 **03** 무지개 줄무늬 **04** 바늘에
실을 꿰다 **05** 끈들이 달린 티셔츠 **C 01**
shorten **02** casual **03** fancy **04** sew
05 fashionable **06** (m)end **D 01** cotton
02 Buckle **03** formal **04** detergent **05**
for herself **06** come up with

DAY 09

A (표제어 참고) **B 01** 먼지로 덮인 **02** 음식물
쓰레기를 버리다 **03** 신형 가전제품들 **04** 집안
일을 하다 **05** 1인 가구들 **C 01** bathtub **02**
interior **03** cleanse **04** (r)ubbish **05**
dispose **06** spacious **D 01** hang **02**
microwave **03** attic **04** alarm **05**
belong to **06** wires

DAY 10

A (표제어 참고) **B 01** 50미터 떨어진 **02** 외
국인 정착지 **03** 언덕 너머 어딘가에 **04** 나무
들 사이로 난 길 **05** 그 놀이터의 구조 **C 01**
delivery **02** leak **03** suburban **04** load
05 ownership **06** vacant **D 01**
gardening **02** transportation **03**
neighborhood **04** aboard **05** Fasten
06 no longer

DAY 06~10 누적 테스트

A 01 잠그다, 닫다 **02** 처리하다, 처분하다 **03**
열량, 칼로리 **04** 평상시의 **05** 자동차 **06** 음
료 **07** 수선하다; 고치다 **08** 구조; 구조물 **09**
거절하다, 거부하다 **10** 잡일, 하기 싫은 일 **11**
밀 **12** 면직물; 목화; 솜 **13** 제거하다, 치우다
14 쓰레기 **15** 발견하다, 감지하다 **16** 탑승한,
탄 **17** 젓다, 섞다 **18** 구역, 지구, 지역 **19** 널
찍한, 광대한 **20** 가죽; 가죽옷 **B 01** appetite
02 formal **03** attic **04** breathe **05**
bathtub **06** crush **07** fence **08** whisper

09 delivery **10** knot **11** roast **12**
household **13** stripe **14** spin **15** fasten
16 squeeze **17** faucet **18** bury **19**
sleeve **20** ownership **C 01** 이 재킷을 고
치다 **02** 조용한 동네 **03** 중요한 역할을 하다
04 저 낡은 의자들을 버리다 **05** 그 정책을 추
진할 계획이다 **06** 과일과 채소를 많이 먹다 **D**
01 encountered **02** microwave **03**
settlement **04** instant **05** extend **06**
faded

DAY 11

A (표제어 참고) **B 01** 노동절(노동자의 날)
02 즉각적인 조치 **03** 8시간 교대 **04** 실업자
들 **05** 그 손실을 메우다 **C 01** requirement
02 promote **03** experienced **04** hire
05 retire **06** supervise **D 01** achieved
02 chairperson **03** complicate **04**
obtain **05** carry out **06** resume

DAY 12

A (표제어 참고) **B 01** 그것의 약속을 이행하다
02 전반적인 분위기 **03** 영업 부서 **04** 장거리
를 통근하다 **05** 그 회사를 책임지고 있는 **C**
01 attach **02** revise **03** basis **04**
discussion **05** leadership **06** (r)ush **D**
01 detail **02** assigned **03** task **04**
appoint **05** notify **06** confirm

DAY 13

A (표제어 참고) **B 01** 관절 통증 **02** 치실 **03**
굶주림으로 죽다 **04** 야간 시력 문제들 **05** 정
신 건강과 신체 건강 **C 01** danger **02**
injure **03** illness **04** urgent **05** infection
06 bearable **D 01** spine **02** disabled
03 injected **04** pulse **05** stomachache
06 ambulance

DAY 14

A (표제어 참고) **B 01** 내 발목을 삐다 **02** 아
이들에게 영양을 공급하다 **03** 장기 기증들 **04**
햇빛에 대한 알레르기(과민증) **05** 단백질의 좋은

공급원 **C 01** alive **02** unhealthy **03** nerve **04** relief **05** indigestion **06** (p)harmacy **D 01** bandage **02** overcome **03** operation **04** surgeon **05** lead to **06** cut down on

DAY 15

A (표제어 참고) **B 01** 다음 학기에 **02** 몹시 합격하고 싶어 하는 **03** 출석을 확인하다 **04** 평균을 계산하다 **05** 그들의 또래 의견들 **C 01** erase **02** assignment **03** behavior **04** instruct **05** motivate **06** summarize **D 01** intelligent **02** scolded **03** aisle **04** notice **05** report card **06** Go over

DAY 11~15 누적 테스트

A 01 삐다, 접질리다 **02** 직업, 직종 **03** 요약 하다 **04** 면역의 **05** 논의, 토의 **06** 상급의; 상 급자 **07** 기숙사, 공동 침실 **08** 부상을 입다 **09** 분류하다, 구분하다 **10** 극복하다; 이기다 **11** 즉각적인; 신속한 **12** 손상시키다 **13** 잦은, 빈번한 **14** 야단치다, 꾸짖다 **15** 임명하다, 지 명하다 **16** 신경; 긴장, 불안 **17** 구급차 **18** 행 동, 품행, 태도 **19** 의식이 있는 **20** 승진시키다 **B 01** prescribe **02** labor **03** organ **04** detail **05** calculate **06** resume **07** mental **08** grammar **09** charge **10** surgeon **11** attach **12** motivate **13** bandage **14** reward **15** urgent **16** indigestion **17** workaholic **18** infection **19** qualify **20** pronounce **C 01** 출석을 확 인하다 **02** 그 회의를 확인하다 **03** 절차를 따 르다 **04** 햇빛에 대한 알레르기(과민증) **05** 경 험이 풍부한 사람이 필요하다 **06** 예상치 못한 수술 결과 **D 01** ointment **02** concentrate **03** commute **04** carry out **05** nourish **06** hired

DAY 16

A (표제어 참고) **B 01** 이론들을 증명하다 **02** 아동 심리학 **03** 관련 수치들 **04** 인공 지능 **05** 기본적인 내용을 다루다 **C 01** fluent **02** physics **03** logic **04** expose **05** inspire

06 scholar **D 01** improve **02** essence **03** philosophy **04** insight **05** concluded **06** refer

DAY 17

A (표제어 참고) **B 01** 가격을 낮추다 **02** 많은 돈이 들다 **03** 제품을 구매하다 **04** 복합 쇼핑 센터 **05** 1년 보증 **C 01** decision **02** passion **03** own **04** refund **05** quantity **06** (c)ostly **D 01** merchandise **02** sum **03** offer **04** except **05** label **06** by chance

DAY 18

A (표제어 참고) **B 01** 희미한 불빛 **02** 이런 힘든 시간 **03** 가벼운 증상들 **04** 가파른 산 **05** 소득에 상관없이 **C 01** rapid **02** broad **03** (e)normous **04** internal **05** shallow **06** symbolic **D 01** stable **02** rough **03** fundamental **04** compact **05** broke down **06** a number of

DAY 19

A (표제어 참고) **B 01** 밀접하게 연관된 **02** 심 하게 손상을 입은 **03** 반대 의견들 **04** 거의 30년 동안 **05** 자주 묻는 질문들 **C 01** (r)ecently **02** useless **03** surprising **04** following **05** realistic **06** (s)eldom **D 01** obvious **02** noise **03** valid **04** likely **05** further **06** In case of

DAY 20

A (표제어 참고) **B 01** 느린 움직임 **02** 축제 분위기 **03** 규칙적인 운동 **04** 기억할 만한 날 **05** 불공정한 판정 **C 01** athletic **02** unusual **03** compete **04** cultural **05** amateur **06** (p)astime **D 01** difficulties **02** outstanding **03** gets together **04** penalty **05** steady **06** take part in

A 01 열정, 열망, 격정 **02** 광고하다 **03** 안정된, 안정적인 **04** 철학 **05** 지나침, 과잉; 초과 **06** 운동의; 탄탄한 **07** 회의, 학회; 회담 **08** 유효한, 타당한 **09** 박수를 치다 **10** 궁극적인, 최후의 **11** 보증(서); 보장하다 **12** 결론을 내리다 **13** 어마어마한, 굉장한 **14** 중간 정도의, 보통의 **15** 노출시키다 **16** 극도의, 극심한 **17** 우연히 **18** 반짝이다; 반짝거림 **19** 꾸준한, 변함없는 **20** 추가의; 더 멀리 **B 01** logic **02** shallow **03** sum **04** fragile **05** theory **06** useless **07** regular **08** collection **09** organize **10** genuine **11** faint **12** insight **13** memorable **14** decision **15** compact **16** scholar **17** opposite **18** facility **19** outstanding **20** festive **C 01** 유연하고 견고한 **02** 제품을 구매하다 **03** 비상시에는 **04** 배움의 본질 **05** 다음 메시지를 읽다 **06** 불공정한 판정에 대해 항의하다 **D 01** principle **02** nearly **03** opponent **04** internal **05** On average **06** When it comes to

A (표제어 참고) **B 01** 복도 쪽 선실 **02** 여행하는 동안 **03** 나의 첫 번째 해외여행 **04** 반대 방향 **05** 지하 통로 **C 01** (h)arbor **02** excitement **03** locate **04** navigate **05** off **06** (o)pportunity **D 01** spectacle **02** stranger **03** check out **04** vehicle **05** convey **06** ran across

A (표제어 참고) **B 01** 극적인 음악 **02** 새로운 영화 장르 **03** 풍부하고 깊은 음색 **04** 다양한 창작들 **05** 걸작을 작곡하다 **C 01** recent **02** exhibition **03** decoration **04** conduct **05** imitate **06** recite **D 01** theme **02** climax **03** interval **04** rehearsed **05** grand **06** tune

A (표제어 참고) **B 01** 공상 과학 소설 **02** 내가 가장 좋아하는 구절 **03** 영국식 말투로 **04** 수필 모음집 **05** 질의응답 형식 **C 01** summary **02** nonfiction **03** poet **04** autobiography **05** factual **06** literature **D 01** context **02** literal **03** setting **04** Copyright **05** lyric **06** is worthy of

A (표제어 참고) **B 01** 인터넷 매체 **02** 다양한 관심사를 충족시키다 **03** 그 기사에 따르면 **04** 어제의 뉴스 표제 **05** 많은 다른 각도에서 **C 01** reality **02** false **03** announce **04** mass **05** unknown **06** (m)obile **D 01** documentary **02** rumor **03** column **04** attention **05** channels **06** polls

A (표제어 참고) **B 01** 섭씨로 **02** 배를 난파시키다 **03** 열대야 **04** 심각한 기후 변화 **05** 생태계를 위협하다 **C 01** depth **02** erupt **03** moisture **04** reflect **05** (s)wamp **06** (o)ccur **D 01** surrounded **02** frost **03** ash **04** predator **05** flesh **06** peak

A 01 저작권, 판권 **02** 해외의; 해외에 **03** 뚜렷한, 뚜렷이 다른 **04** 여론 조사; 투표 **05** 기회 **06** 사실의 **07** 초원, 목초지 **08** 길을 찾다; 항해하다 **09** 알려지지 않은 **10** 먹이, 사냥감 **11** 폭발하다, 분출하다 **12** 작곡하다; 작문하다 **13** 놀랄 만한 **14** 문자 그대로의 **15** 지휘하다; 지휘 **16** 봉우리, 정상; 절정 **17** ~에 따르면 **18** 장식; 장식품 **19** 화산재, 재 **20** 소설; 허구 **B 01** author **02** platform **03** rumor **04** theme **05** translate **06** lighthouse **07** marine **08** exhibition **09** subscribe **10** moisture **11** imitate **12** phrase **13** direction **14** masterpiece **15** angle **16** literature **17** attraction **18** attention **19** reflect **20** tropical **C 01** 시를 암송하다

02 최근 몇 년 동안 03 수필 모음집 04 현재의 지구 온도 05 지하 통로를 통해 06 정부의 최근 정책들을 비판하다 **D** 01 purifies 02 auditorium 03 stranger 04 severe 05 plot 06 am used to

A (표제어 참고) **B** 01 갈색 액체 02 동일한 유전자들 03 주요 프로젝트 04 노화에 미치는 영향 05 한 가지 물리적 특성 **C** 01 storage 02 modify 03 mixture 04 chemistry 05 reproduce 06 evolution **D** 01 microscope 02 mammal 03 substances 04 solid 05 oxygen 06 as long as

A (표제어 참고) **B** 01 가파른 경사지 02 북부 캐나다 03 일련의 섬들 04 눈으로 덮인 05 지구 중심부의 열 **C** 01 (A)ntarctic 02 exclude 03 vertical 04 pole 05 location 06 western **D** 01 phase 02 southern 03 canyon 04 Pacific 05 underwater 06 range

A (표제어 참고) **B** 01 수동 모드 02 암호를 입력하다 03 휴대용 제품들 04 원격 화상 회의 05 전자 계약 시스템 **C** 01 digital 02 upload 03 efficiency 04 rotate 05 install 06 technique **D** 01 function 02 progress 03 scientific 04 accelerate 05 automatic 06 observe

A (표제어 참고) **B** 01 도표를 가리키다 02 정보를 전송하다 03 계획의 개요 04 위치를 인식하다 05 혁신의 핵심 수단 **C** 01 react 02 certain 03 equipment 04 infinite 05 absolute 06 even **D** 01 error 02 steel 03 layer 04 sooner, later 05 foreseen 06 turns out

A (표제어 참고) **B** 01 계획을 수립하다 02 중대한 영향 03 사회적 변화들과 관련된 04 표준 생계비 05 사회 갈등의 많은 요인들 **C** 01 prospect 02 differ 03 ethic 04 indicate 05 reliable 06 (l)iberty **D** 01 circumstance 02 contributed 03 deserve 04 dropped out 05 right 06 in return

A 01 주요한, 주된 02 수직의, 세로의 03 암호; 비밀번호 04 예견하다, 예측하다 05 생물학; 생명 작용 06 개혁; 개혁하다 07 불꽃, 불길 08 ~으로 뒤덮인 09 중퇴하다, 탈퇴하다 10 휴대용의 11 효율(성), 능률 12 저장, 보관; 저장고 13 수단, 방법 14 터지다; 터뜨리다 15 고정 관념 16 가능하게 하다 17 인류, 인간 18 인식하다, 인정하다 19 남쪽의, 남쪽에 있는 20 기여하다 **B** 01 phase 02 layer 03 observe 04 storage 05 install 06 factor 07 mixture 08 innovate 09 rotate 10 relate 11 eastern 12 oxygen 13 maintain 14 horizon 15 standard 16 mammal 17 remote 18 compass 19 finite 20 prospect **C** 01 가파른 경사지 02 제대로 된 토의 03 세포들로 구성되어 있다 04 진화론 05 무한한 확장 능력 06 우리 분야에서의 상당한 진전 **D** 01 Accurate 02 substances 03 indicate 04 equator 05 sooner, later 06 transmit

A (표제어 참고) **B** 01 현명한 전략 02 조세 부담 03 신용카드로 결제하다 04 더딘(느린) 경제 성장 05 그 회사의 주요 목표 대상 **C** 01 annual 02 demand 03 finance 04 negotiate 05 temporary 06 loss **D** 01 afford 02 priceless 03 capital 04 worth 05 allowance 06 figured out

DAY 32

A (표제어 참고) **B 01** 파업에 들어가다 **02** 대규모로 **03** 그 회사의 목표 **04** 기계 산업 **05** 좋은 서비스를 보장하다 **C 01** earn **02** dealer **03** option **04** constant **05** construct **06** (s)ector **D 01** surplus **02** enrich **03** cultivate **04** agriculture **05** cut off **06** capable of

DAY 33

A (표제어 참고) **B 01** 권력에 대한 욕망 **02** 평정(균형)을 유지하다 **03** 민주 공화국 **04** 대통령 선거 **05** 정부를 설득하다 **C 01** authority **02** conservative **03** command **04** approve **05** political **06** union **D 01** reputation **02** mayor **03** insisted **04** assumes **05** permitted **06** welfare

DAY 34

A (표제어 참고) **B 01** 법을 찾아보다 **02** 고객들을 속이다 **03** 다른 사람을 모욕하다 **04** 피해자에게 사과하다 **05** 그 범죄에 연루되다 **C 01** inquire **02** illegal **03** disorder **04** confess **05** criminal **06** violate **D 01** identify **02** jury **03** court **04** fine **05** obey **06** turned in

DAY 35

A (표제어 참고) **B 01** 10년마다 **02** 그의 영웅적인 업적 **03** 점진적인 변화들 **04** 로마의 유적 **05** 유럽 현대사 **C 01** devote **02** disappear **03** prior **04** civilization **05** biography **06** (d)estiny **D 01** origin **02** evaluate **03** nowadays **04** settled **05** trap **06** era

DAY 31~35 누적 테스트

A 01 연간의, 연례의 **02** 선언하다, 공표하다 **03** 조립하다; 모으다 **04** 분명한, 명백한 **05** 배심단 **06** 수요; 요구하다 **07** 바치다, 헌신하다 **08** 규모; 등급; 저울 **09** 현대의, 근대의 **10** 욕구; 바라다 **11** 명령; 명령하다 **12** 금융; 재정, 재무 **13** 제출하다; 반납하다 **14** 경작하다, 재배하다 **15** 대체하다, 대신하다 **16** 끊임없는, 지속적인 **17** 점차적인 **18** 협상하다, 교섭하다 **19** 범인; 범죄의 **20** 선거; 당선 **B 01** economic **02** illegal **03** insist **04** material **05** strategy **06** origin **07** mechanical **08** destiny **09** embassy **10** biography **11** agriculture **12** clue **13** loss **14** republic **15** disorder **16** budget **17** disappear **18** surplus **19** evidence **20** reputation **C 01** 법을 위반하다 **02** 전쟁 전에는 **03** 경제를 부양하다 **04** 일시적인 해결책 **05** 네 마음의 평정(균형)을 유지하다 **06** 그 산업의 붕괴를 막다 **D 01** committee **02** currency **03** possess **04** involved **05** dealers **06** previous

DAY 36

A (표제어 참고) **B 01** 영생(영원한 삶) **02** 신성한 장소 **03** 자비와 사랑 **04** 교회 성가대 **05** 종교의 자유를 제한하다 **C 01** faith **02** virtue **03** evil **04** existence **05** warmth **06** (t)otally **D 01** bless **02** taboo **03** religion **04** holy **05** missionary **06** ritual

DAY 37

A (표제어 참고) **B 01** 사회적 반감 **02** 신뢰부족 **03** 제대로 행동하다 **04** 노숙자들을 위한 보호 시설들 **05** 약물 남용에 대한 조치 **C 01** solution **02** abnormal **03** harm **04** poverty **05** addict **06** exceed **D 01** prejudice **02** haste **03** isolates **04** aspect **05** violent **06** in order

DAY 38

A (표제어 참고) **B 01** 특정 국가들 **02** 법 앞에 평등한 **03** 국내 경제 **04** 미숙한 초기 대응 **05** 시민 권리 운동 **C 01** comparison **02** inner **03** peaceful **04** reside **05** intend **06** globalize **D 01** racial **02** resist **03** international **04** nation **05** territory **06** emigrate

DAY 39

A (표제어 참고) **B 01** 외교 문제들 **02** 가장 낮은 출산율 **03** 보편적 가치들 **04** 잘못된 접근법 **05** 가난과 기근에 시달리다 **C 01** worsen **02** external **03** complaint **04** refuge **05** dense **06** preserve **D 01** conflict **02** complicated **03** remarked **04** widespread **05** hostile **06** urged

DAY 40

A (표제어 참고) **B 01** 깃발을 꽂다 **02** 대규모 군대 **03** 끔찍하게 파괴된 **04** 모든 것을 복구하다 **05** 전쟁 범죄들을 해결하다 **C 01** continue **02** treatment **03** anxiety **04** unreasonable **05** defense **06** divide **D 01** conquered **02** hazard **03** awkward **04** despair **05** navy **06** bomb

DAY 36~40 누적 테스트

A 01 추구하다, 구하다 **02** 간섭하다, 개입하다 **03** 신앙(심), 믿음 **04** 겪다, 받다 **05** 명상하다, 묵상하다 **06** 나누다, 나뉘다 **07** 이민을 가다 **08** 버리다, 포기하다 **09** 불안, 염려 **10** 보존하다, 지키다 **11** 영원한 **12** 피난(처), 도피(처) **13** 독특한 **14** 진실된, 진심의 **15** 인식하고 있는 **16** 정복하다; 이기다 **17** 피하다; 방지하다 **18** 복구하다 **19** 초기의, 처음의 **20** 남용; 남용하다 **B 01** religion **02** alternative **03** lack **04** resist **05** complaint **06** warmth **07** arrow **08** abnormal **09** peaceful **10** defense **11** violent **12** famine **13** international **14** holy **15** widespread **16** racial **17** priest **18** independent **19** poverty **20** struggle **C 01** 신성한 장소 **02** 법 앞에 평등한 **03** 종교의 자유를 제한하다 **04** 사회적 편견에 맞서 **05** 국제적 갈등 **06** 인터넷망을 마비시키다 **D 01** bless **02** responsible **03** domestic **04** endangers **05** urged **06** in order to

INDEX

MY VOCA COACH

중학 실력

휴대용 포켓 단어장

0001	**single**	혤 혼자인; 단 하나의; 1인용의
0002	**contact**	통 ~와 연락하다 명 연락, 접촉
0003	**manner**	명 예의, 관습; 태도, 방식
0004	**niece**	명 (여자) 조카
0005	**childhood**	명 어린 시절, 유년 시절
0006	**homesick**	혤 향수병에 걸린, 고향을 그리워하는
0007	**lifetime**	명 일생, 평생, 생애
0008	**day care**	탁아(보육) 서비스, 주간 보호
0009	**infant**	명 유아, 젖먹이 아기 혤 유아용의
0010	**adopt**	통 입양하다; 채택하다
0011	**engage**	통 약혼시키다; 종사하다, 참여하다
0012	**spouse**	명 배우자, 남편, 아내
0013	**funeral**	명 장례식
0014	**resemble**	통 닮다, 비슷하다
0015	**pregnant**	혤 임신한
0016	**fate**	명 운명, 숙명
0017	**interact**	통 상호작용하다, 소통하다
0018	**mature**	혤 성숙한, 다 자란, 어른스러운
0019	**influence**	명 영향(력) 통 영향을 주다
0020	**depend**	통 의존하다, 의지하다, ~에 달려 있다
0021	**quarrel**	명 말다툼, 싸움 통 말다툼하다

0022	**look after**	~을 보살펴 주다; 배웅하다
0023	**make up**	이루다, 구성하다; 화장을 하다
0024	**go out with**	~와 데이트를 하다(사귀다)
0025	**sibling**	명 형제자매
0026	**accompany**	동 동행하다, 동반하다; (악기로) 반주하다
0027	**companion**	명 동반자, 동행, (마음 맞는) 친구
0028	**anniversary**	명 기념일
0029	**ancestor**	명 조상, 선조
0030	**nurture**	동 양육하다, 키우다, 육성하다

DAY 02　Appearance & Character I 외모와 특성 I

0031	**facial**	형 얼굴의, 안면의
0032	**ideal**	형 이상적인, 가장 알맞은 명 이상
0033	**healthy**	형 건강한; 건강에 좋은
0034	**messy**	형 지저분한, 엉망인
0035	**tidy**	형 정돈된, 깔끔한, 단정한 동 정돈하다
0036	**height**	명 키; 높이, 고도; 최고조
0037	**centimeter**	명 센티미터
0038	**wavy**	형 물결치는; 물결 모양의

0039	quite	男 아주, 꽤
0040	gender	명 성별
0041	respectful	형 공손한, 경의를 표하는, 존중하는
0042	jewelry	명 보석, 보석류; 장신구
0043	vivid	형 선명한, 강렬한; 생생한
0044	impression	명 인상; 감명
0045	successful	형 성공한, 성공적인
0046	wrinkle	명 주름 동 주름이 지다
0047	loyal	형 충실한, 충성스러운
0048	identity	명 신원, 신분, 정체성; 독자성
0049	confidence	명 자신감, 신뢰; 확신
0050	intense	형 강렬한, 극심한; 치열한
0051	massive	형 거대한, 엄청나게 큰
0052	elegant	형 우아한, 품위 있는, 품격 있는
0053	fit into	~에 꼭 들어맞다, ~에 적합하다
0054	stay away	가까이하지 않다, 거리를 두다
0055	be likely to V	~할 것 같다, ~할 가능성이 크다
0056	oval	형 달걀 모양의, 타원형의 명 타원형
0057	exhausted	형 지쳐 버린, 기진맥진한
0058	intonation	명 억양, 어조
0059	show off	과시하다, 자랑하다
0060	stand out	눈에 띄다, 두드러지다

0061	**charm**	명 매력, 매력적인 요소 동 매혹하다
0062	**sort**	명 종류, 유형, 부류 동 분류하다
0063	**fake**	형 가짜의, 위조의 명 가짜, 모조품
0064	**silly**	형 어리석은, 바보 같은
0065	**ease**	명 편안함, 느긋함; 쉬움 동 편해지다
0066	**diligent**	형 부지런한, 근면 성실한
0067	**careless**	형 부주의한, 조심성 없는
0068	**hardly**	부 거의 ~ 않다
0069	**rather**	부 오히려, 차라리; 꽤, 약간, 좀
0070	**twisted**	형 비뚤어진, 꼬인, 일그러진
0071	**typical**	형 전형적인, 대표적인; 일반적인
0072	**passive**	형 소극적인, 수동적인
0073	**brilliant**	형 (재능이) 뛰어난; 훌륭한; 눈부신
0074	**capable**	형 유능한; ~의 능력이 있는
0075	**meaningful**	형 의미 있는, 중요한
0076	**humble**	형 검소한, 겸손한; 초라한
0077	**aggressive**	형 공격적인; 매우 적극적인
0078	**odd**	형 이상한, 기묘한; 홀수의
0079	**ignorant**	형 무지한, 무식한, (정보가 없어) 모르는
0080	**arrogant**	형 거만한, 오만한
0081	**greedy**	형 탐욕스러운, 욕심 많은

0082	**tender**	웹 다정한; 부드러운, 연한
0083	**energetic**	웹 활동적인, 격렬한, 에너지가 넘치는
0084	**care about**	~에 마음을 쓰다, ~에 관심을 가지다
0085	**most of all**	무엇보다도, 그중에서도
0086	**competitive**	웹 경쟁하는; 경쟁심이 강한
0087	**impatient**	웹 참을성 없는, 안달 난
0088	**fierce**	웹 격렬한, 맹렬한; 사나운
0089	**ambitious**	웹 야망이 있는, 야심찬
0090	**take ~ for granted**	~을 당연시하다, 대수롭지 않게 여기다

DAY 04 | Thoughts & Feelings 생각과 감정

0091	**pride**	웹 자부심, 자랑스러움; 자존심
0092	**mood**	웹 기분; 분위기
0093	**annoy**	동 짜증나게 하다; 귀찮게 하다
0094	**amaze**	동 (대단히) 놀라게 하다
0095	**envy**	동 부러워하다 웹 부러움
0096	**jealous**	웹 질투하는, 시기(시샘)하는
0097	**scream**	웹 비명 동 비명을 지르다
0098	**romance**	웹 로맨스, 연애; 연애 소설

0099	pleasant	형 즐거운, 기분이 좋은
0100	imagination	명 상상(력)
0101	relieve	동 완화하다; 안도하게 하다
0102	enjoyable	형 즐거운
0103	tension	명 긴장, 긴장 상태
0104	amuse	동 즐겁게 하다, 웃기다
0105	entertain	동 즐겁게 하다, 접대하다
0106	frighten	동 겁먹게(놀라게) 하다
0107	weep	동 울다, 눈물을 흘리다
0108	panic	명 (극심한) 공포, 공황 동 겁에 질리다
0109	depress	동 우울하게 하다, 부진하게 하다
0110	recall	동 기억해 내다, 상기하다
0111	critical	형 비판적인; 중요한
0112	warm-hearted	형 마음이 따뜻한, 친절한
0113	owe	동 빚지고(신세 지고) 있다
0114	sorrow	명 (큰) 슬픔, 비애
0115	a variety of	다양한, 여러 가지의
0116	disgust	동 역겨움을 유발하다 명 역겨움
0117	empathize	동 공감하다, 감정을 이입하다
0118	miserable	형 비참한, 불행한
0119	desperate	형 절망적인, 필사적인, 자포자기한
0120	put up with	~을 참다, ~을 참고 견디다

0121	conversation	명 대화, 회화
0122	prefer	통 선호하다, 더 좋아하다
0123	blame	통 ~을 탓하다, ~의 책임으로 보다
0124	profile	명 프로필, 개요
0125	signal	명 신호 통 신호를 보내다
0126	visual	형 시각의, 시각적인
0127	frankly	부 솔직하게, 노골적으로
0128	nod	통 (고개를) 끄덕이다 명 끄덕임
0129	comment	명 의견, 언급 통 의견을 말하다
0130	require	통 요구하다, 필요하다, 필요로 하다
0131	response	명 응답, 회신; 반응
0132	willing	형 기꺼이 하는, ~하기를 꺼리지 않는
0133	pause	통 잠시 멈추다 명 멈춤
0134	suppose	통 추측하다, 생각하다; 가정하다
0135	mention	통 언급하다, 말하다 명 언급
0136	debate	명 논쟁, 토론 통 토론하다
0137	specific	형 구체적인; 특정한
0138	neutral	형 중립의, 중립적인
0139	combine	통 결합하다, 결합시키다
0140	impress	통 감명을 주다, 깊은 인상을 주다
0141	deal with	~을 처리하다, ~을 다루다

0142	**keep in touch**	연락하고 지내다
0143	**call on**	찾아가다; 요청하다
0144	**distinguish**	동 구별하다, 구별 짓다
0145	**interrupt**	동 방해하다, 중단시키다
0146	**emphasize**	동 강조하다
0147	**determine**	동 결정하다, 확정하다; 알아내다
0148	**hesitate**	동 망설이다, 주저하다
0149	**activate**	동 작동시키다, 활성화하다
0150	**dismiss**	동 (의견을) 묵살하다; 해고하다

DAY 06 Actions 행동

0151	**skip**	동 (깡충깡충) 뛰다; 거르다
0152	**shut**	동 잠그다, 닫다, 닫히다
0153	**drag**	동 끌다, 끌고 가다
0154	**lie**	동 눕다; 거짓말하다 명 거짓말
0155	**lay**	동 눕히다, 놓다; 알을 낳다
0156	**spin**	동 돌다, 회전하다 명 회전
0157	**slip**	동 미끄러지다 명 (작은) 실수
0158	**bend**	동 굽히다, 구부리다

0159	**refuse**	통 거절하다, 거부하다
0160	**remove**	통 제거하다, 치우다; 벗다
0161	**shave**	통 면도하다, (수염 등을) 깎다
0162	**movement**	명 움직임, 이동; (정치적·사회적) 운동
0163	**breathe**	통 호흡하다, 숨을 쉬다
0164	**bury**	통 묻다, 매장하다
0165	**lean**	통 기울(이)다; 기대다
0166	**stare**	통 응시하다, 빤히 쳐다보다 명 응시
0167	**whisper**	통 속삭이다, 소곤거리다 명 속삭임
0168	**cast**	통 던지다; 주조하다; 배역을 맡기다
0169	**browse**	통 훑어보다; 인터넷을 돌아다니다
0170	**snore**	통 코를 골다 명 코 고는 소리
0171	**make sure**	반드시 ~하도록 하다, 확인하다
0172	**hold on (to)**	(~을) 꼭 잡다
0173	**turn over**	뒤집다, 뒤집히다; 채널을 돌리다
0174	**get rid of**	~을 처리하다(없애다)
0175	**discourage**	통 낙담(실망)시키다; 막다, 말리다
0176	**detect**	통 발견하다, 감지하다
0177	**pursue**	통 추구하다, 밀고 나가다; 뒤쫓다
0178	**wander**	통 거닐다, 돌아다니다, 헤매다
0179	**glance**	통 힐끗 보다; 훑어보다 명 힐끗 봄
0180	**encounter**	통 (우연히) 맞닥뜨리다, 접하다

0181	chop	통 (음식 재료를 토막으로) 썰다, 다지다
0182	roast	통 (오븐에) 굽다 명 구운 요리
0183	stove	명 스토브, 난로, (요리용) 화로
0184	buffet	명 뷔페, 뷔페식당
0185	calorie	명 열량, 칼로리
0186	caffeine	명 카페인
0187	wheat	명 밀
0188	flavor	명 (재료 특유의) 맛, 향, 풍미, 양념
0189	instant	형 인스턴트의, 즉석의; 즉각적인
0190	beverage	명 음료
0191	crush	통 눌러 부수다, 빻다
0192	grab	통 붙잡다, 움켜잡다; 급히(잠깐) ~하다
0193	split	통 나누다; 쪼개다; 분열되다
0194	suck	통 빨다, 빨아먹다, 빨아내다
0195	squeeze	통 짜다, 짜내다, 압착하다
0196	paste	명 반죽; 풀 통 붙이다
0197	stir	통 젓다, 섞다
0198	plenty	명 풍부한 양
0199	grind	통 잘게 갈다, 빻다; (칼날 등을) 갈다
0200	cuisine	명 요리, 요리법
0201	rotten	형 썩은, 부패한; 형편없는

0202	**fiber**	명 섬유(질)
0203	**vegetarian**	형 채식주의(자)의 명 채식주의자
0204	**seasoning**	명 조미료, 양념
0205	**cut ~ into pieces**	~을 여러 조각으로 자르다
0206	**appetite**	명 식욕; 욕구
0207	**portion**	명 일부분; 1인분
0208	**capacity**	명 용량; 수용력; 능력
0209	**edible**	형 먹을 수 있는, 식용의
0210	**nutrition**	명 영양

DAY 08 Clothes 의복

0211	**casual**	형 평상시의, 격식을 차리지 않은
0212	**formal**	형 격식을 차린; 공식적인
0213	**waist**	명 허리, 허리 부분
0214	**fashionable**	형 유행하는, 유행을 따른
0215	**shorten**	동 짧게 하다, 줄이다
0216	**stripe**	명 줄무늬
0217	**fancy**	형 화려한, 장식적인; 값비싼
0218	**cotton**	명 면직물; 목화; 솜

0219	**outfit**	뗑 의상 (한 벌); 장비 (한 벌)
0220	**sleeve**	뗑 소매
0221	**buckle**	동 버클을 채우다; 버클로 죄다 뗑 버클
0222	**string**	뗑 끈, 줄
0223	**fade**	동 (색이) 바래다; 서서히 사라지다
0224	**collar**	뗑 깃, 칼라
0225	**thread**	동 실을 꿰다 뗑 실
0226	**sew**	동 바느질하다
0227	**mend**	동 수선하다; 고치다, 수리하다
0228	**leather**	뗑 가죽; 가죽옷
0229	**cardigan**	뗑 카디건
0230	**stitch**	뗑 바늘땀, 바느질 방식 동 꿰매다
0231	**knot**	뗑 매듭
0232	**trousers**	뗑 바지
0233	**along with**	~과 함께, ~에 덧붙여
0234	**for oneself**	혼자 힘으로, 자신을 위해서
0235	**in balance**	균형이 잡혀, 조화하여
0236	**alter**	동 고치다, 바꾸다, 변경하다; 변하다
0237	**premium**	뗑 할증료, 프리미엄 톙 고급의
0238	**coordinate**	동 잘 어울리다; 꾸미다; 조정하다
0239	**detergent**	뗑 세탁 세제, 세정제
0240	**come up with**	생각해 내다; 제안하다; 생산하다

0241	**household**	명 가구, 가정
0242	**hang**	동 걸(리)다, 매달(리)다
0243	**alarm**	명 경보(음), 알람; 불안
0244	**dust**	명 먼지, 흙 동 먼지를 털다
0245	**edge**	명 가장자리, 모서리; 날
0246	**bathtub**	명 목욕통, 욕조
0247	**furniture**	명 가구
0248	**interior**	명 내부, 인테리어 형 내부의
0249	**cleanse**	동 정화하다; 세척하다, 청결하게 하다
0250	**spread**	동 퍼지다; 펼치다 명 확산
0251	**crack**	명 (갈라진) 금, (좁은) 틈 동 금이 가다
0252	**wire**	명 전선, 선; 철사
0253	**chore**	명 (가정의) 잡일, 하기 싫은 일
0254	**outlet**	명 콘센트; 배출구; 할인점
0255	**dump**	동 버리다 명 쓰레기장, 쓰레기 더미
0256	**rubbish**	명 쓰레기; 형편없는 것
0257	**flush**	동 쏟아내리다; 붉히다, 붉어지다
0258	**microwave**	명 전자레인지; 마이크로파
0259	**balcony**	명 발코니; (극장의) 발코니석
0260	**spacious**	형 널찍한, 광대한
0261	**saw**	동 톱질하다 명 톱

0262	**attic**	똉 다락(방)
0263	**play a role in**	~에서 역할을 하다
0264	**belong to**	~에 속하다
0265	**faucet**	똉 수도꼭지
0266	**convert**	동 개조하다, 전환하다; 바꾸다
0267	**discard**	동 (불필요한 것을) 버리다, 폐기하다
0268	**dispose**	동 처리하다, 처분하다; 배치하다
0269	**appliance**	똉 (가정용) 기기, 전자 제품
0270	**put away**	치우다; 넣다; 돈을 모으다

DAY 10 　Around the House 집 주변

0271	**fence**	똉 울타리, 담; 장애물
0272	**aboard**	전 부 탑승한, 탄
0273	**delivery**	똉 배송, 배달; 출산, 분만
0274	**place**	똉 장소, 곳 동 놓다, 배치하다
0275	**path**	똉 (좁은) 길, 산책로; 방향
0276	**distant**	휑 (거리가) 먼, 떨어져 있는
0277	**somewhere**	부 어딘가에
0278	**leak**	동 새다; (비밀이) 누설되다

0279	**structure**	명 구조; 구조물, 건축물; 체계
0280	**extend**	동 확장하다, 연장하다
0281	**fasten**	동 고정시키다; 매다
0282	**automobile**	명 자동차
0283	**load**	동 (짐을) 싣다, 적재하다 명 짐, 화물
0284	**neighborhood**	명 동네, 근처, 이웃
0285	**gardening**	명 조경, 원예
0286	**surrounding**	형 인근의, 주위의
0287	**slum**	명 빈민가, 슬럼
0288	**vacant**	형 비어 있는, 사람이 없는
0289	**householder**	명 주택 소유자, 세대주, 가장
0290	**transportation**	명 수송 (수단), 운송, 교통 기관
0291	**ownership**	명 소유, 소유권
0292	**suburban**	형 교외의, 도시 주변의
0293	**up close**	바로 가까이에서
0294	**no longer**	더 이상 ~ 아닌
0295	**district**	명 구역, 지구, 지역
0296	**residence**	명 주택, 거주지; 거주
0297	**pedestrian**	형 보행자의 명 보행자
0298	**settlement**	명 정착(지); 해결, 합의, 정산
0299	**stand for**	~을 나타내다, ~을 의미하다
0300	**put effort (into)**	(~에) 노력을 들이다, 공들이다

0301	**labor**	명 노동, 근로; 일
0302	**hire**	동 고용하다; 빌리다
0303	**expert**	명 전문가, 숙련가, 달인
0304	**reward**	명 보상(금), 사례금
0305	**shift**	명 교대(근무), 교체 동 바꾸다
0306	**former**	형 이전의, 예전의 명 전자
0307	**perform**	동 수행하다; 공연하다, 연기(연주)하다
0308	**retire**	동 은퇴하다, 퇴직하다
0309	**achieve**	동 달성하다, 이루다
0310	**resume**	명 이력서; 요약
0311	**superior**	형 상급의; 우수한 명 상급자
0312	**obtain**	동 얻다, 획득하다, 입수하다
0313	**promote**	동 승진시키다; 홍보하다, 촉진하다
0314	**supervise**	동 감독하다, 관리하다, 지휘하다
0315	**experienced**	형 경험이 있는, 경험이 풍부한
0316	**requirement**	명 필요(한 것), 필요조건, 요건
0317	**application**	명 지원(서), 신청(서); 적용, 응용
0318	**prompt**	형 즉각적인; 신속한, 시간을 엄수하는
0319	**workaholic**	명 일 중독자
0320	**resign**	동 사임하다, 사직하다, 그만두다
0321	**chairperson**	명 의장, 회장

0322	**unemployed**	형 실직한, 실업자의
0323	**carry out**	실행하다, 수행하다
0324	**make up for**	~을 메우다, 보충하다
0325	**bring about**	야기하다, 초래하다
0326	**recruit**	동 (신입을) 모집하다, 뽑다
0327	**profession**	명 (전문) 직업, 직종
0328	**complicate**	동 복잡하게 만들다
0329	**accomplish**	동 완수하다, 이루다, 성취하다
0330	**architect**	명 건축가, 설계자

DAY 12   Workplace 일터

0331	**leadership**	명 리더십, 지도(통솔)(력), 지도부
0332	**detail**	명 세부 사항
0333	**firm**	명 회사 형 단단한; 확고한
0334	**rush**	동 서두르다, 급히 움직이다
0335	**task**	명 일, 과제, 과업
0336	**charge**	명 책임; 담당; 요금
0337	**basis**	명 기준 (단위), 기초, 기반, 근거
0338	**discussion**	명 논의, 토의

0339	**confirm**	통 확인하다, 확정하다; 승인하다
0340	**department**	명 부서; 학과; 섹션
0341	**overall**	형 전반적인, 전체의 부 전부
0342	**misplace**	통 잘못 두다, 제자리에 두지 않다
0343	**attach**	통 첨부하다, 붙이다
0344	**frequent**	형 잦은, 빈번한
0345	**commute**	통 통근하다, 통학하다
0346	**assign**	통 맡기다, 배정하다, 할당하다
0347	**brochure**	명 안내 소책자
0348	**found**	통 설립하다, 세우다
0349	**classify**	통 분류하다, 구분하다
0350	**division**	명 부서; 분할, 분배
0351	**notify**	통 알리다, 통지(통보)하다
0352	**revise**	통 변경(수정)하다, 개정하다
0353	**agency**	명 대행사, 대리점
0354	**be in trouble**	곤경(어려움)에 처하다
0355	**appoint**	통 임명하다, 지명하다; 정하다
0356	**distribute**	통 분배하다, 나누어주다; 유통하다
0357	**fulfill**	통 이행하다, 수행하다; 끝내다
0358	**procedure**	명 (진행) 절차, 순서
0359	**qualify**	통 자격을 얻다(취득하다); 자격을 주다
0360	**personnel**	명 직원(들), 인사팀

0361	**illness**	명 병, 아픔
0362	**flu**	명 독감, 유행성 감기
0363	**mental**	형 정신의, 심적인
0364	**heal**	동 치유되다, 낫다; 치료하다
0365	**danger**	명 위험, 위험 요소
0366	**dental**	형 치아의, 치과의
0367	**die of**	~으로 죽다
0368	**stomachache**	명 복통, 위통
0369	**waterproof**	형 방수의 명 방수복, 방수가 되는 옷
0370	**urgent**	형 긴급한, 시급한
0371	**ambulance**	명 구급차
0372	**disabled**	형 장애를 입은, 장애의
0373	**joint**	명 관절; 접합 형 공동의
0374	**spine**	명 척추, 등뼈
0375	**vision**	명 시력, 시야; 비전; 상상
0376	**pulse**	명 맥박, 맥; (강한) 리듬(고동)
0377	**infection**	명 감염; 전염(병)
0378	**injure**	동 부상을 입다(입히다); 다치게 하다
0379	**immune**	형 면역의, 면역성이 있는
0380	**vital**	형 생명 유지와 관련된; 필수적인
0381	**unexpected**	형 예상 밖의, 예기치 못한

0382	inject	통 주사하다; 주입하다
0383	tablet	명 알약, 정제
0384	bearable	형 참을(견딜) 만한
0385	stiff	형 (근육이) 뻐근한; 뻣뻣한, 뻑뻑한
0386	prescribe	통 처방하다, 처방을 내리다
0387	strain	통 (근육을) 무리하게 쓰다 명 압박
0388	conscious	형 의식이 있는, 지각하고 있는
0389	drown	통 익사하다; 잠기게 하다
0390	ointment	명 연고

DAY 14 Health & Safety II 건강과 안전 II

0391	alcohol	명 술; 알코올
0392	sickness	명 아픔, 병; 메스꺼움
0393	clinic	명 병원; 진료; 치료소
0394	alive	형 살아 있는; (생기 · 활기가) 넘치는
0395	unhealthy	형 건강하지 않은; 건강에 해로운
0396	organ	명 기관, 장기; 오르간
0397	protein	명 단백질
0398	operation	명 수술; 작동; 사업

0399	**pharmacy**	몡 약국; 약학
0400	**allergy**	몡 알레르기, 과민증
0401	**bandage**	몡 붕대 동 붕대를 감다
0402	**overcome**	동 극복하다; 이기다
0403	**nerve**	몡 신경; 긴장, 불안
0404	**nourish**	동 영양분을 공급하다; 기르다
0405	**relief**	몡 안도, 안심; (고통 등의) 완화
0406	**surgeon**	몡 외과의사, 외과의
0407	**fatal**	몡 치명적인
0408	**sprain**	동 삐다, 접질리다
0409	**cavity**	몡 충치; (어떤 물체의) 구멍
0410	**indigestion**	몡 소화불량
0411	**look for**	~을 찾다, ~을 구하다
0412	**end up**	결국 ~하게 되다
0413	**cut down on**	~을 줄이다, ~을 낮추다
0414	**lead to**	~으로 이어지다
0415	**vaccinate**	동 (예방) 백신 주사를 놓다
0416	**unconscious**	몡 의식을 잃은; 무의식의
0417	**impair**	동 손상시키다, 악화시키다
0418	**sanitary**	몡 위생적인, 깨끗한; 위생의
0419	**posture**	몡 자세; 태도
0420	**life expectancy**	평균 수명, 기대 수명

0421	term	몡 학기, 기간; 용어
0422	notice	몡 공지, 통지; 안내 통 주목하다
0423	erase	통 지우다, 없애다
0424	schoolwork	몡 학업, 학교 공부
0425	intelligent	혱 똑똑한, 영리한; 지능이 있는
0426	grammar	몡 문법
0427	report card	성적표, 통지표
0428	underline	통 밑줄을 긋다; 강조하다
0429	behavior	몡 행동, 품행, 태도
0430	calculate	통 계산하다; 추산하다
0431	attendance	몡 출석, 참석
0432	instruct	통 가르치다; 지시하다
0433	scold	통 야단치다, 꾸짖다
0434	aisle	몡 (교실·극장·버스 등의) 통로
0435	motivate	통 동기를 부여하다
0436	eager	혱 몹시 ~하고 싶어 하는, 열망하는
0437	submit	통 제출하다; 항복(굴복)하다
0438	peer	몡 (나이·신분이) 동등한 사람, 또래
0439	pronounce	통 발음하다; 선언하다
0440	consult	통 상담하다, 상의하다
0441	summarize	통 요약하다

0442	**pupil**	몡 학생, 제자
0443	**drill**	몡 훈련, 반복 학습 통 훈련시키다
0444	**go over**	검토하다; 조사하다; 건너가다
0445	**grant**	몡 장학금, 보조금 통 허가하다
0446	**concentrate**	통 집중하다, 전념하다
0447	**assignment**	몡 과제, 임무; 배정
0448	**consequence**	몡 결과; 중요함
0449	**institute**	몡 (교육 · 연구 등을 위한) 협회, 연구소
0450	**dormitory**	몡 기숙사, 공동 침실

DAY 16　Knowledge & Study 지식과 학습

0451	**logic**	몡 논리; 타당성
0452	**fluent**	혱 (말 · 글이) 유창한, 능숙한
0453	**index**	몡 색인; 지수, 지표
0454	**refer**	통 참조[참고]하다; 언급하다
0455	**category**	몡 카테고리; 분류
0456	**concept**	몡 개념, 발상
0457	**improve**	통 향상시키다, 나아지다
0458	**figure**	몡 수치; 모습; 인물

0459	expose	동 노출시키다, 드러내다
0460	intelligence	명 지능, 이해력, 영리함
0461	define	동 정의하다, 규정하다; 명확히 하다
0462	conclude	동 결론을 내리다; 끝내다
0463	essence	명 본질, 정수; 진액, 에센스
0464	inspire	동 고무[격려]하다; 영감을 주다
0465	content	명 내용, 목차
0466	theory	명 이론, 학설
0467	instance	명 사례, 경우
0468	principle	명 원리, 원칙
0469	conference	명 회의, 학회; 회담
0470	insight	명 통찰력, 간파
0471	illustrate	동 설명하다; 삽화를 넣다[그리다]
0472	physics	명 물리학
0473	geology	명 지질학
0474	intellectual	형 지능의, 지적인 명 지식인
0475	scholar	명 학자; 장학생
0476	philosophy	명 철학
0477	psychology	명 심리학; 심리
0478	statistics	명 통계, 통계 자료; 통계학
0479	demonstrate	동 증명하다; 시연하다; 시위하다
0480	when it comes to	~에 관해서라면, ~에 대해 말하자면

0481	cost	동 값(비용)이 ~이다(들다) 명 값, 비용
0482	own	형 ~ 자신의 동 소유하다
0483	trend	명 유행; 경향, 흐름, 추세
0484	label	명 라벨, 상표, 꼬리표
0485	sum	명 합계; 금액
0486	offer	동 제안하다, 제공하다 명 제안
0487	refund	동 환불하다 명 환불(액)
0488	lower	동 내리다, 낮추다
0489	decision	명 결정, 판단; 결단력
0490	claim	동 주장하다; 요구하다 명 주장; 요구
0491	satisfy	동 만족시키다; (조건을) 충족시키다
0492	facility	명 (편의) 시설; 기능
0493	advertise	동 광고하다
0494	bargain	명 싼 물건; 흥정
0495	purchase	동 구매하다, 구입하다 명 구매, 구입
0496	quantity	명 양; 수량, 분량
0497	insert	동 넣다, 끼우다, 삽입하다
0498	necessity	명 필수품; 필요(성)
0499	luxury	명 호화, 사치(품)
0500	complex	명 복합 건물 형 복잡한
0501	collection	명 수집품, 소장품

0502	except	젠젭 ~을 제외하고, ~ 이외에는
0503	costly	혱 많은 돈이 드는, 값비싼
0504	immediately	뷔 즉시, 즉각
0505	by chance	우연히
0506	on average	평균적으로, 보통
0507	passion	몡 열정, 열망, 격정
0508	guarantee	몡 보증(서); 확약 됭 보장하다
0509	merchandise	몡 상품, 물품
0510	temptation	몡 유혹, 유혹하는 것

DAY 18 Describing Things 사물 묘사

0511	broad	혱 (폭이) 넓은; 광대한
0512	brief	혱 간단한, 짧은
0513	mild	혱 (정도가) 가벼운; 약한, 순한
0514	rapid	혱 빠른, 신속한
0515	stable	혱 안정된, 안정적인
0516	tough	혱 힘든, 어려운; 억센
0517	rough	혱 거친, 고르지 않은; 대강의
0518	a number of	많은, 다수의, 얼마간의

0519	**internal**	혱 내부의; 체내의; 국내의
0520	**steep**	혱 가파른, 경사가 급한; 급격한
0521	**shallow**	혱 얕은, 얄팍한
0522	**faint**	혱 희미한, 어렴풋한 동 기절하다
0523	**moderate**	혱 중간 정도의, 보통의; 적당한
0524	**flexible**	혱 유연한; 융통성 있는
0525	**vast**	혱 (범위·크기·양 등이) 광대(막대)한
0526	**scratch**	동 긁다, 할퀴다 명 긁힌 자국
0527	**compact**	혱 소형의, 간편한; 촘촘한
0528	**symbolic**	혱 상징적인, 상징하는
0529	**glitter**	동 반짝이다, 번득이다 명 반짝거림
0530	**in place**	제자리에, 적소에
0531	**fall off**	(양·수가) 줄다; ~에서 떨어지다
0532	**break down**	고장 나다, 망가지다
0533	**B as well as A**	A뿐만 아니라 B도
0534	**regardless of**	~에 상관없이
0535	**fragile**	혱 부서지기 쉬운, 손상되기 쉬운
0536	**ultimate**	혱 궁극적인, 최후의; 최상의
0537	**fundamental**	혱 근본적인; 기본적인 명 근본, 원칙
0538	**enormous**	혱 막대한, 거대한
0539	**monotonous**	혱 단조로운, 변화 없는
0540	**give off**	(소리·빛 등을) 발산하다, 내다

0541	likely	형 ~할 것 같은; 그럴듯한
0542	badly	부 심하게, 몹시; 나쁘게, 안 좋게
0543	quick	형 빠른, 신속한; 순식간의
0544	useless	형 소용없는; 쓸모없는
0545	noise	명 소음, 잡음〔노이즈〕
0546	closely	부 밀접하게, 바싹; 자세히
0547	nearly	부 거의
0548	recently	부 최근에, 근래
0549	indeed	부 정말, 대단히
0550	surprising	형 놀라운, 의외의
0551	mostly	부 주로; 일반적으로
0552	further	형 추가의, 더 이상의 부 더 멀리
0553	opposite	형 반대편의, 맞은편의
0554	sudden	형 갑작스러운, 급작스러운
0555	exact	형 정확한; 정밀한, 꼼꼼한
0556	following	형 그 다음의, 다음에 나오는 명 아래
0557	moreover	부 게다가, 더욱이
0558	valid	형 유효한; 타당한, 정당한
0559	realistic	형 현실적인, 실제적인; 현실성 있는
0560	obvious	형 분명한, 명백한
0561	frequently	부 자주, 빈번히

0562	excess	명 (정도를) 지나침, 과잉; 초과
0563	awesome	형 어마어마한, 굉장한
0564	suitable	형 적합한, 적절한, 적당한
0565	in case of	~의 경우에는
0566	be stuck in	~에 갇히다, 꼼짝 못하다
0567	sparkle	동 반짝이다; 생기(활기)가 넘치다
0568	incredible	형 믿을 수 없는; 믿기 어려운, 놀라운
0569	genuine	형 진품의, 진짜의; 진실된
0570	seldom	부 거의(좀처럼) ~하지 않다

DAY 20 Sports & Special Events 스포츠와 특별 행사

0571	regular	형 정기적인, 규칙적인
0572	unusual	형 흔치 않은, 드문; 색다른
0573	unfair	형 부당한, 불공평한
0574	rank	동 순위를 매기다 명 계급, 등급
0575	cultural	형 문화의, 문화적인
0576	difficulty	명 어려움, 곤경, 장애
0577	steady	형 꾸준한, 변함없는
0578	get together	모으다, 모이다, 합치다

0579	**compete**	통 경쟁하다, 겨루다
0580	**professional**	형 전문적인, 전문가의 명 프로, 전문가
0581	**league**	명 (스포츠) 리그, 연맹
0582	**amateur**	명 아마추어, 비전문가 형 비전문가의
0583	**penalty**	명 (스포츠 경기에서) 벌칙; 처벌, 형벌
0584	**foul**	통 반칙하다, 파울을 범하다 명 반칙
0585	**outstanding**	형 뛰어난, 두드러진
0586	**extreme**	형 극도의, 극심한
0587	**fortunately**	부 다행히도, 운 좋게도
0588	**organize**	통 조직하다; 정리하다, 체계화하다
0589	**memorable**	형 기억할 만한, 기억에 남는
0590	**athletic**	형 운동의; 탄탄한
0591	**festive**	형 축제의, 기념하는, 축하하는
0592	**motion**	명 움직임, 운동; 동작, 몸짓
0593	**thrilling**	형 아주 신나는, 흥분되는, 황홀한
0594	**take part in**	~에 참가하다, ~에 참여하다
0595	**as ~ as possible**	될 수 있는 대로 ~하게, 가급적 ~하게
0596	**applaud**	통 박수를 치다, 갈채를 보내다
0597	**tournament**	명 토너먼트, 승자 진출전
0598	**pastime**	명 취미, 오락
0599	**mound**	명 (투수의) 마운드; 흙더미, 언덕
0600	**opponent**	명 상대, 적수, 반대자

0601	**overseas**	형 해외의, 외국의 부 해외에, 외국에
0602	**platform**	명 승강장, 플랫폼; 강단
0603	**harbor**	명 항구, 항만; 피난처
0604	**cabin**	명 (배·비행기의) 선실, 객실; 오두막
0605	**locate**	동 (어떤 장소에) 두다; 위치를 찾다
0606	**during**	전 ~ 동안, ~내내, ~하는 중에
0607	**check out**	(호텔에서) 체크아웃하다; 확인하다
0608	**by oneself**	홀로, 혼자, 혼자 힘으로
0609	**direction**	명 방향; 목표; 지휘
0610	**opportunity**	명 기회
0611	**underground**	형 지하의 부 지하에
0612	**voyage**	명 항해(바다·우주로의 긴 여행), 여행
0613	**lighthouse**	명 등대
0614	**convey**	동 (물건·승객 등을) 나르다; 전달하다
0615	**carnival**	명 축제, 카니발
0616	**vehicle**	명 차량, 탈것, 운송 수단
0617	**stranger**	명 낯선 사람, 처음 온 사람
0618	**cruise**	명 유람선 여행 동 유람선을 타고 다니다
0619	**navigate**	동 길을 찾다; 항해하다
0620	**transit**	명 경유, 환승; 수송
0621	**excitement**	명 흥분, 신남

0622	**aircraft**	명 항공기
0623	**in advance**	미리, 사전에
0624	**put off**	미루다, 연기하다
0625	**run across**	~을 우연히 마주치다
0626	**remarkable**	형 놀랄 만한, 주목할 만한
0627	**spectacle**	명 (인상적인) 광경; 구경거리
0628	**recreation**	명 휴양, 레크리에이션, 오락
0629	**attraction**	명 명소, 명물; 매력(적인 요소)
0630	**set off**	출발하다

DAY 22 Art & Culture 예술과 문화

0631	**theme**	명 주제, 테마
0632	**title**	명 제목, 표제 동 제목을 붙이다
0633	**play**	명 연극, 희곡 동 연기하다; 연주하다
0634	**tone**	명 음색, 어조; 분위기
0635	**genius**	명 천재성; 재능; 천재
0636	**grand**	형 웅장한, 원대한
0637	**recent**	형 최근의, 새로운
0638	**creation**	명 창작품; 창조, 창작, 창출

0639	**decoration**	명 장식; 장식품
0640	**noble**	형 고귀한; 웅장한; 귀족의
0641	**conduct**	동 지휘하다; 행동하다 명 지휘; 행동
0642	**tune**	명 선율, 곡조 동 조율하다
0643	**masterpiece**	명 걸작, 명작
0644	**compose**	동 작곡하다; 작문하다; 구성하다
0645	**imitate**	동 모방하다; 모조하다, 모사하다
0646	**dramatic**	형 극적인, 드라마틱한
0647	**interval**	명 (연극·연주 등의) 휴식 시간; 간격
0648	**rehearse**	동 리허설을 하다, 예행연습을 하다
0649	**sculpture**	명 조각품; 조각, 조소
0650	**exhibition**	명 전시회, 전시
0651	**climax**	명 클라이맥스, 절정
0652	**genre**	명 장르, 유형, 양식
0653	**recite**	동 암송하다, 낭독하다
0654	**carve**	동 조각하다, 깎아서 만들다; 새기다
0655	**be used to**	~에 익숙하다
0656	**look back on**	~을 되돌아보다(회상하다)
0657	**distinct**	형 뚜렷한, 뚜렷이 다른
0658	**exclaim**	동 (감탄하여) 외치다, 소리치다
0659	**abstract**	형 추상적인, 관념적인 명 추상화
0660	**flourish**	동 번성하다, 번창하다

0661	**volume**	몡 (책의) 권; 용량; 음량
0662	**summary**	몡 요약, 개요
0663	**fairy**	몡 요정
0664	**poet**	몡 시인
0665	**author**	몡 저자, 작가
0666	**essay**	몡 수필, 에세이, 글
0667	**romantic**	혱 낭만적인, 로맨틱한; 연애의
0668	**accent**	몡 말씨(악센트); 강세
0669	**version**	몡 ~화(化), ~판(版), 각색; 번역
0670	**fiction**	몡 소설; 허구
0671	**setting**	몡 배경(무대); 설정; 환경
0672	**format**	몡 구성 방식, 형식
0673	**phrase**	몡 구절, 관용구; 구
0674	**chapter**	몡 (책의) 장, 챕터; 시기
0675	**translate**	동 번역하다, 통역하다
0676	**saying**	몡 격언, 속담
0677	**literature**	몡 문학
0678	**copyright**	몡 저작권, 판권 혱 저작권의 보호를 받는
0679	**context**	몡 맥락, 문맥; 전후 관계, 정황
0680	**lyric**	혱 서정(시)의, 서정적인 몡 가사
0681	**narrate**	동 이야기하다(들려주다), 서술하다

0682	**factual**	형 사실의, 사실에 기반한
0683	**literal**	형 문자 그대로의; 직역의
0684	**plot**	명 줄거리, 구성, 플롯; 음모
0685	**nonfiction**	명 논픽션, 허구가 아닌 이야기
0686	**be worthy of**	~의 가치가 있다, ~할 만하다
0687	**literate**	형 글을 읽고 쓸 줄 아는
0688	**fable**	명 우화; 꾸며낸 이야기
0689	**imaginary**	형 상상에만 존재하는, 가상적인
0690	**autobiography**	명 자서전

0691	**media**	명 매체, 미디어
0692	**mass**	형 대중의; 대규모의 명 무리; 대중
0693	**rumor**	명 소문, 풍문, 유언비어 동 소문내다
0694	**reality**	명 현실, 실제 상황
0695	**monitor**	동 모니터하다, 감시하다 명 모니터
0696	**mobile**	명 휴대 전화 형 이동하는, 이동식의
0697	**false**	형 거짓의, 틀린
0698	**pose**	동 포즈를 취하다 명 포즈, 자세

0699	release	동 공개하다; 풀다, 풀어주다
0700	announce	동 발표하다, 알리다, 공표하다
0701	attention	명 주의, 주목; 관심, 흥미
0702	press	명 신문, 언론; 언론인, 기자단
0703	journal	명 저널, 신문(잡지), 학술지
0704	broadcast	동 방송하다; 널리 알리다 명 방송
0705	unknown	형 알려지지 않은; 유명하지 않은
0706	angle	명 각도, 각; 카메라 앵글
0707	documentary	명 다큐멘터리, 기록물 형 문서(서류)의
0708	poll	명 여론 조사; 투표 동 여론 조사를 하다
0709	channel	명 채널; 수로, 해협
0710	headline	명 표제 동 표제를 달다
0711	criticize	동 비판하다, 비난하다; 비평하다
0712	celebrity	명 유명 인사; 명성
0713	critic	명 비평가, 평론가
0714	diverse	형 다양한
0715	in detail	자세하게, 상세하게
0716	according to	~에 따르면
0717	quote	동 인용하다, 그대로 전달하다
0718	subscribe	동 구독하다, 가입하다
0719	auditorium	명 강당; 객석
0720	column	명 (신문의) 칼럼, 기고

0721	marine	혱 바다의, 해양의
0722	frost	몡 서리; 성에 통 성에가 끼다
0723	depth	몡 깊이; 가장 깊은 부분
0724	occur	통 발생하다, 일어나다
0725	peak	몡 봉우리, 정상; 절정, 최고점
0726	reflect	통 반사하다; 반영하다
0727	ash	몡 화산재, 재
0728	shield	몡 보호(막), 방패 통 보호하다
0729	moisture	몡 수분, 습기
0730	severe	혱 심각한, 극심한; 가혹한
0731	current	혱 현재의, 지금의 몡 (물, 공기의) 흐름
0732	wreck	통 난파시키다; 망가뜨리다 몡 난파선
0733	erupt	통 폭발하다, 분출하다
0734	purify	통 정화하다; 정제하다
0735	surround	통 둘러싸다, 에워싸다
0736	tropical	혱 열대의, 열대 지방의
0737	atmosphere	몡 대기, 공기
0738	decay	몡 부패, 부식; 쇠퇴 통 부패하다, 썩다
0739	Celsius	혱 섭씨의
0740	swamp	몡 늪, 습지 통 쇄도하다, 넘쳐나다
0741	prey	몡 먹이, 사냥감

0742	flesh	뗑 과육; (사람 · 동물의) 살
0743	ecosystem	뗑 생태계
0744	drizzle	뗑 보슬비, 이슬비 [통] 보슬보슬 내리다
0745	gale	뗑 강풍, 돌풍
0746	pasture	뗑 초원, 목초지
0747	predator	뗑 포식자, 육식 동물
0748	blizzard	뗑 강한 눈보라
0749	evaporate	[통] 증발하다, 증발시키다
0750	thermometer	뗑 온도계, 체온계

DAY 26 Biology & Chemistry 생물학과 화학

0751	impact	뗑 영향, 충격 [통] 영향(충격)을 주다
0752	storage	뗑 저장, 보관; 저장고, 보관소
0753	liquid	뗑 액체 [형] 액체 형태의
0754	solid	뗑 고체 [형] 고체의, 단단한
0755	gene	뗑 유전자
0756	filter	[통] 거르다, 여과하다 뗑 필터, 여과
0757	mixture	뗑 혼합물, 혼합
0758	mammal	뗑 포유동물

0759	**primary**	형 주요한, 주된; 최초의
0760	**oxygen**	명 산소
0761	**physical**	형 물리적인, 물질의, 물질적인
0762	**biology**	명 생물학; 생명 작용
0763	**chemistry**	명 화학; 화학적 성질
0764	**identical**	형 동일한, 똑같은; 일란성의
0765	**microscope**	명 현미경
0766	**precise**	형 정밀한, 정확한
0767	**reproduce**	동 번식하다; 복제하다; 다시 만들다
0768	**evolution**	명 진화; 점진적인 발전
0769	**mankind**	명 인류, 인간
0770	**carbon**	명 탄소
0771	**ray**	명 광선
0772	**mineral**	명 무기질, 미네랄, 광물(질)
0773	**examination**	명 조사, 검토; 시험; (의료) 검진, 검사
0774	**as long as**	~하는 한
0775	**made up of**	~으로 구성된
0776	**substance**	명 물질, 실체; 본질
0777	**absorb**	동 흡수하다; 받아들이다
0778	**modify**	동 변형하다, 수정하다; 조정하다
0779	**breed**	동 (동물이) 새끼를 낳다 명 품종
0780	**clone**	동 복제하다 명 복제 생물

0781	location	몡 위치, 장소; 야외 촬영지(로케이션)
0782	range	몡 산맥; 범위
0783	pole	몡 (지구의) 극; 막대기, 기둥
0784	nearby	円 가까이에, 근처에 톙 근처의
0785	chain	몡 일련, 띠; 사슬, 쇠줄
0786	underwater	円 물속에서 톙 물속의, 수중의
0787	covered with	~으로 뒤덮인
0788	southern	톙 남쪽의, 남쪽에 있는
0789	northern	톙 북쪽의, 북쪽에 있는
0790	eastern	톙 동쪽의, 동쪽에 있는
0791	western	톙 서쪽의, 서쪽에 있는
0792	core	몡 중심부; 핵심 톙 핵심적인
0793	phase	몡 단계, 시기, 국면
0794	slope	몡 경사지; (산)비탈, 슬로프
0795	horizon	몡 수평선, 지평선
0796	exclude	동 제외하다, 배제하다
0797	geography	몡 지리학; 지리, 지형
0798	canyon	몡 협곡
0799	compass	몡 나침반; (제도용) 컴퍼스
0800	Arctic	톙 북극의, 북극 지방의
0801	Antarctic	톙 남극의, 남극 지방의

0802	**Pacific**	형 태평양의 명 태평양
0803	**Atlantic**	형 대서양의 명 대서양
0804	**burst**	동 터지다; 터뜨리다
0805	**pass through**	~을 지나가다, 통과하다, 겪다
0806	**approximately**	부 대략, 거의
0807	**refine**	동 정제하다, 깨끗하게 하다
0808	**vertical**	형 수직의, 세로의
0809	**equator**	명 적도
0810	**parallel**	부 평행하게, 평행으로 형 평행의

DAY 28 Science & Technology I 과학과 기술 I

0811	**digital**	형 디지털의; 디지털 방식의
0812	**IT**	명 정보 기술
0813	**install**	동 설치하다, 설비하다
0814	**mode**	명 모드; 방식, 방법
0815	**upload**	동 업로드하다 명 업로드
0816	**password**	명 암호; 비밀번호
0817	**benefit**	동 득을 보다, 득이 되다 명 이득, 혜택
0818	**scientific**	형 과학의; 과학적인

0819	advance	명 진전, 발전 동 전진하다
0820	function	명 기능, 역할 동 기능하다
0821	efficiency	명 효율(성), 능률
0822	remote	형 원격의; 먼; 외진
0823	enable	동 가능하게 하다, 할 수 있게 하다
0824	observe	동 관찰하다, 관측하다, 주시하다
0825	rotate	동 회전하다; 교대하다
0826	electronic	형 전자의, 전자 활동에 의한
0827	manual	형 수동의; 손으로 하는
0828	automatic	형 자동의
0829	adjust	동 조절하다, 조정하다; 적응하다
0830	technique	명 기술, 기법
0831	progress	명 진전, 진행 동 전진하다, 진행하다
0832	adapt	동 맞추다; 적응하다
0833	simplify	동 간소화하다, 단순화하다
0834	productive	형 생산적인; 생산하는
0835	spark	명 불꽃, 불똥 동 촉발시키다
0836	catch up	따라잡다, 따라가다
0837	accurate	형 정확한
0838	portable	형 휴대용의, 휴대가 쉬운
0839	accelerate	동 가속화하다, 속도를 높이다
0840	biotechnology	명 생명 공학

0841	chart	몡 도표, 차트
0842	certain	혱 확실한, 틀림없는; 확신하는
0843	layer	몡 층, 막
0844	flame	몡 불꽃, 불길
0845	outline	몡 개요; 윤곽 통 개요를 서술하다
0846	error	몡 오류, 실수
0847	rate	몡 비율; 속도; 요금
0848	steel	몡 강철, 강
0849	look into	~을 조사하다, ~을 주의 깊게 보다
0850	react	통 반응하다, 반응을 보이다
0851	equipment	몡 장비, 설비, 용품
0852	innovate	통 혁신하다, 새로운 국면을 열다
0853	neither	혱 때 (둘 중) 어느 것도 ~ 아니다(않다)
0854	recognize	통 인식하다, 인정하다; 알아보다
0855	maintain	통 유지하다; 주장하다
0856	regard	통 여기다, 간주하다 몡 고려, 관심
0857	transmit	통 전송하다; 전염시키다
0858	means	몡 수단, 방법
0859	finite	혱 유한한, 한정된
0860	infinite	혱 무한한, 무진장의
0861	even	혱 균일한; 평평한; 짝수의

0862	foresee	통 예견하다, 예측하다
0863	be based on	~에 근거하다, ~에 기초하다
0864	take advantage of	~을 이용하다, ~을 기회로 활용하다
0865	come to an end	끝나다, 마치다
0866	absolute	형 절대적인; 완전한, 완벽한
0867	atom	명 원자, 극히 작은 것
0868	turn out	~인 것으로 드러나다, ~이 되다
0869	sooner or later	조만간, 머지않아
0870	be supposed to V	~하기로 되어 있다, ~라고 한다

DAY 30 Society 사회

0871	right	명 권리; 바름 형 올바른; 오른쪽의
0872	factor	명 요인, 요소
0873	differ	통 다르다; 의견을 달리하다
0874	secure	형 안전한; 안심하는
0875	proper	형 제대로 된, 올바른
0876	liberty	명 자유, 해방
0877	advantage	명 이점, 유리한 점, 장점
0878	relate	통 관련시키다

0879	**tend**	통 ~하는 경향이 있다, ~하기 쉽다
0880	**standard**	형 표준의 명 표준, 기준
0881	**establish**	통 수립하다; 설립하다
0882	**contribute**	통 기여하다; ~의 원인이 되다
0883	**significant**	형 중대한, 중요한; 상당한
0884	**indicate**	통 나타내다; 가리키다
0885	**deserve**	통 ~할 자격이 있다, ~할 만하다
0886	**just**	형 정의로운, 공정한
0887	**reliable**	형 신뢰할 수 있는, 믿을 만한
0888	**contrary**	형 반대의, 반대되는 명 (정)반대
0889	**justify**	통 정당화하다; 옳음을 증명하다
0890	**reform**	명 개혁, 개선 통 개혁하다, 개선하다
0891	**acquire**	통 취득하다; 얻다, 습득하다
0892	**in return**	보답으로, 답례로
0893	**result in**	~을 초래하다[야기하다]
0894	**move on**	~으로 넘어가다[이동하다]
0895	**drop out**	중퇴하다, 탈퇴하다
0896	**ethic**	명 윤리, 도덕
0897	**census**	명 인구 조사
0898	**prospect**	명 전망, 가능성
0899	**circumstance**	명 환경, 상황, 정황
0900	**stereotype**	명 고정 관념

0901	economic	형 경제의, 경제적인
0902	annual	형 연간의, 연례의; 일 년의
0903	credit	명 신용, 신뢰; 학점
0904	loss	명 손해, 손실; 분실
0905	burden	명 부담, 짐 동 부담을 지우다
0906	worth	형 ~의 가치가 있는 명 가치
0907	demand	명 수요, 요구 동 요구하다
0908	rent	명 집세, 임대료 동 임대하다, 임차하다
0909	target	명 목표, (목표로 하는) 대상; 표적
0910	strategy	명 전략
0911	stock	명 주식; 재고
0912	finance	명 금융; 재정, 재무; 재원
0913	budget	명 예산, 예산안 동 예산을 세우다
0914	capital	명 자본; 자본가
0915	allowance	명 용돈, 수당; 허용량
0916	afford	동 (시간적·금전적) 여유(형편)가 되다
0917	priceless	형 값을 매길 수 없는, 아주 귀중한
0918	currency	명 통화, 화폐; 유통
0919	decline	동 하락하다, 감소하다; 거절하다
0920	property	명 재산, 소유물; 부동산
0921	negotiate	동 협상하다, 교섭하다

0922	**boost**	图 부양하다, 신장시키다 图 부양책
0923	**outcome**	图 결과, (구체적인) 성과
0924	**pay off**	갚다, 청산하다; 결실을 맺다
0925	**figure out**	산출하다, 계산하다
0926	**temporary**	图 일시적인, 임시의
0927	**estimate**	图 추정하다, 평가하다 图 추정, 평가
0928	**possess**	图 소유하다, 지니다
0929	**potential**	图 잠재적인, 가능성이 있는 图 가능성
0930	**commerce**	图 상업, 통상

DAY 32 Industry 산업

0931	**earn**	图 (돈을) 벌다; (수익을) 올리다
0932	**material**	图 재료; 자료; 직물
0933	**aim**	图 목표, 목적 图 목표하다
0934	**option**	图 선택, 선택권, 옵션
0935	**scale**	图 규모; 등급; 저울
0936	**sector**	图 분야, 영역
0937	**construct**	图 건설하다, 조립하다
0938	**eventually**	图 결국

0939	**mechanical**	형 기계의, 기계로 작동되는
0940	**manufacture**	동 제조하다, 생산하다 명 제조, 생산
0941	**ensure**	동 보장하다, 반드시 ~하게 하다
0942	**agriculture**	명 농업
0943	**cultivate**	동 경작하다, 재배하다
0944	**concrete**	형 콘크리트로 된 명 콘크리트
0945	**utilize**	동 활용하다, 이용하다
0946	**constant**	형 끊임없는, 지속적인; 일정한
0947	**enrich**	동 풍요롭게 하다, 부유하게 하다
0948	**surplus**	명 흑자, 과잉
0949	**strike**	명 파업; 공격, 공습 동 (세게) 치다
0950	**dealer**	명 판매업자, 중개인, 딜러
0951	**crane**	명 크레인, 기중기
0952	**pave**	동 (도로 · 길 등을) 포장하다
0953	**proportion**	명 (전체에서 부분의) 비율
0954	**cut off**	잘라내다, 차단하다
0955	**capable of**	~할 수 있는
0956	**soar**	동 급증하다, 급등하다
0957	**assemble**	동 조립하다; 모으다
0958	**collapse**	명 붕괴 동 무너지다, 붕괴되다
0959	**prosper**	동 번영하다, 번창하다, 번성하다
0960	**withstand**	동 견뎌 내다, 감수하다

0961	**political**	형 정치적인, 정치와 관련된
0962	**balance**	명 균형; 평정 통 균형을 유지하다
0963	**insist**	통 고집하다, 주장하다
0964	**union**	명 노동조합; 연합, 조합
0965	**desire**	명 욕구, 갈망, 바람 통 바라다
0966	**permit**	통 허가하다, 허락하다
0967	**mayor**	명 시장
0968	**postpone**	통 연기하다, 뒤로 미루다
0969	**persuade**	통 설득하다, 설득시키다
0970	**approve**	통 승인하다; 찬성하다
0971	**election**	명 선거; 당선
0972	**republic**	명 공화국
0973	**minister**	명 장관; 성직자, 목사
0974	**council**	명 (지방) 의회; 협의회
0975	**committee**	명 위원회
0976	**declare**	통 선언하다, 공표하다; 신고하다
0977	**assume**	통 추정하다, 가정하다
0978	**oppose**	통 반대하다
0979	**session**	명 기간; (국회 등의) 회기, 회의
0980	**indifferent**	형 무관심한; 그저 그런
0981	**convince**	통 납득시키다, 확신시키다

0982	reputation	명 평판, 명성
0983	welfare	명 복지
0984	command	명 명령; 지휘, 통솔 통 명령하다
0985	unify	통 통일하다, 통합하다, 단일화하다
0986	federal	형 연방제의, 연방 정부의
0987	embassy	명 대사관
0988	conservative	형 보수적인; 보수당의
0989	authority	명 권한, 권위; 당국
0990	accord	명 일치, 부합, 합의 통 일치하다

DAY 34 Crime & Law 범죄와 법

0991	illegal	형 불법적인
0992	violate	통 위반하다, 어기다; 침해하다
0993	identify	통 (신원 등을) 확인하다, 알아보다
0994	clue	명 단서, 실마리
0995	court	명 법정, 법원; 코트
0996	fine	명 벌금, 과태료
0997	sue	통 고소하다, 소송을 제기하다
0998	apologize	통 사과하다

0999	**criminal**	몡 범인, 범죄자 혱 범죄의
1000	**jury**	몡 배심원단; 심사위원단
1001	**evidence**	몡 증거, 흔적
1002	**involve**	통 연루시키다; 수반하다, 포함하다
1003	**admit**	통 인정하다, 시인하다
1004	**commit**	통 (죄·과실 등을) 범하다, 저지르다
1005	**offend**	통 기분 상하게 하다, 불쾌하게 하다
1006	**inquire**	통 묻다, 알아보다; 조사하다
1007	**insult**	통 모욕하다 몡 모욕
1008	**regulate**	통 규제하다, 통제하다
1009	**forbid**	통 금하다; 못하게 하다
1010	**appeal**	몡 항소, 상고 통 항소〔상고〕하다
1011	**robbery**	몡 강도 (사건)
1012	**disorder**	몡 혼란, 무질서; 장애
1013	**exception**	몡 예외
1014	**obey**	통 (명령·법 등을) 지키다, 복종하다
1015	**look up**	찾아보다; 올려보다
1016	**turn in**	제출하다; 반납하다
1017	**confess**	통 자백하다, 고백하다
1018	**evident**	혱 분명한, 명백한
1019	**restrict**	통 제한하다, 한정하다
1020	**deceive**	통 속이다, 기만하다

1021	**origin**	몡 기원, 유래; 태생
1022	**myth**	몡 신화; (근거 없는) 믿음, 통념
1023	**legend**	몡 전설; 전설적인 인물
1024	**disappear**	동 사라지다, 보이지 않게 되다
1025	**modern**	혱 현대의, 근대의; 현대적인
1026	**previous**	혱 이전의; 앞의
1027	**prior**	혱 ~ 앞의; (~보다) 우선하는
1028	**replace**	동 대체하다, 대신하다
1029	**trap**	몡 덫, 함정
1030	**nowadays**	부 요즘에는
1031	**destiny**	몡 운명
1032	**antique**	몡 골동품, 고미술품 혱 골동품인
1033	**decade**	몡 10년
1034	**biography**	몡 전기, 일대기
1035	**devote**	동 바치다, 헌신하다
1036	**remains**	몡 유해, 유적; 나머지
1037	**civilization**	몡 문명; 문명사회
1038	**settle**	동 정착하다; 해결하다
1039	**evaluate**	동 평가하다, 감정하다
1040	**gradual**	혱 점차적인, 서서히 일어나는
1041	**mummy**	몡 미라

1042	**millennium**	명 천년; 새로운 천년이 시작되는 시기
1043	**slave**	명 노예
1044	**necessarily**	부 필연적으로
1045	**be known as**	~으로 알려져 있다
1046	**heritage**	명 유산, 전통
1047	**invade**	동 침략하다, 침입하다
1048	**era**	명 시대
1049	**contemporary**	형 동시대의; 당대의, 현대의
1050	**deed**	명 업적, 행위

DAY 36 Religion 종교

1051	**religion**	명 종교
1052	**bless**	동 축복하다, 신의 가호를 빌다
1053	**holy**	형 신성한, 성스러운; 경건한
1054	**limit**	동 제한하다, 한정하다 명 한계, 제한
1055	**faith**	명 신앙(심), 믿음
1056	**toward**	전 ~을 향하여, ~쪽으로
1057	**evil**	명 악 형 사악한
1058	**idol**	명 우상; 아이돌

1059	**choir**	명 성가대, 합창단
1060	**totally**	부 완전히, 전적으로
1061	**sacred**	형 신성한; 성스러운, 종교적인
1062	**sincere**	형 진실된, 진심의
1063	**warmth**	명 온기, 따뜻함
1064	**virtue**	명 선, 선행; 미덕
1065	**worship**	명 예배, 숭배 동 예배하다, 숭배하다
1066	**responsible**	형 책임지고 있는, 책임이 있는
1067	**mercy**	명 자비; (신의) 은총
1068	**eternal**	형 영원한
1069	**sin**	명 (종교적·도덕적) 죄
1070	**taboo**	명 금기 (사항); 금기시되는 것
1071	**vow**	동 맹세하다, 서약하다 명 맹세, 서약
1072	**priest**	명 사제, 성직자
1073	**ritual**	명 (종교) 의식, 의례
1074	**marvel**	명 경이, 경이로운 사람·것·결과
1075	**existence**	명 존재, 실재
1076	**ask for**	~을 요청하다, 부탁하다
1077	**sacrifice**	동 희생하다 명 희생, 제물
1078	**missionary**	명 선교사
1079	**meditate**	동 명상하다, 묵상하다
1080	**superstition**	명 미신

1081	**lack**	몡 부족, 결핍 동 부족하다
1082	**solution**	몡 해법, 해결(책)
1083	**violent**	혱 폭력적인, 난폭한; 격렬한
1084	**harm**	동 해치다, 해를 끼치다 몡 해, 피해
1085	**properly**	뷔 제대로, 적절히
1086	**avoid**	동 피하다; 방지하다, 막다
1087	**importance**	몡 중요성
1088	**dislike**	몡 반감, 싫음 동 싫어하다
1089	**homeless**	혱 노숙자의, 집이 없는 몡 노숙자
1090	**divorce**	몡 이혼 동 이혼하다
1091	**security**	몡 보안, 경비, 안보
1092	**addict**	몡 중독자
1093	**aspect**	몡 (측)면; 양상
1094	**abandon**	동 버리다, 포기하다
1095	**arise**	동 발생하다; 유발되다
1096	**incident**	몡 일, 사건
1097	**poverty**	몡 가난, 빈곤
1098	**unite**	동 통합하다, 연합하다
1099	**abuse**	몡 남용, 학대 동 남용하다, 학대하다
1100	**mislead**	동 호도하다, 잘못 인도하다
1101	**defect**	몡 결점, 결함, 단점

1102	**haste**	몡 서두름, 급함
1103	**exceed**	통 넘어서다, 초과하다
1104	**abnormal**	휑 비정상적인
1105	**seek**	통 추구하다, 구하다; 찾다
1106	**journalism**	몡 저널리즘, 언론
1107	**in order to V**	~하기 위해
1108	**isolate**	통 고립시키다, 격리시키다
1109	**obstacle**	몡 장애, 장애물
1110	**prejudice**	몡 편견, 선입견

DAY 38 Nation & Race 국가와 민족

1111	**nation**	몡 국가; 국민
1112	**civil**	휑 시민의; 민사상의
1113	**inner**	휑 내부의, 안쪽의
1114	**equal**	휑 평등한, 동등한; 동일한
1115	**general**	휑 일반적인, 보편적인
1116	**peaceful**	휑 평화적인; 평화로운
1117	**custom**	몡 관습, 풍습
1118	**particular**	휑 특정한, 특별한

1119	**domestic**	형 국내의; 가정의
1120	**international**	형 국제의, 국제적인
1121	**reside**	동 거주하다, 살다
1122	**initial**	형 초기의, 처음의
1123	**occasion**	명 (특수한) 경우; 특별한 일, 행사
1124	**intend**	동 의도[작정]하다, ~하려고 하다
1125	**emigrate**	동 이민을 가다, (타국으로) 이주하다
1126	**racial**	형 인종의; 인종 간의
1127	**attempt**	동 시도하다 명 시도
1128	**resist**	동 저항하다
1129	**cooperate**	동 협력하다, 협동하다
1130	**globalize**	동 세계화하다
1131	**distinctive**	형 (확실히 구별되어) 독특한
1132	**barrier**	명 장벽, 장애물
1133	**comparison**	명 비교, 비유
1134	**similarity**	명 유사성, 닮음
1135	**have ~ in common**	공통점이 있다, 공통점으로 지니다
1136	**bring back**	상기시키다, 돌려주다
1137	**interfere**	동 간섭하다, 개입하다
1138	**dominate**	동 지배하다, ~보다 우세하다
1139	**territory**	명 영토, 영역
1140	**descend**	동 내려오다, 내려가다

1141	universal	혱 보편적인; 일반적인, 전 세계적인
1142	aware	혱 인식하고 있는, 알고 있는
1143	awake	동 일깨우다; 깨우다 혱 깨어 있는
1144	issue	명 문제(점); 쟁점, 논쟁
1145	urge	동 (강력히) 촉구하다; 재촉하다
1146	remark	동 언급하다, 논평하다 명 발언, 논평
1147	drug	명 약물, 마약
1148	approach	명 접근(법) 동 접근하다, 다가가다
1149	conflict	명 갈등, 충돌 동 충돌하다, 상충하다
1150	associate	동 연관 짓다; 어울리다 혱 제휴한
1151	interpret	동 해석하다; 통역하다
1152	alternative	명 대안, 선택 가능한 것 혱 대안이 되는
1153	assist	동 원조하다, 돕다
1154	affair	명 일, 문제, 사건
1155	external	혱 외부의, 밖의; 외부에서 작용하는
1156	widespread	혱 널리 퍼진, 광범위한
1157	complicated	혱 복잡한
1158	preserve	동 보존하다, 지키다
1159	explode	동 폭발하다, 터지다
1160	worsen	동 악화시키다, 악화되다
1161	undergo	동 겪다, 받다

1162	**birth rate**	출생률
1163	**starve**	동 굶주리다, 굶어죽다
1164	**loan**	명 대출(금); 대여
1165	**complaint**	명 불평, 항의
1166	**not only A but also B**	A뿐만 아니라 B도
1167	**refuge**	명 피난(처), 도피(처)
1168	**dense**	형 빽빽한, 밀집한
1169	**famine**	명 기근, 굶주림
1170	**hostile**	형 적대적인

DAY 40 **War & Peace** 전쟁과 평화

1171	**bomb**	명 폭탄 동 폭격하다
1172	**arrow**	명 화살; 화살표
1173	**military**	명 군대, 군인(들) 형 군사의, 무력의
1174	**grave**	명 묘, 무덤
1175	**navy**	명 해군
1176	**flag**	명 기, 깃발 동 표시를 하다
1177	**divide**	동 나누다, 나뉘다, 가르다; 분배하다
1178	**treatment**	명 치료, 처치; 대우, 처리

1179	**continue**	图 계속되다, 계속하다
1180	**caution**	图 경고; 조심
1181	**independent**	图 독립된, 독립적인
1182	**conquer**	图 정복하다; 이기다, 물리치다
1183	**occupy**	图 차지하다; 점령하다; 사용하다
1184	**struggle**	图 투쟁하다, 싸우다 图 투쟁
1185	**terribly**	图 끔찍하게, 극심하게, 지독히
1186	**resolve**	图 해결하다, 다짐하다
1187	**bullet**	图 총알
1188	**hazard**	图 위험 (요소)
1189	**restore**	图 복구하다; 회복시키다, 되찾다
1190	**endanger**	图 위태롭게 하다, 위험에 빠뜨리다
1191	**defense**	图 방어, 방위, 수비
1192	**anxiety**	图 불안, 염려
1193	**awkward**	图 어색한, 곤란한; 불편한
1194	**swear**	图 맹세하다, 욕을 하다
1195	**unreasonable**	图 불합리한, 부당한
1196	**break out**	(전쟁·질병 등이) 발발하다, 일어나다
1197	**paralyze**	图 마비시키다; 무력하게 만들다
1198	**ally**	图 동맹국 图 동맹하다, 연합하다
1199	**despair**	图 절망 图 절망하다
1200	**collide**	图 충돌하다, 부딪히다